高等院校财会专业系列教材

财务大数据分析实验教程

(第二版)

主　编　杨　文　盛　洁
副主编　史亚萍　李建全
　　　　王小春　韩　露

微信扫码　查看更多资源

南京大学出版社

图书在版编目(CIP)数据

财务大数据分析实验教程 / 杨文,盛洁主编．
2版. —南京：南京大学出版社,2025.1. -- ISBN
978-7-305-28483-0

Ⅰ. F275

中国国家版本馆CIP数据核字第2024RA6560号

出版发行	南京大学出版社		
社　　址	南京市汉口路22号	邮　编	210093

书　　名 财务大数据分析实验教程
　　　　　CAIWU DASHUJU FENXI SHIYAN JIAOCHENG
主　　编 杨　文　盛　洁
责任编辑 陈　嘉　　　　　　编辑热线　025-83592315
照　　排 南京开卷文化传媒有限公司
印　　刷 扬州皓宇图文印刷有限公司
开　　本 787 mm×1092 mm　1/16开　印张17.75　字数432千
版　　次 2025年1月第2版
印　　次 2025年1月第1次印刷
ISBN 978-7-305-28483-0
定　　价 49.80元

网　　址：http://www.njupco.com
官方微博：http://weibo.com/njupco
微信服务号：njuyuexue
销售咨询热线：(025)83594756

* 版权所有，侵权必究
* 凡购买南大版图书，如有印装质量问题，请与所购
　图书销售部门联系调换

前　言

《财务大数据分析实验教程》是针对金蝶云·星空平台专门设计的,是"财务大数据分析"课程的配套教材。金蝶云·星空,是企业级财务大数据实验室平台,也称为运营魔方。平台内配套典型新零售企业业财融合的财务大数据实验案例,通过内置的"轻分析"功能模块或调用 SQL 语句进行财务大数据模型的构建,形成各类可视化分析。利用该平台可实现数据可视化分析(指示器、饼图、线形图等)、企业经营状况分析(销售、采购、库存等)、企业财务状况分析(存货、应收应付、成本费用、盈利能力等)和企业内部控制分析(经营预警分析)等企业核心主题的大数据分析,旨在培养学生企业经营管理所需的大数据处理与分析能力,能综合运用所学的财务管理理论,结合大数据分析结果,对企业内各业务环节的经营活动进行分析、预测、决策和规划,培养更高级的技术型财务人才和战略型财务人才。

数字经济时代的到来,给企业财务管理带来诸多挑战,如何收集、整理、分析和利用数据,并将这些有效数据进行整合与资源配置,是企业目前所需要面对的难题之一。与此同时,如何合规合法使用数据,做到"精于析,诚于心,执于信",更是数字经济时代面临的巨大挑战。本教材以社会主义核心价值观为引领,充分挖掘思政元素,将思政贯穿教材各章节。通过在"思政小课堂"中引入思政案例,以拓展知识的形式植入社会主义核心价值观的价值理念,明确"社会主义核心价值观"的思政设计理念与目标,完善思政元素的融入,积极响应党的二十大关于"坚持全面依法治国,推进法治中国建设"的号召。

本教材可以作为高等院校财务管理、会计学等专业的"财务大数据分析"课程实验指导用书。同时,本教材作为广东理工学院教学成果,教材的编写得到了金蝶软件(中国)有限公司的大力支持。尽管编者在编写过程中做了大量的工作,但限于学识和水平,书中难免存在疏漏与不足,恳请各位读者及时反馈意见,以便将来予以修订。

编　者

2024 年 11 月

目 录

第 1 章　财务大数据概述 ··· 001
1.1　财务大数据相关概念 ·· 001
1.2　财务大数据发展背景 ·· 002
1.3　财务大数据的应用与发展 ·· 003
1.4　财务大数据的价值 ··· 006
思政小课堂 ·· 007
练习题 ·· 007

第 2 章　财务大数据分析基础 ··· 010
2.1　财务大数据分析的内涵和主体 ··· 010
2.2　财务大数据分析的内容和要求 ··· 011
2.3　财务大数据分析的方法和程序 ··· 013
思政小课堂 ·· 016
练习题 ·· 016

第 3 章　大数据可视化及平台介绍 ··· 018
3.1　大数据可视化概述 ··· 018
3.2　财务大数据分析平台简介 ·· 020
3.3　金蝶云·星空平台介绍 ··· 021
思政小课堂 ·· 024
练习题 ·· 026

第 4 章　平台基础设置 ………………………………………………………… 028
4.1　账套设置 ……………………………………………………………… 028
4.2　用户导入 ……………………………………………………………… 041
思政小课堂 …………………………………………………………………… 047
练习题 ………………………………………………………………………… 048

第 5 章　案例背景介绍 ………………………………………………………… 049
5.1　了解新零售行业 ……………………………………………………… 049
5.2　走入案例公司 ………………………………………………………… 051
思政小课堂 …………………………………………………………………… 056
练习题 ………………………………………………………………………… 057

第 6 章　数据可视化分析 ……………………………………………………… 058
6.1　数据建模 ……………………………………………………………… 058
　　任务一　数据建模 …………………………………………………… 061
6.2　数据分析 ……………………………………………………………… 075
　　任务二　数据分析 …………………………………………………… 076
6.3　数据斗方 ……………………………………………………………… 088
　　任务三　数据斗方 …………………………………………………… 089
6.4　仪表板 ………………………………………………………………… 103
　　任务四　仪表板 ……………………………………………………… 104
思政小课堂 …………………………………………………………………… 117
练习题 ………………………………………………………………………… 118

第 7 章　SQL 简介及基本语法 ………………………………………………… 120
7.1　SQL 简介 ……………………………………………………………… 120
7.2　SQL 的应用 …………………………………………………………… 120

7.3　主要的 SQL 命令 ·· 120

7.4　SQL 基本语法 ··· 121

　　任务五　SQL 简介及基本语法 ·· 122

　思政小课堂 ·· 140

　练习题 ·· 140

第 8 章　SQL 应用 ··· 143

　　任务六　SQL 应用 ·· 143

　思政小课堂 ·· 149

　练习题 ·· 149

第 9 章　财务大数据分析综合实训——业务环节 ··· 151

9.1　销售主题 ·· 151

　　任务七　月销售情况分析 ··· 152

　　任务八　销售结构分析 ·· 155

　　任务九　销售完成情况分析 ·· 158

9.2　采购主题 ·· 163

　　任务十　采购情况分析 ·· 164

　　任务十一　采购质量分析 ··· 169

　　任务十二　采购比例分析 ··· 175

9.3　存货主题 ·· 177

　　任务十三　存货情况分析 ··· 178

　　任务十四　存货周转分析 ··· 182

　思政小课堂 ·· 186

　练习题 ·· 187

第 10 章　财务大数据分析综合实训——财务环节 ······································· 191

10.1　应收账款主题 ··· 191

任务十五　应收账款客户分析 ……………………………………………… 192

　　任务十六　应收账款周转分析 ……………………………………………… 199

　10.2　应付账款主题 ……………………………………………………………… 202

　　任务十七　应付账款供应商分析 …………………………………………… 203

　　任务十八　应付账款周转分析 ……………………………………………… 206

　10.3　成本费用主题 ……………………………………………………………… 209

　　任务十九　成本结构分析 …………………………………………………… 210

　　任务二十　生产运营成本分析 ……………………………………………… 214

　10.4　盈利主题 …………………………………………………………………… 218

　　任务二十一　营业利润分析 ………………………………………………… 221

　　任务二十二　盈利能力分析 ………………………………………………… 229

　思政小课堂 ………………………………………………………………………… 239

　练习题 ……………………………………………………………………………… 239

第11章　财务大数据分析综合实训——风险预警 …………………………… 244

　11.1　业务环节预警分析 ………………………………………………………… 244

　　任务二十三　业务预警分析 ………………………………………………… 244

　11.2　财务环节预警分析 ………………………………………………………… 255

　　任务二十四　现金流量分析 ………………………………………………… 255

　　任务二十五　资产负债率分析 ……………………………………………… 259

　　任务二十六　盈利质量分析 ………………………………………………… 264

　思政小课堂 ………………………………………………………………………… 271

　练习题 ……………………………………………………………………………… 272

第1章 财务大数据概述

1.1 财务大数据相关概念

1.1.1 数据

所谓数据,就是用来描述事物的符号或代码。在计算机系统中,各种数字、文本、字母、符号图形、图像、音视频等统称为数据,而数据经过一定的手段加工就成了我们平时所说的信息。

1.1.2 大数据

早在1980年,著名未来学家阿尔文·托夫勒(Alvin Toffler)便在《第三次浪潮》一书中,将大数据热情地赞颂为"第三次浪潮的华彩乐章"。不过,大约从2009年开始,"大数据"才成为互联网信息技术行业的流行词汇。近些年来,大数据作为一种概念和思潮在IT领域之后逐渐延伸到各科学和商业领域。

大数据(Big Data),或称巨量数据,通常被认为是所涉及的资料量规模巨大到无法通过目前常规软件工具,在合理时间内达到撷取、管理、处理并整理成为帮助企业经营决策的资讯。

目前大数据已经成为一个广泛使用的术语,麦肯锡全球研究指出,大数据具有大量(Volume)、多样(Variety)、快速(Velocity)和价值(Value)特征。

(1) 大量:海量的数据规模。大数据的一个显著特征就是数据量巨大。大数据通常以TB(Terabyte,万亿字节)和PB(Petabyte,千万亿字节)为单位计量,远远超过传统数据库处理能力的数据量。

(2) 多样:多样的数据类型。大数据包含多种类型的数据,从传统的结构化数据到非结构化和半结构化数据。

(3) 快速:快速的数据流转。大数据的产生和处理速度非常快,需要高效的数据处理技术来支持。

(4) 价值密度低:可以获取的数据量庞大且复杂,但这些海量的数据很多是重复度较高或与分析无关的数据,所以导致大数据的价值密度相对较低,需要通过专业的数据处理和分析技术来提取和利用。

海量的数据对正确识别有用数据的能力提出了巨大挑战;快速的数据流转,是大数据区别于传统数据挖掘的最显著特征;多样化、非结构化的数据类型对数据处理、数据分析能力提出了更高要求；价值密度的高低，往往与数据总量的大小成反比例关系。

1.1.3 财务大数据

目前对于财务大数据尚未形成统一的定义。一般而言，财务大数据是指在财务领域内收集、存储和分析的，规模巨大、类型多样的数据集合。财务大数据包含海量的财务数据以及与之相关的信息，这些数据来自企业的内部财务系统、外部市场、竞争对手等多方面。同时，随着企业的发展和市场竞争的加剧，财务大数据的规模和复杂性也在不断增长。

根据传统的数据格式分类，财务大数据可以分为三类：结构化数据、非结构化数据和半结构化数据。

结构化数据是指具有固定格式和规则的数据。通常可以用二维表结构来表现，通过明确的格式和规则存储，易于组织、存储和分析。例如，企业的财务报表数据、交易与账户数据等。结构化数据通常具有明确的数据类型和字段，可以进行数据建模和数据分析等操作。在企业 ERP、财务系统等核心数据库中，结构化数据通常以表格、数据库或其他可编程的数据模型进行存储和管理。其中，数据库是按照一定关系构建的相互关联的数据集合，从而构成一个结构严谨、管理严密、联系紧密的信息系统。

非结构化数据，相对于结构化数据而言，它是指没有固定组织原则的、未经过滤的信息。非结构化数据形式多样，包括图像、视频、音频文件和文本信息等。这类数据无法用传统的关系数据库进行存储，且数据量通常较大。在企业生产经营中，如合同文本、电子邮件、社交媒体评论等均属于此类。非结构化数据的特点在于它没有预先定义好的数据模型，具备自由表达的能力，包含更多的细节和多样性。

半结构化数据，位于结构化数据和非结构化数据之间，具有一定的结构化特征，但不符合表格数据模型或关系数据库的格式。它包含一些易于分析的结构化元素，如标记，使得数据处理和利用更加便捷。例如，财务系统中的一些记录财务系统操作事件如错误、调试和警报等的日志文件或记录财务交易（如购买、销售、付款等）详细信息的日志文件、XML 文件等是财务工作中常见的半结构化数据。

总的来说，财务中的结构化数据是企业财务管理和分析的重要基础，它们以明确的格式和规则存储，易于被计算机系统理解和处理。但同时，由于互联网的发展，一些半结构化、非结构化数据每天由大量的设备、系统产生，在数据占比中越来越高。因此，通过对不同类型数据进行综合分析和挖掘，企业可以更加深入地了解自身的财务状况和经营情况，从而做出更加明智的决策。

1.2 财务大数据发展背景

1.2.1 技术发展层面

随着互联网和移动互联网技术的迅猛发展，用户在使用过程中产生了海量的数据，这些数据包含各种各样的信息,为财务大数据提供了丰富的数据源。同时,云计算、物联网、人工智能等新兴技术的兴起,为大数据的采集、存储、分析和应用提供了强大的支持,极大地促进了大数据技术的发展和应用。云计算技术使得海量数据的存储和处理变得更加高效和经济;物联网技术使得各种设备和传感器能够实时产生数据,为财务大数据提供了更多的数据来源;人工智能等技术则可以通过对大数据的深度学习和分析,为企业的财务决策提供更为准确和科学的支持。

对企业经营而言,庞大的财会数据,分布在企业各个业务部门,涉及企业经营的各个环节,只有经过财会部门的持续加工、处理,才能形成有价值的财务数据。因此,在一定程度上财会数据也是一个信息系统,这个信息系统的服务对象是现代企业组织,它向企业利益相关方不断传递以财会信息为主的经济信息。利用大数据技术进行财务数据的储存,实现不同信息分类保存,为后续信息处理和财务决策提供基础。

1.2.2 财务管理层面

随着数字信息技术的蓬勃发展,企业财务数字化转型已成为趋势。第一次财务变革以财会电算化为标志,第二次财务变革以财务共享中心的建立为标志,而已到来的第三次财务变革是以大数据、云计算、人工智能等新技术为标志。董皓先生执笔的《智能时代财务管理》一书讲述了人工智能时代到来之际,财务人员面临的环境变化,组织与模式变革,财务人员需要进行哪些能力与认知的提升,从财务从业者视角展示了大数据、人工智能等新技术的概念及财务应用场景。

在大数据技术背景下,企业财务管理面临许多新的挑战。例如,企业在处理海量数据时面临数据质量和数据安全的挑战。因此,如何通过强大的算法更迅速地"提纯""萃取"价值数据,是大数据处理迫切需要攻克的难题,而云计算技术下的大数据处理正是基于庞大数据信息的专业化解决方案。大数据技术为全面挖掘财会信息提供了保障,并在此基础上,进一步确保了财会信息的有效性。同时,大数据技术的发展也为企业带来了更多的便利,包括数据挖掘和预测、风险监测和管理、成本控制和优化、绩效评价等,通过大数据技术应用可以大幅提高财务管理的效率和准确性,降低企业的运营成本,提高企业的竞争力。由此帮助企业更好地应对市场变化和客户需求的变化,实现可持续发展。

1.3 财务大数据的应用与发展

财务大数据分析的应用与发展,主要体现在数据挖掘、企业数字化体系、财务云以及新一代ERP几个方面。以下将通过各学者及企业集团对财务大数据的认识及应用进行介绍。

1.3.1 实施数据挖掘,推进智能财务进阶之梯

浪潮集团时任大数据产品部总经理王相成表示,随着RPA(机器人流程自动化)技术的推进,财务机器人逐渐替代流程化、规则化的财务工作,财务人员将更多精力转移至智

能洞察、感知、预测等更多参与企业管理的方面，而这个转变也将更加依赖数据挖掘技术。总体而言，数据挖掘能够解决下列问题：一是从文本中提取信息，比较典型的场景，如在凭证摘要中提取关键信息；二是预测数值，如通过预置回归算法预测公司未来一年营业收入或成本；三是发现异常，寻找经营风险、数据异常现象等；四是聚类问题，包括发现盈利较多的产品、可以长期合作的客户等；五是在多个指标类别中进行预测，如根据历史经验预测新增的客户是否为优质客户；六是图像分类，如通过图像识别技术识别不同人员、设备、单据和产品质量。数据挖掘技术将从角色定位、所在部门、要素范围、维度模式、分析方式等方面对会计人员产生影响。会计人员将由会计师向数据分析师和算法工程师转变。对于会计人员来讲，需要了解数据挖掘原理，掌握基本的数据挖掘工具和相关技能。

首都经济贸易大学教授王海林认为，数据挖掘是从海量数据中提炼有价值的模式和发现知识的过程。这个过程中需要综合利用数据库和数据仓库、统计分析、信息检索、模式识别、机器学习和神经网络、高性能计算、数据可视化等多方面技术。数据挖掘技术具有处理数据规模大、数据源结构不同且多样化、挖掘发现的规则动态变化等特点。在财务、会计和审计领域，可以利用数据挖掘技术探查企业存在的问题、预测企业的未来走向，为利益相关者提供更有效的决策支持。在全球范围内，数据挖掘技术已经成功应用于企业持续经营状况的分析诊断、信用风险的监测评价、财务舞弊的识别预防、财务困境和企业绩效的预测等方面。数据挖掘技术的深度应用将有助于打破会计边界，加速会计与业务的融合。

1.3.2 构建企业数字化体系

用友公司时任助理总裁、专属云平台事业部总经理罗小江指出，运用会计大数据能够帮助企业进行数据治理，让数据落地。其中数据湖是企业各类数据（包括结构化、非结构化、半结构化数据）的载体，其中的数据可供存取、处理、分析及传输。同时，数据湖能够全量采集数据、支持任何数据来源并基于数据标准化帮助企业统一数据标准层甚至数据结构层，能够从真正意义上构建、运用会计大数据。会计大数据的核心价值是帮助企业构建全局视角的事项库，提升财务数据的质量，包括连接所有业务系统、实时采集数据以及穿透采集外部数据，同时帮助企业发展管理会计、还原生产经营本质。通过事项数据和财务数据，帮助企业实时分析以及敏捷决策，实现自动化、智能化会计作业，提升财务效率。随着人工智能和物联网技术的整体普及，企业运用会计大数据能够更好地采集数据、感知数据，真正依靠数据进行决策。

阿里巴巴集团时任资深财务总监、财务中心负责人黄融认为，财务会计的职能已经更多地从传统的账务处理，延伸为对收付款与核算链上的业财大数据进行加工处理，沉淀为有意义的数据集合，支持企业的业财分析与决策。会计大数据技术是帮助企业处理与构建业财大数据集合的一套数据技术体系，确保会计数据质量并具备最经济可用的颗粒度，以及对企业客户主数据的治理。

1.3.3 设计与实施财务云

中兴新云服务有限公司时任高级副总裁陈东升表示，云技术的核心是资源共享、按需取用、动态调配、实时响应。财务云就是扭转传统财务的公共模式，将本地化的财务部署转化为财务共享服务中心。财务云或财务共享并不是单纯做人员的物理集中,也不只存在于财务工作中,而是运用云计算技术使每个员工的基础业务处理实现云化,实时享用。为保证实现最初财务云设计的效果,要坚持三个原则:首先,技术应以业务为纲;其次,在前期建设规划时应该从使用者角度考虑功能设计、结构和应用;最后,具体实施应以规划为纲。

企业实现财务云的功能,需要前期详细分析业务流程和信息系统,并提出功能需求和定位。为了让财务云在一段时间内保持稳定可用,并且未来具备一定的前瞻性和拓展性,需要把握四个方面:一是微服务架构。将大而全的信息系统变成独立的模块,并分别部署和实施,提高系统开发建设过程的灵活性和便捷性。二是低代码开发。通过大量可调用的方式,实现低代码开发,降低成本,提高效率。三是极致体验。通过多个维度设立(包括财务与业务、内部与外部等),并且通过后台员工行为的分析不断改进。四是数据中台。未来通过数据中台对数据进行加工、收集、整理,进一步实现产业数字化。

中国唱片集团有限公司时任总会计师孙彦永表示,云技术既是数字技术体系,也是信息服务规范,更是业务数字化的发展趋势。财务具有专业化、体系化、数值化、逻辑性强等特征,使得云技术应用具有模式化场景。随着互联网、数字技术发展及 5G 的商业化应用,云技术在财务方面的应用将围绕"资金流、业务流、信息流",从当下以企业集团为主的服务领域,步入面向中小企业提供基于"财务+业务"的虚拟化、分布式、定制服务。云技术将引领财务管理迈入机器核算、信息互通、数据挖掘、智能财务的新会计时代。

1.3.4 新一代 ERP 的思与行:从 ERP 到 EBC

金蝶软件(中国)有限公司时任高级副总裁赵燕锡表示,ERP 最初的功能是解决生产过程中物料供需的问题(MRP)。随着范围逐渐扩大,经历了生产资源计划阶段(MRP Ⅱ)以及企业资源计划阶段(ERP)。如今,ERP 不再只是企业内部系统,而是一个内外部用户业务协作的应用系统。这些应用必须更加重视数据、信息、过程的灵活性,以及对快速变化、不稳定的业务环境做出响应的能力。传统的 ERP 应用正在被数字化时代需求所取代。基于此,Gartner 公司提出新一代 ERP——EBC 的新观点。

企业业务能力(EBC)是企业将资源、能力、信息、流程和环境结合起来为客户提供一贯价值的方式,用于描述企业做什么以及企业在应对战略挑战和机遇时需要采取哪些不同措施。EBC 的特征包括以下几点:① 智能化。未来智能应用会成为系统的有机部分。② 数据驱动。侧重点从过程转移到了数据及其生成的信息上,重视如何利用数据提高企业收益。③ 开箱即用。EBC 所包含的许多流程都已高度商品化;EBC 将成为消耗品,它将是可靠的,它将"开箱即用",不会为基本的功能花费大价钱。④ 解放劳动力。随着人工智能(AI)等技术的引入,ERP 解决方案会逐渐将人员从过程中解放出来。随着物联网和更多机器人的引入,这一变化将扩展到整个供应链;帮助参与决策过程的人更快、更好地决策,或帮助他们取得更好的成果;将为企业内部人员创造更多的机会和新的角色。⑤ 赋能人人。系统和数据将跟随员工的脚步,将员工从办公桌前解放出来,他们将在需要完成工作的地方工作,并在需要时做出反应;ERP 交互方式将包括手势、语音控制和触摸,这些应用界面将产生操作，而不仅仅是替代的数据输入功能；集成将主要通过支持 AI 的集成工具来完成，以便在应对变化时能够提供更加灵活、敏捷的响应；系统会学习工作模式、偏好和风格，甚至帮助用户学习有助于人提高效率和效果的捷径；预测分析功能将有助于做出数据驱动的决策。⑥ 以客户为中心。前台和后台管理、业务和 IT 的时代已经结束，一切都是面向客户的；大部分企业都将其 ERP 的重点放在实现内部价值上，旨在竞争之前通过迅速响应、调整和预测客户的需求来实现商业价值。

华润集团时任财务部专业总监苏南认为，相较于传统 ERP，新一代 ERP 具有明显优点：一是云计算模式显著提升运营效率、改善稳定性及业务一致性；二是嵌入了大数据和机器学习等数字化技术，推动系统的自动化和智能化。新一代 ERP 助力财务实现更高的效率和敏捷，促进财务与业务更好地协同，赋能面向未来的财务预测和业务洞察。新一代 ERP 未来将作为企业级信息化基础平台，结合财务中台、数字化技术等，帮助企业实现数字化转型。

1.4　财务大数据的价值

财务大数据对于企业集团具有重要的实践意义，尤其是随着我国"互联网＋"倡议的实施，越来越多的企业利用互联网不断扩大企业的运营网络，经营结构和业务范围日益复杂，其财务管理的水平将会直接影响企业战略目标的实现。利用财务大数据及其分析可以将企业集团大量重复、易于实现标准化或流程化的会计核算，进行流程再造、标准化、集中化，既提高了会计核算的效率，又创造了各种价值。

商业价值方面，企业通过财务大数据及其分析可以提高财务处理效率和财务服务满意度。财务大数据分析以其标准化、专业化的服务向内、外部用户提供品质高、效率高的财务业务核算及决策咨询等支持服务。经过流程改造和组织架构调整，企业集团下辖的所有子、分公司业务都统一在数据中心作业，达到规模效益，把业务处理拆解得更加详细，并分配给专业人员负责，服务品质和效率得到大幅度提升。

决策价值方面，企业通过财务大数据及其分析可以对企业的财务、市场等各类数据进行系统化、全面化的分析和挖掘，深入洞察企业的财务状况、市场发展、综合业绩和财务风险等。通过大数据分析，企业可以了解数据的内在规律和趋势，从而更准确地预测未来财务和市场经营状况；通过分析不同业务领域的财务数据，企业可以识别出潜在的业务机会和威胁，从而及时调整战略方向，为企业的决策提供更加科学的依据。

管理价值方面，企业通过财务大数据及其分析还可以了解各类资源的使用情况，揭示出资源分配中的不合理之处。同时基于数据洞察，企业可以优化资源分配，将资源投入更有价值的业务领域，实现更高效的运营。财务大数据分析可以有效支撑公司战略、加强集团整体管控力度、促进财务人员由"账房先生"向"军师参谋"转型、推动统一标准及规章制度的建立，从而保证工作高品质、高效率、高强度地完成，提升管理效率。因此，财务大数据的核心价值在于构建全局视角的事项库，提升财务数据的质量，最终提升管理效率。

思政小课堂

大数据应用之道:机遇与挑战并存的数字化变革

在数字化时代,大数据已成为推动社会、经济和生活变革的关键力量,广泛应用于商业、金融、政府公共服务及科学研究与创新等领域,深刻影响着各行业的运行模式与发展路径。

在商业领域,大数据助力企业实现精准营销与客户洞察。通过整合消费者数据,企业能精准描绘客户画像,深入了解需求与偏好,如亚马逊的个性化商品推荐,不仅提升了营销效果与客户满意度,还优化了供应链管理,降低了成本,增强了抗风险能力。

在金融领域,大数据在信用评估与风险管理方面成效显著。金融机构结合多维度信息构建信用评分模型,如蚂蚁金服的芝麻信用,提高了金融服务效率与普惠性。智能投顾平台如 Betterment 和 Wealthfront,运用大数据与 AI 技术,为投资者提供个性化投资建议,降低了投资门槛。

在政府公共服务领域,大数据为城市管理与智能交通注入了新活力。政府部门整合来自传感器、摄像头等数据,实时感知城市运行状态,预测交通拥堵并提前进行疏导,提升资源配置科学性。在公共卫生和社会保障方面,大数据助力疾病监测与防控以及医疗资源调配,确保社会救助精准发放,提高社会保障公平性和有效性。

在科学研究与创新领域,大数据与基因测序结合推动生物医学研究突破,为个性化医疗和药物研发提供支撑。通过大数据分析科研文献和实验数据,挖掘新热点与规律,促进跨学科研究,拓展科学研究边界。

然而,大数据应用也面临诸多挑战。数据安全与隐私保护首当其冲,数据泄露事件频发,给个人、企业乃至社会带来严重损失。需要强化数据安全技术研发和基础设施建设,完善法律法规和监管制度,严厉惩治数据滥用和隐私侵犯行为。此外,大数据"杀熟"现象也屡见不鲜,商家利用大数据分析消费者信息,实行价格歧视,损害消费者合法权益,违背数据向善原则。

总之,大数据应用之路机遇与挑战并存。需充分认识并应对其应用过程中的弊病与挑战,强化数据安全与隐私保护,打击大数据"杀熟"行为,让大数据为人类社会创造更多价值与福祉。

练习题

一、单选题

1. 第三次财务变革的标志是( )。

A. 财会电算化

B. 财务共享中心的建立

C. 大数据、云计算、人工智能等新技术的出现

D. 互联网的普及

2.（　　）是按照一定关系构建的相互关联的数据集合，从而构成一个结构严谨、管理严密、联系紧密的信息系统。

A. 数据表　　　　B. 数据图　　　　C. 数据流　　　　D. 数据库

3.（　　）是从海量数据中提炼有价值的模式和发现知识的过程。

A. 数据标注　　　B. 数据挖掘　　　C. 数据统计　　　D. 数据采集

4. 财务大数据的核心价值是（　　）。

A. 扭转传统财务的公共模式

B. 构建全局视角的事项库，提升财务数据的质量，最终提升管理效率

C. 为财会信息的全面挖掘提供了重要前提

D. 实现不同信息分类保存

5. ERP 指的是（　　）。

A. 企业资源计划　　　　　　　　B. 财务机器人

C. 企业业务能力　　　　　　　　D. 管理信息系统

二、多选题

1. 以下属于大数据所具有的特征的是（　　）。

A. 海量的数据规模　　　　　　　B. 快速的数据流转

C. 多样的数据类型　　　　　　　D. 价值密度低

2. 常见的数据类型主要包括（　　）。

A. 数字　　　　　B. 文本　　　　　C. 图形　　　　　D. 音视频

3. 数据挖掘能够解决的问题包括（　　）。

A. 从文本中提取信息　　　　　　B. 精准预测未来数值

C. 发现异常　　　　　　　　　　D. 图像分类

4. 云技术的核心是（　　）。

A. 资源共享　　　B. 按需取用　　　C. 动态调配　　　D. 实时响应

5. 财务大数据分析对于企业集团具有重要的实践意义，具体表现在（　　）。

A. 财务大数据分析可以将企业集团大量重复、易于实现标准化或流程化的会计核算，进行流程再造、标准化、集中化、集中处理

B. 财务大数据分析可以有效支撑公司战略、加强集团整体管控力度

C. 财务大数据分析促进企业决策，有了大数据后企业可以不做其他任何财务管理

D. 财务大数据分析可以提高财务处理效率和财务服务满意度

三、判断题

1. 如何通过强大的算法更迅速地"提纯""萃取"价值数据，是大数据处理迫切需要攻克的难题。　　　　　　　　　　　　　　　　　　　　　　　　　　（　　）

2. 财务云或财务共享只是单纯地将人员物理集中，并只存在于财务工作中。（　　）

3. ERP 最初的功能并不是解决生产过程中物料供需的问题，即 MRP 阶段。（ ）

4. 随着人工智能和物联网技术的整体普及，企业运用会计大数据能够更好地采集数据、感知数据，真正依靠数据进行决策。（ ）

5. 根据传统的数据格式分类，财务大数据可以分为三类：结构化数据、非结构化数据和半结构化数据。（ ）

第 2 章　财务大数据分析基础

2.1　财务大数据分析的内涵和主体

2.1.1　财务大数据分析的内涵

财务大数据分析是一个结合了大数据技术和财务数据分析的交叉领域。结合大数据和财务大数据相关概念，可以将财务大数据分析定义为：利用大数据技术和方法，通过特定的处理模式，对企业内外部规模巨大、多样化的财务和非财务信息进行深入分析的一套专门的技术和方法，是会计学科和信息学科跨界融合的产物。

财务大数据分析所涉及的信息资料仍然满足大数据的一般特征，包括海量、快速和多样化性等特征；这些财务和非财务信息包括财务数据、业务数据和其他关联数据，既有对外的一面，也有对内的一面，既可以满足组织外部用户的信息需求，又可以同时作用于企业的内部管理；专门的技术和方法主要包括数据挖掘、采集、清洗、集成、分析等多个环节。

2.1.2　财务大数据分析的主体

财务大数据涉及企业经营相关的海量数据，包括企业内部经营和外部市场相关信息，既有财务数据，也有非财务数据，由此共同组成一个庞大的信息体系。因此，财务大数据分析的主体为该信息体系的使用者，具体包括投资者、债权人、企业内部使用者、政府相关部门及社会公众等。

1. 投资者

作为企业风险的最终承担者，投资者是财务报告分析的重要主体之一。投资者最关心的是所投资的企业在未来能否取得相应的利润和回报，因而他们需要通过财务大数据来了解企业的获利能力、抗风险能力等，从而做出保持投资规模、扩大投资或减少投资等投资决策。

2. 债权人

债权人关心的是债权的安全，即企业的短期和长期偿债能力。他们通过财务大数据分析，了解企业的资本结构、现金流转情况以及资产的质量等，以评估企业的还款能力和风险。

3. 企业内部使用者

企业内部的各级管理人员和普通职工，也是财务大数据的使用者。其中，各级管理者是履行企业经营和管理职责的直接责任人,他们借助财务大数据分析的结果,可以根据市场需求变化,制定明确的营销策略和创新战略;能制定和完善企业内部的各项规章制度,不断提高管理水平,提升工作效率和经济效益。对普通职工而言,企业的各项经营管理工作离不开全体职工的辛劳,他们应在企业中发挥应有的管理和监督作用。因此,全体职工与企业的命运紧密相连,他们也可以借助财务大数据分析提供的有用信息,更深入、全面地了解企业的经营状况。

4. 政府相关部门

政府相关部门可以通过对财务大数据分析利用,履行对企业监督管理职责。这些部门包括国资委、财政、税务、审计、证券监督管理、会计监管机构和社会保障部门等。

5. 社会公众

企业的供应商、竞争对手、中介机构(如注册会计师、咨询人员)等,也是企业大数据的使用者,因此也成为财务大数据分析的主体。

总之,财务大数据分析的主体具有多样性,不同的信息使用者,其利益视角不同,因此各自关注不同的信息,以满足其特定的决策需求。

2.2 财务大数据分析的内容和要求

2.2.1 财务大数据分析的内容

目前关于财务大数据分析的内容有多种描述,没有形成统一的说法。结合企业生产经营实际,根据业财融合思路将其分为业务主题分析、财务主题分析和经营预警分析三大类。

1. 业务主题分析

要提高财务数据的决策支持度,必须将财务数据与业务数据相融合。因此,根据企业经营实际,可以分别针对采购、生产、存货和销售不同业务进行主题分析,不仅仅局限于数据结果的分析,还可以提供业务经营活动的决策支持。

(1) 采购主题分析,包括采购成本、采购周期、采购订单、供应商评估分析等多个方面。采购主题分析在企业的财务管理和供应链管理中扮演着重要的角色,通过对采购成本、供应商、采购策略等方面的分析,企业可以更加精准地掌握采购活动的全貌,为企业的稳健发展提供有力支持。

(2) 生产主题分析,包括生产成本、生产效率、产品质量分析等。生产主题分析在企业的运营管理中具有至关重要的作用,通过对生产流程、资源配置、成本、产品质量等方面的分析,企业可以不断提高生产效率和市场竞争力,实现可持续发展。

(3) 存货主题分析,包括存货周转率、存货成本、存货结构、存货报损分析等。存货主题分析在企业的运营管理中具有重要的作用,通过对库存状态、库存管理策略、库存成本、客户满意度等方面的分析,企业可以不断提高运营效率和市场竞争力,实现可持续发展。

(4) 销售主题分析,包括客户分析、销售收入、销售费用、销售计划达成率、销售渠道分析等。

2. 财务主题分析

财务主题分析是一种评估企业财务状况和经营绩效的方法。通过对财务报表和其他财务数据的分析，投资者、管理层和其他利益相关者可以更好地了解企业的经营状况。企业常见的财务主题分析包括偿债能力、盈利能力、营运能力和发展能力分析。

(1) 偿债能力分析是衡量企业偿还到期债务（包括本息）的能力，包括短期偿债能力和长期偿债能力。常用的分析指标有流动比率、速动比率、资产负债率、已获利息倍数等。

(2) 盈利能力分析是对企业赚取利润的能力进行评估的过程，它关注的是企业在一定时期内通过销售产品或提供服务所获得的收益情况。常用的分析指标有销售净利率、销售毛利率、资产净利率、净资产收益率、总资产报酬率等。

(3) 营运能力分析是对企业资产营运效率与效益的评价，它关注的是企业如何有效地运用其资产来产生销售收入和利润。常用的分析指标有存货周转率、应收账款周转率、流动资产周转率和总资产周转率等。

(4) 发展能力分析是对一个个体、团体或组织的发展潜力和能力进行评估和分析的过程，它关注的是企业未来的增长潜力和发展趋势。常用的分析指标有营业收入增长率、营业利润增长率、总资产增长率、资本保值增值率等。

3. 经营预警分析

经营预警分析是一种基于企业内外部环境、经营状况及财务数据等多维度信息的综合分析过程，旨在通过界定一系列指标的目标值、正常值和警戒值，并与实际情况进行对比，从而预测企业可能面临的潜在风险和问题。这种分析可以帮助企业及时发现并应对潜在的经营风险，确保企业的稳健发展。

(1) 业务环节预警分析。针对企业业务运营过程中可能出现的风险和问题，通过收集、整理和分析相关信息，建立预警指标和预警系统，及时识别、评估和应对潜在的业务风险，以确保企业业务的稳健运营和可持续发展。常见的分析内容包括物料订货预警、物料保质期到期预警、生产用料不当预警、订单交付预警、销售预测预警等。

(2) 财务环节预警分析。通过对企业财务报表及相关经营资料的分析，利用数据化管理方式和财务数据，将企业已面临的危险情况预先告知企业经营者和其他利益关系人，并分析企业发生财务危机的可能原因和企业财务运营体系中隐藏的问题，以提前做好防范措施的分析方法。常见的分析内容包括销售计划完成率预警、利润计划完成率预警、应收账款逾期预警、应付账款到期预警、现金余额预警、盈利质量预警等。

2.2.2 财务大数据分析的要求

1. 客观性原则

客观性是确保财务主题分析过程及其结果具有客观、真实和可靠的基础。财务主题分析的客观性要求分析方法和结果解读均保持客观，通过选择合适的分析方法和工具，确保分析过程具有客观性和科学性。同时，应该以客观的态度进行分析结果的解读，避免个人主观偏见的影响。分析师应关注结果中的客观事实和数据支持，避免过度解读或误导性解释。

2. 真实性原则

真实性的财务大数据分析有助于企业做出基于实际情况的决策,评估风险,优化资源配置,从而确保企业的可持续发展。它是财务主题分析的基础,也是企业决策的重要依据。所依据的数据必须真实可靠,能够准确反映企业的财务状况和经营成果,这要求数据来源可信、数据处理准确,避免人为操纵或误导性信息。

3. 一致性原则

一致性有助于企业识别趋势、比较绩效、评估风险,并做出基于统一标准的决策。它是保证财务大数据分析结果准确性和可靠性的重要前提,也是实现企业财务数据有效管理和利用的关键。财务大数据分析的一致性要求企业在进行财务主题分析时,采用统一的数据标准、分析方法和指标体系,以确保不同时间、不同部门或不同项目之间的分析结果具有可比性和一致性。

4. 综合性原则

通过对各种数据的整合和对比,企业能够发现潜在的风险和机会,为制定战略决策提供全面、深入的参考依据。综合性分析是财务大数据分析的重要特点,也是实现精准决策的关键。财务大数据分析的综合性体现在它要求综合考量企业及行业多个方面的财务数据和信息,包括但不限于财务报表、市场数据、行业趋势等。这种综合性分析有助于企业全面了解自身的财务状况、运营效率和市场竞争态势,利于从多个角度进行评估,形成综合性的判断和建议。

5. 动态性原则

动态预测性使得财务分析更加具有前瞻性和战略性,有助于企业及时调整经营策略,优化资源配置,降低财务风险,从而实现持续稳健的发展。企业的财务状况是不断变化的,因此财务分析不能仅停留在静态数据的解读上,需要结合市场环境、政策变化等因素进行动态分析,以预测企业未来的发展趋势。它要求分析者不仅要关注静态的财务数据,更要敏锐地捕捉和解读动态的财务变化,以及这些变化对企业未来发展的潜在影响。

6. 成本效益原则

通过精确的成本效益控制,企业能够优化资源配置,实现数据分析的最大价值。财务大数据分析的成本效益原则要求在数据分析过程中,需要权衡分析的成本与预期的效益,确保所获得的分析收益大于投入的成本。这包括合理评估数据收集、处理和分析的成本,选择适合企业实际情况的分析工具和方法,注重分析方法的效率和实用性。

2.3 财务大数据分析的方法和程序

2.3.1 财务大数据分析的方法

根据不同数据分析对象,常见的财务大数据分析方法主要包括以下几种。

1. 指标分析

基于企业的财务报表和其他相关资料,通过一系列专门的财务指标来总结和评价企业财务状况与经营成果,分析指标包括偿债能力指标、运营能力指标、盈利能力指标和发展能力指标等各类指标。

2. 比较分析

也称对比分析。将两个或两个以上相互联系的指标或数据进行比较,通过对比不同时间、不同对象的数据,分析其变化情况,了解事物的本质特征和发展规律。一般比较常见的对比分析方法有时间趋势分析、同类对比分析、结构分析、分组分析等。

3. 比率分析

通过计算和比较不同财务指标之间的比率,如流动比率、速动比率、资产负债率、毛利率、净利润率等,以评估企业的财务状况和经营绩效。

4. 关联分析

研究数据中项目或指标之间关联关系的方法,可以揭示不同项目之间的关联规律。例如,利用相关性分析、聚类分析、因子分析、回归分析、灵敏度分析等方法可从大数据中提取潜在的模式、规律和知识;利用购物篮分析方法可以找到在购物中常一起出现的商品组合,为市场营销和商品推荐提供依据。

5. 时间序列分析

利用历史数据和统计算法来预测未来事件或趋势,具体通过时间序列数据进行建模和分析,预测未来的趋势和趋势的变化。在财务数据分析中常被用于预测股票价格、利率、货币汇率等金融指标的变化。

6. 模型分析

依据各种成熟的、经过实践论证的分析模型对问题进行分析的方法。在财务领域常见的有成本—效益分析模型、杜邦体系、沃尔评分法、Altman Z-Score 模型、EVA 评价体系、CAPM 模型(资本资产定价模型)等。

7. 数据可视化

通过图表、图形和可视化工具来展示和解释大数据及其分析结果,帮助用户更好地理解数据模式、趋势和关联性,该方法更加直观、易于理解,有助于发现隐藏在数据中的规律和模式。

8. 机器学习

随着深度学习和自然语言处理的发展,机器学习在财务大数据分析中的应用越来越广泛。例如,利用自然语言处理和机器学习等方法,对大量文本数据进行分析和挖掘;通过分析社交网络中的节点和边的关系,了解用户行为模式和社交影响等。该方法在财务领域可用于信用评分、市场预测和作弊检测等方面。

以上是目前财务大数据分析的一些常用方法,每种方法都有其特定的应用场景和优势,可以根据具体的数据和业务需求选择合适的方法进行分析。同时,随着大数据技术的不断发展和完善,财务大数据分析方法和应用的范围也将不断扩大和深化。

2.3.2 财务大数据分析的程序

1. 明确目的

财务大数据分析的首要任务是确定分析的目标。在该阶段,需要明确通过分析解决的问题,或是希望达到的业务目标有哪些。例如,包括但不限于提升成本控制效率、优化资金配置、识别财务风险或机会等。只有明确了分析目的,我们才能确保整个分析过程聚焦于关键信息,避免数据的冗余和偏离,从而实现数据的最大化价值利用,为企业的财务决策提供有力支持。

2. 数据收集

数据收集是财务大数据分析的关键一步。数据的质量和完整性对后续分析结果产生直接影响。数据收集可以通过多种方式实现,利用企业内部的数据系统、传感器设备、互联网数据抓取等方式进行数据采集时,需要注意确保数据的准确性和时效性,同时要保障数据采集的合法性和隐私保护。

3. 数据处理

财务大数据分析涉及的数据规模庞大,来源多样,可能存在缺失值、异常值、重复值等问题。因此,在进行实际分析之前,需要对数据进行预处理。预处理包括数据清洗、数据集成、数据变换和数据规约等步骤。数据清洗,通过删除缺失数据、纠正错误数据等方式提高数据的质量。数据集成,将来自不同来源的数据进行整合,形成一个完整的数据集。数据变换,可以通过标准化、归一化等方式,将数据转换为适合分析的形式。数据规约,通过数据抽样和降维等技术,减少数据集大小和复杂度。

4. 数据分析

数据分析是财务大数据分析的核心环节。此环节涉及运用各种统计分析方法、机器学习技术和人工智能算法等,对预处理后的数据进行建模和分析。根据具体的分析目标和问题需求,选择合适的数据分析方法,并借助相关工具来执行分析,从中发现潜在的信息和规律。

5. 数据展示

包括数据可视化和分析报告等方式。数据分析的结果是提供决策支持的重要参考依据,但分析结果传达给决策者时,需要对结果进行展示和解释,使其易于理解和应用。数据展示不仅包括对分析方法和过程的解读,还应将结果与实际业务情境相结合,在此过程中可以使用专业的统计分析软件和可视化工具或平台,向决策者提供明确的建议和行动方案。准确的数据展示可以帮助决策者更好地理解数据分析的意义和影响。

6. 决策应用

财务大数据分析的最终目的是支持企业决策和应用。在决策过程中,决策者需要综合考虑数据分析结果、实际情况和企业目标,做出合理和科学的决策。同时,在决策的过程中要注重数据的完整性和权威性,避免受到主观偏见和误导。决策的结果需要及时地应用到实际业务中,结合企业的商业环境和经营战略,进行评估和优化,针对结果进行深入讨论,并提出具有针对性的改进建议。

思政小课堂

市场购物篮分析

随着大数据时代的到来,市场购物篮分析已成为企业了解消费者需求、优化商品组合、提升销售业绩的重要手段。市场购物篮分析(Market Basket Analysis,MBA)是指利用来自各个终端的销售数据,特别是顾客在单次购物中购买的商品组合(即"购物篮"),来分析商品之间的关联性和顾客的购买模式。市场购物篮分析是一种基于顾客购物行为数据的分析方法,旨在通过构建销售商品及购买频率的行为模型,来深入了解顾客的购买习惯和偏好。

购物篮分析最出名的一个案例就是"啤酒与尿布"。20世纪90年代的美国沃尔玛超市中,其管理人员分析销售数据时发现在某些特定的情况下,"啤酒"与"尿布"两件看上去毫无关系的商品会经常出现在同一个购物篮中,经过调查发现,原来在美国有婴儿的家庭中,一般是母亲在家中照看婴儿,年轻的父亲前去超市购买尿布。父亲在购买尿布的同时,往往会顺便为自己购买啤酒。随后,沃尔玛开始在卖场尝试将啤酒与尿布摆放在相同的区域,让年轻的父亲可以同时找到这两件商品,并很快地完成购物;沃尔玛超市也可以让这些客户一次购买两件商品而不是一件,从而获得了很好的商品销售收入。这就是"啤酒与尿布"故事的由来。

因此,商业从业者或数据分析师的工作不仅是为了企业盈利,更是为了满足消费者的需求,提高顾客满意度,从而体现出对社会的责任与贡献。

练习题

一、单选题

1. 将两个或两个以上相互联系的指标或数据进行比较,通过对比不同时间、不同对象的数据,分析其变化情况,了解事物的本质特征和发展规律的分析方法是(　　)。
    A. 指标分析　　　　B. 比较分析　　　　C. 比率分析　　　　D. 关联分析
2. 存货周转率、存货成本、存货结构、存货报损分析等属于(　　)。
    A. 采购主题分析　　　　　　　　　　B. 生产主题分析
    C. 销售主题分析　　　　　　　　　　D. 存货主题分析
3. (　　)是对企业资产营运效率与效益的评价,它关注的是企业如何有效地运用其资产来产生销售收入和利润。

A. 偿债能力分析 B. 盈利能力分析
C. 营运能力分析 D. 发展能力分析

4. （　　）包括数据清洗、数据集成、数据变换和数据规约等步骤。
A. 数据获取 B. 数据收集
C. 数据预处理 D. 数据展示

二、多选题

1. 财务大数据分析中的业务主题分析包括（　　）。
A. 采购主题分析 B. 生产主题分析
C. 销售主题分析 D. 存货主题分析

2. 财务大数据分析的主体有（　　）。
A. 投资者 B. 债权人
C. 政府相关部门 D. 社会公众

3. （　　）可以衡量企业的偿债能力。
A. 资产负债率 B. 权益乘数
C. 流动比率 D. 速动比率

4. 财务大数据分析的程序包括（　　）。
A. 明确目的 B. 数据处理
C. 数据分析 D. 存储准备

三、判断题

1. 数据可视化分析是实现财务大数据分析的唯一方法和途径。（　　）

2. 财务大数据分析可以帮助企业预测未来的市场趋势和客户需求。（　　）

3. 财务大数据分析是一种先进的分析方法体系，没有任何缺点，完全可以替代传统的财务分析方法和工具。（　　）

4. 虽然大数据分析通常涉及大量数据，但数据的数量并不是决定分析准确性的唯一因素。分析的质量还取决于数据的来源、质量、处理方法和结果展示的有效性和准确性。
（　　）

第 3 章　大数据可视化及平台介绍

3.1 大数据可视化概述

大数据可视化属于大数据分析的工具和手段之一,是指利用计算机图形学、图像处理等技术,将抽象、复杂的海量数据信息转换成易于理解的视觉元素,以直观的图表等方式呈现,帮助人们更好地理解和分析数据。大数据可视化不仅是一种技术,更是一种方法论,旨在提高人们对数据的感知力和理解能力,从而更好地利用数据进行分析和决策。

3.1.1 大数据可视化的作用

大数据可视化能够将抽象的数字信息转化为直观的图形,帮助人们更深入、更直观地理解数据。随着大数据时代的到来,数据可视化已成为企业和个人分析、理解数据的重要手段。

1. 快速洞察

大数据可视化通过图形、图表、地图等方式将数据直观化,帮助人们快速获得数据分析的结果和规律,帮助决策者一目了然地看到数据趋势和模式,提升认知效率。

2. 促进沟通

大数据可视化能够将复杂的数据信息以直观、易懂的方式展示出来,帮助人们更好地表达和分享数据,促进沟通和理解,避免信息的误解和歧义,促进团队内部信息沟通的同时,也便于向外界进行分享展示。

3. 科学决策

可视化工具提供交互性,使用户能够对数据进行探索和分析,发现数据中的关联和异常;同时结合机器学习,可视化还可以展示未来趋势预测,从而帮助人们做出更准确、有依据的决策。

4. 普及知识

大数据可视化在商业智能、政府决策、公共服务、市场营销、金融、电力、通信、工业制造、医疗保健等多个领域都有广泛应用。尤其是在公共服务领域,如环境监测、城市规划、交通管制等领域,可视化增加了信息的透明度和相关知识,让公众能够更好地理解数据。

运用大数据可视化技术将复杂的数据以直观的形式呈现,使决策者能够快速准确地把握关键信息,洞察数据背后的模式和趋势。无论是商业决策、科学研究,还是政策制定,大数据可视化都提供了强大的支持,驱动科学决策。同时,它也有助于普及数据知识,增强公众的数据意识,推动数据驱动的社会发展。

然而,大数据可视化也存在一些挑战和局限性。首先,大数据的处理和可视化需要强大的计算和存储能力,对硬件和软件技术要求较高。其次,大数据可视化需要专业的数据分析师和平台工具来实现数据的分析和可视化,这对人才和技术的需求较高。另外,数据的质量和准确性也是大数据可视化的关键问题,不准确的数据会导致错误的决策和误导。

3.1.2 可视化图表的分类

大数据可视化的形式丰富多样,可以粗略分为静态可视化和动态可视化两大类,旨在帮助人们更好地理解和分析数据。静态可视化常见的形式包括基本图表(如统计表、柱状图、折线图、饼图、散点图等)、地图、图形(如网络图、树状图、关系图等)、特殊图表(热力图、网络图、仪表盘、气泡图、日历图、时间序列图等)、文本可视化(词云、文本分布图)、三维可视化等。动态可视化包括交互式图表、动态地图等。下文仅对常用的图表类型(即可视化图表)进行简要分类介绍。

可视化图表是一种以图形或图表的方式将数据可视化呈现出来的形式。通过可视化图表,人们可以更容易地观察数据的模式、趋势和关系,从而更有效地进行数据分析和决策。在大数据可视化中,选择合适的图表类型非常重要。不同类型的图表适用于不同的数据类型和分析目的。常见的可视化图表分类如下:

1. 比较类图表

比较类图表用于展示不同组或者对象之间的差异或相似性。常见的用于显示数据比较的图表类型有条形图、柱状图、对比折线图、组合条形图、堆叠条形图等。

2. 构成类图表

数据的组成图表用于展示一个整体中各部分的相对比例和构成。常见的用于显示数据组成的图表类型包括饼图、环形图、堆叠条形图、树状图、气泡图和雷达图等。

3. 分布类图表

数据的分布图用于可视化数据集中数值的分布情况,帮助分析数据的集中趋势、离散程度和异常值。常见的用于展示数据分布的图表类型有直方图、分位数图、概率密度函数图、箱线图等。

4. 关系-趋势类图表

数据相关性的图表可以帮助分析者直观地了解变量之间的关系,关系-趋势类图表用于显示数据随时间或其他连续变量的变化趋势。常见的该类型的图表有折线图、气泡图、散点图、面积图、热力图、曲线回归图等。

可视化图表类型多样,此处只做基本介绍。以上这些图表各自具有特点和适用场景,需要数据分析者根据数据类型和分析目的合理选择。

3.1.3 数据可视化的实现

数据可视化的实现途径包括多种工具和平台,这些工具和平台为不同需求和技术水平的用户提供了广泛的选择。

1. 入门工具

Excel 是数据可视化分析的入门级软件,在数据量不大的前提下,它也是快速分析数据的理想工具,能够创建供内部使用的数据图。虽然其图形化功能并不强大,但作为高效的内部沟通工具,Excel 仍然是目前最常用的、简单的数据分析工具。

2. 数据可视化编程工具

数据可视化编程类工具中常用的有 Python 和 Java。

Python:拥有多个数据分析和可视化库,如 Matplotlib、Seaborn 和 Plotly。Python 以其简单易学和代码可读性高的特点而备受欢迎。

Java:JavaFX 和 JFreeChart 等库为 Java 用户提供了数据可视化的解决方案。JavaFX 适用于创建交互式、具有吸引力的数据可视化应用。

Python 具有开源性,加之代码编写难度较低等,可以非常便捷地引入多个外部可视化分析工具和模块,绘图功能和可视化效果非常优秀,因而人们普遍认为 Python 做数据可视化更为简单且实用,图表类型更为丰富。

3. 交互式可视化工具

这类工具专注于提供交互性和动态性的数据可视化,常见工具包括 Tableau、Power BI 和 Plotly 等。用户可以通过简单地拖放和配置参数来创建交互式图表和仪表板。这些工具还支持数据筛选和联动,用户可以通过点击图表或选择特定数据来交互式地探索数据。此外,还可以将这些交互式图表和仪表板嵌入网页或应用程序中与他人共享和展示。

4. 地理信息系统工具

地理信息系统(GIS)工具是专门用于处理地理空间数据的可视化工具。它能将地图和空间数据与其他数据源集成,用于解决与地理位置相关的问题。例如,Esri 的 ArcGIS 和 QGIS 等,这些工具提供了丰富的地理空间分析功能,如地理定位、路径规划和热力图等。用户可以创建具有地理信息的动态图表和地图,以便更好地理解地理空间的分布和关联。

5. 商业大数据分析平台

商业大数据分析平台旨在帮助企业和组织更好地理解其数据并做出战略决策。例如,Smartbi、华为 FusionInsight、阿里云·数加等,提供了强大的数据可视化和分析功能,满足企业级用户在报表、数据可视化分析、自助分析平台、数据挖掘建模、AI 智能分析等大数据分析方面的各类需求。

3.2 财务大数据分析平台简介

云计算、物联网、大数据等新兴技术快速发展,并与财务进行深度融合,对企业的财务管理模式开始产生深远影响,从而引发了企业对财会人员岗位需求和能力要求的变化,财务大数据可视化分析平台也逐渐成为现代企业不可或缺的工具,它们可以帮助企业决策者快速、准确地理解和分析财务数据,从而做出更明智的决策。以下是一些常见的财务大数据可视化分析平台的分类,以及其功能和特点的简要介绍。

3.2.1 商业智能(BI)工具

Power BI:微软推出的商业智能工具,支持多种数据源,包括 Excel、SQL Server、Azure 等,可以轻松与其他 Microsoft 应用程序集成。Power BI 提供丰富的可视化方式,如柱状图、折线图、饼图等,帮助企业管理层快速了解财务状况和经营状况。

Tableau:一款强大的商业智能和数据可视化软件,支持多种数据源,如关系型数据库、Excel、文本文件等。Tableau 提供直观的数据分析和可视化功能,支持自定义计算和多维分析,帮助企业深入挖掘财务数据的潜在价值。

FineBI:BI 数据分析工具,可以连接财务数据(导入或对接系统、数据库),快速生成报表,进行财务分析,并输出可视化报告。FineBI 以其上手简单、速度快、可视化美观的特点,深受用户喜爱。

3.2.2 报表和分析软件

FineReport:一款企业级报表软件,可以整合财务系统和其他业务系统数据,开发复杂的报表,并实现自动化。FineReport 提供数据可视化呈现功能,如驾驶舱看板,并内置了财务报表模板库,方便开发者直接使用。

QlikView:商业智能和数据可视化软件,支持多种数据源,如 Excel、SQL Server、Oracle 等,可轻松与其他应用程序集成。QlikView 提供交互式报表和图表,帮助企业管理层快速了解财务状况。

Smartbi:专注于 BI 产品的研发和生产,提供丰富的可视化模板,支持一键套用,非常适合新手使用。Smartbi 具有直观的操作界面和强大的数据可视化功能。

3.3.3 财务专用平台

金蝶云·星空:属于金蝶公司打造的新一代战略性企业管理软件平台金蝶云系列(还包括金蝶云·苍穹、金蝶云·星翰、金蝶·星辰等)中的一个,适用于高成长型的企业,提供业财税一体化管理平台,具备数据可视化功能,助力企业提升数字化管理能力。

用友畅捷通:用友旗下的财务大数据可视化分析平台,提供强大的查询和分析功能,支持多维度的数据分析,并以可视化的形式展示结果。该平台有助于企业快速洞察财务状况,优化资源配置。

3.3 金蝶云·星空平台介绍

本课程平台搭载的实验软件为金蝶云·星空,是企业级财务大数据实验室平台,也称为运营魔方。平台内配套典型新零售企业业财融合的财务大数据实验案例,通过内置的

"轻分析"功能模块或调用 SQL 语句进行财务大数据模型的构建，形成各类可视化分析。利用该平台可实现数据可视化分析（指示器、饼图、线形图等）、企业经营状况分析（销售、采购、库存等）、企业财务状况分析（存货、应收应付、成本费用、盈利能力等）和企业内部控制分析（经营预警分析）等企业核心主题的大数据分析，旨在培养学生具备企业经营管理所需的大数据处理与分析能力，能综合运用所学的财务管理理论，结合大数据分析结果，对企业内各业务环节的经营活动进行分析、预测、决策和规划，培养更高级的技术型财务人才和战略型财务人才。

3.3.1 平台特点

1. 业财融合，智慧呈现

为了助力业财融合的财务大数据人才培养，平台配套了大量典型新零售企业业财融合的财务案例，通过搭建各类模型，即可完成对企业销售、采购、存货、应收、应付、成本费用、盈利和经营预警等各类主题分析，也可以利用企业资产负债表、利润表、现金流量表进行偿债能力、运营能力、盈利能力和发展能力等财务分析，满足多样化的教学需求。

2. 真账实操，对接企业

平台搭载的实验软件为企业级财务大数据实验室平台，它的应用支持多种数据源，包含各种主流数据库和 Excel、TXT 文件等。因此，既可以利用内置的案例数据，也可以利用外部收集而来的企业真实数据，通过数据整合和业务模型设计，进行大数据分析和报表的制作。简而言之，该平台所用的运营魔方教学版的功能与企业版的功能一样，加上配套的大数据真实案例，学生就可以进行各种财务大数据实验。通过实验，学生掌握的应用知识和应用能力，无缝匹配企业的需要，后期去企业工作即可直接上手应用，大大增加了学生的就业竞争力。

3. 简单易学，数据可视

财务大数据分析平台——运营魔方，是一款支持学生自助设计和分析的图形化、可视化报表智能工具和大数据平台。它简单易学、美观易用，提供多种类型的分析图形，只需通过简单的拖拉拽操作，或输入简单的 SQL 语句，即可设计出高颜值的图形化报表。此外，该平台还具备数据联动、多维度组合筛选、钻取等强大的交互式数据分析能力。平台内预置提供了多个主题分析模型和大量分析报表样例，用户可以直接使用或进行个性化修改，满足对财务大数据分析多样化的需求。除电脑以外，还支持在手机、平板、微信等移动端进行报表浏览，只需在手机浏览器中输入服务器的链接地址即可，无须安装其他插件，方便快捷。

3.3.2 平台规则

使用该系统可以采用系统内配套的企业财务数据案例，也可以自行整理导入其他企业数据案例，无论采用何种案例，都应根据分析目标，进行大数据模型的构建，完成企业销售环节、采购环节、仓管环节、应收应付与资金管理、成本与费用管理、偿债能力、运营能力、盈利能力、发展能力和经营预警等各方面关键指标的构建和分析，完成数据可视化分析、经营状况分析、财务状况分析和内部控制分析,对企业的投资决策、全面预算、内部控制、业绩评价等提出建议。

3.3.3 模块介绍

本课程采用的平台为金蝶财务大数据分析平台中的轻分析模块,该教学模块的功能与企业版功能一样,在特定的服务器范围内,利用金蝶云·星空账号和密码即可登录至平台的工作台。从工作台展示内容来看,共包含"财务会计(报表)""零售管理(连锁档案、报表中心)""生产制造(智慧车间 MES)""流程中心""信息中心和经营分析(轻分析)"五个模块(见图 3-1)。

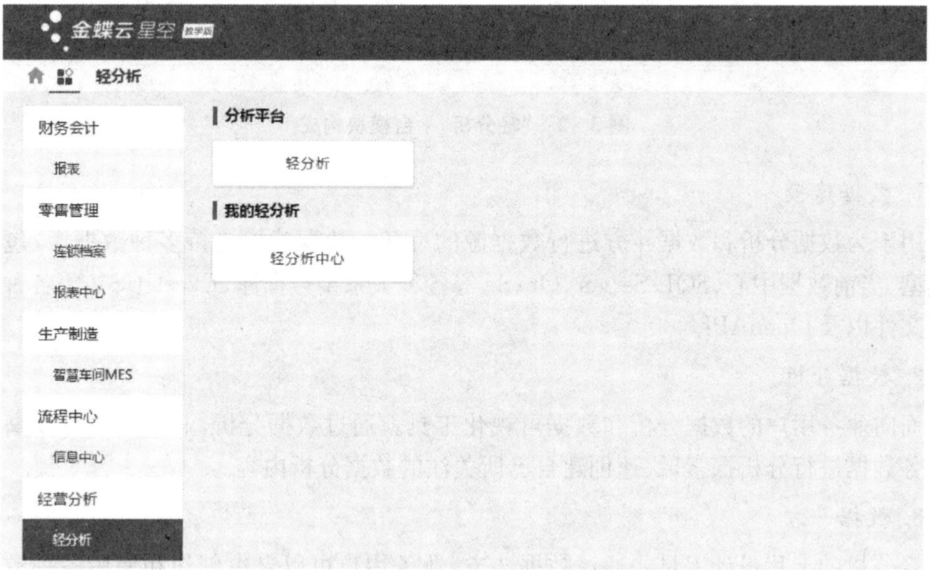

图 3-1　财务大数据分析平台模块构成

在教学实际中主要利用"经营分析"下的"轻分析"模块进行各类大数据分析。

"轻分析"是进行各类数据分析的平台,也是财务大数据分析的核心模块,该模块是由金蝶公司自主研发的,拥有独立知识产权和核心技术的数据云计算引擎和数据可视化平台,是一个能够为操作人员提供轻建模、多维度、高性能的数据分析和数据探索平台。

"轻分析"包含主题式分析和嵌入式分析两个应用场景。其中主题式分析是轻分析的数据可视化和商业智能全栈套件,它让用户不受限于业务系统所提供的固定报表内容,能够任意连接一切可获得的企业数据资产,自由探索和发现其中的业务规律和价值,并且支持数据分析内容的发布和授权。本课程涉及的主题式分析主要包括"数据建模""数据分析""数据斗方"和"仪表板"四个子模块(见图 3-2)。

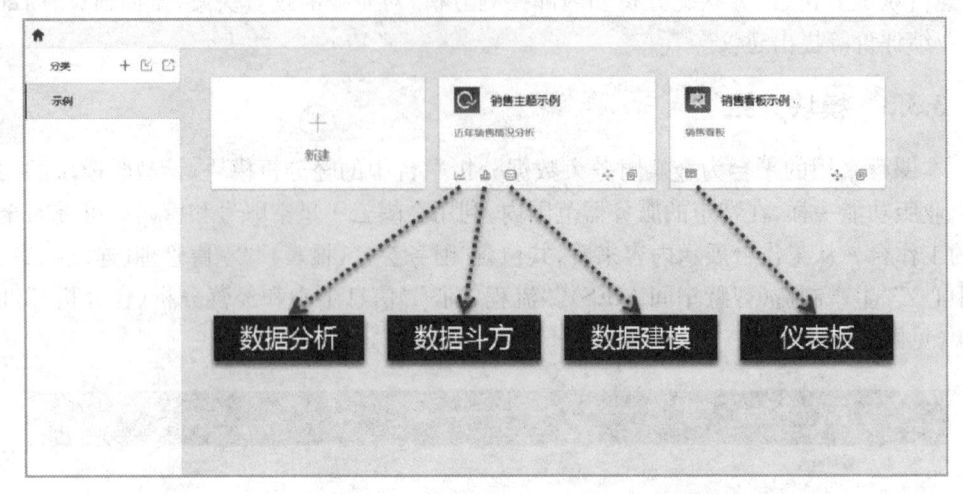

图 3-2 "轻分析"平台模块构成

1. 数据建模

用于为数据分析和数据斗方进行数据源的准备。数据建模支持多种数据源,包括实体模型、当前数据中心、SQL Server、Oracle 等各种关系型数据库、Excel、CSV 等各种平面数据文件以及 OpenAPI。

2. 数据分析

面向业务用户的数据分析和数据可视化工具。通过数据分析,业务用户可以高效地对业务数据进行分析探索,快速创建自己所关注的数据分析内容。

3. 数据斗方

轻分析的卡片设计工具。通过数据斗方,业务用户可以自由创作和使用各种数据可视化卡片。

4. 仪表板

为可视化展示工具。支持对数据斗方、网页、文字及组合卡片等组件进行综合布局,并可定义组件数据更新频率;支持将仪表板发布到应用菜单、轻分析中心和移动轻应用并授权给指定用户或角色;支持大屏展现。用户可以在同一屏幕上集中展现、比较和监视一组特定的数据内容。同时,仪表板还提供筛选、钻取、再分析等交互操作。

思政小课堂

TCL 财务共享中心的财务可视化应用

1. TCL 财务共享中心简介

TCL 财务共享服务中心成立于 2015 年,服务于 TCL 内部 400 多家法人企业,业务覆盖众多地区。该中心曾获得多项业界大奖,如SSON变革管理金奖、CGMA最佳财务共享服务中心奖等,显示出其在财务领域的卓越成就。

TCL财务共享中心经过近十年的持续成长,建立了从会计到报表全流程一体化、智能化的数字化应用,实现了全业务、全流程、全球业务的覆盖。主要包括:生态系统与业务系统内部整合,实现消费报销、业务与金融一体化;内部创新分层智能抢单模式,应用OCR+RPA(文字识别技术+机器人流程自动化)等新技术实现账单自动考核。此外,还支持月末一键结账、直连自动出具报表等功能。

2. 财务可视化应用

TCL财务共享中心通过引入先进的财务可视化技术,实现了财务工作的数字化转型和智能化升级。

(1) 财务报表的可视化

TCL财务共享中心通过数字化管理系统,实现了财务报表的自动生成和快速查询。财务报表包括利润表、资产负债表、现金流量表等,这些报表经过精心设计的模板导入数据后自动生成,提高了报表的准确性,降低了手工操作的难度。通过图表、图形等可视化工具,财务报表的信息更加直观易懂,便于管理者快速了解公司的财务状况。

(2) 会计核算的可视化

在会计核算方面,TCL财务共享中心通过设计分录模板、输入会计凭证等步骤,实现了自动计算账目,提高了会计核算的速度和准确度。同时,通过可视化工具,管理者可以直观地了解会计科目的变动情况,便于及时发现和解决潜在问题。

(3) 预算和计划管理的可视化

利用财务数据可视化技术,TCL财务共享中心帮助管理者更好地理解公司的预算情况。通过数据的可视化呈现,管理者可以更加深入地了解公司当前和未来的经济状况,从而做出更好的决策。此外,可视化技术还有助于企业进行更准确的预测,为未来的经营计划提供有力支持。

3. 技术支撑

TCL财务共享中心在财务可视化方面的应用得益于多种智能技术的支撑。例如,OCR技术可以快速准确地识别和处理纸质文档中的信息;RPA技术可以自动化处理烦琐的财务流程;BI大数据分析技术则可以对海量财务数据进行深度分析和挖掘,发现隐藏的趋势和关联。这些技术的应用不仅提高了财务工作的效率和质量,也为财务可视化提供了强大的技术支撑。

4. 总结

TCL财务共享中心在财务可视化方面的应用取得了显著成效。数字化管理系统和智能技术的支撑,不仅提高了管理者对财务状况的直观理解,也为企业的决策提供了有力支持。未来,随着技术的不断进步和应用场景的不断拓展,TCL财务共享中心的财务可视化应用将会更加广泛和深入。

TCL财务共享中心的成功运作离不开团队成员之间的紧密合作和有效沟通,财务工作不是数字游戏,财务数据的准确性和可靠性直接关系到企业的决策和运营,因此,财务人员必须具备高度的职业责任感和道德意识。

练习题

一、单选题

1. 金蝶云·星空平台的定位是(　　)。
   A. 财务管理软件　　　　　　　　　　B. 供应链管理软件
   C. 企业管理软件平台　　　　　　　　D. 人力资源管理软件

2. 金蝶云·星空轻分析主要面向的用户是(　　)。
   A. 企业管理者　　　　　　　　　　　B. 数据分析师
   C. 业务人员　　　　　　　　　　　　D. 技术开发人员

3. 金蝶云·星空轻分析是一款(　　)类型的产品。
   A. 数据可视化工具　　　　　　　　　B. 数据分析工具
   C. 数据挖掘工具　　　　　　　　　　D. 数据报表工具

4. 轻分析的(　　)子模块是面向业务用户的数据分析和数据可视化工具。
   A. 数据建模　　B. 数据分析　　C. 数据斗方　　D. 仪表板

5. (　　)支持对数据斗方、网页、文字及组合卡片等组件进行综合布局,并可定义组件数据更新频率,支持大展示。
   A. 数据建模　　B. 数据分析　　C. 数据斗方　　D. 仪表板

二、多选题

1. 金蝶云·星空平台的用户体验特征有(　　)。
   A. 业财融合,智慧呈现　　　　　　　B. 真账实操,对接企业
   C. 简单易学,数据可视　　　　　　　D. 操作复杂,难度过大

2. 轻分析的数据建模支持的数据源有(　　)。
   A. Excel　　　　　　　　　　　　　　B. CSV 文件
   C. OpenAPI　　　　　　　　　　　　　D. SQL Server 数据库

3. 轻分析的模块构成包括(　　)。
   A. 数据建模　　B. 数据分析　　C. 数据斗方　　D. 仪表板

4. 轻分析的仪表板的特点有(　　)。
   A. 可自由创作数据斗方和卡片设计
   B. 可为数据分析和数据斗方进行数据源的准备
   C. 可支持大屏展现
   D. 可支持筛选、钻取、再分析等交互操作

5. 金蝶云·星空轻分析支持(　　)数据可视化。
   A. 柱状图、折线图、饼图等基础类型
   B. 热力图、关系图、地理坐标图等复杂类型
   C. 表格、矩阵等数据分析类型
   D. 以上都不是

三、判断题

1. 使用金蝶云·星空平台只能采用系统内配套的企业财务数据案例展开分析。
（　　）

2. 金蝶云·星空轻分析的特点是轻建模、多维度、高性能。（　　）

3. 数据斗方是面向业务用户的数据分析和数据可视化工具。（　　）

4. 金蝶云·星空大数据分析平台只需通过简单的拖拉拽操作，或输入简单的 SQL 语句，即可设计出高颜值的图形化报表。（　　）

5. 通过金蝶云·星空可以完成企业经营状况分析、企业财务状况分析和企业内部控制分析等企业核心主题的大数据分析。（　　）

第 4 章　平台基础设置

基础设置是为后续平台的日常运营和使用做好基础工作，主要包括账套的设置和用户的导入。

4.1　账套设置

财务大数据分析平台在正式启用前需要先设置账套，账套设置的全过程：进入账套设置中心—账套备份存储—账套提取恢复—账套测试连接—数据恢复。

【注意】大多数情况下由于平台服务器中事先已存储有或保留有备份账套，所以在实际操作中往往可跳过第二个步骤"账套备份储存"（即4.1.2部分），在登录设置中心后，直接进行账套提取恢复和账套测试连接等后续设置。

4.1.1　进入账套设置中心

1. 登录平台管理中心

以管理员身份进行操作。打开金蝶云·星空管理中心网页（网址：http://10.60.174.204:8000），利用管理员账号登录系统（见图4-1）。

图4-1　"管理中心"登录界面

2. 进入数据中心列表

(1) 登录管理系统后界面如图 4-2 所示，点击页面左上角的图标"▦"，打开"主控台"菜单，点开后即出现"数据中心管理"页面，包含"数据中心""许可中心""监控中心"等多项子菜单。

图 4-2 "管理中心"登录后的界面

(2) 点击"数据中心管理"|"数据中心"|"数据中心列表"，打开"数据中心列表"管理页面(见图 4-3)。

图 4-3 "数据中心管理"界面

029

4.1.2 账套备份存储

1. 选择并备份账套

在"数据中心列表"页面,鼠标单击选中一个需要参照的账套模板,此处以"19级本科会计学 1 班"为例(即以"19级本科会计学 1 班"账套为模板,复制形成一个名叫"19级本科会计 2 班"的新账套),点击上方菜单栏中"备份"下的"备份"按钮,系统弹出"数据中心备份"窗口(见图 4-4 和图 4-5)。

图 4-4 "数据中心列表"备份功能

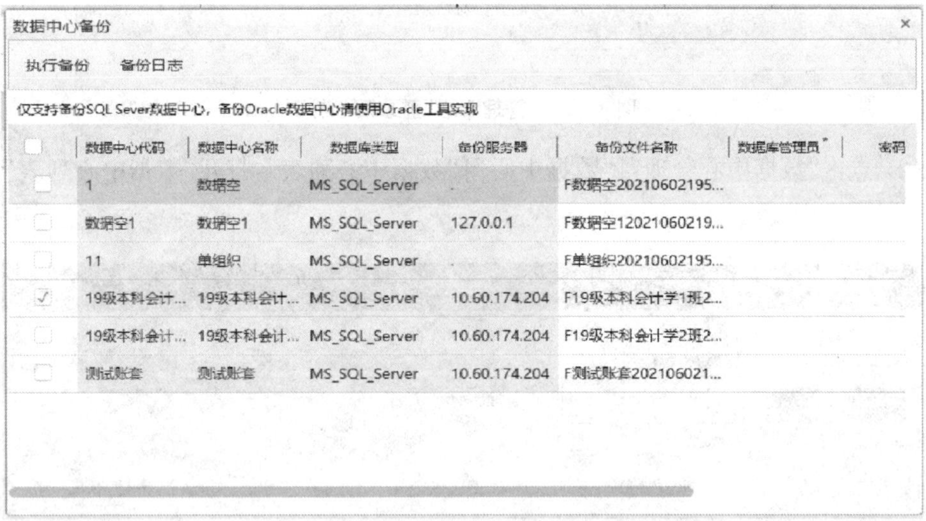

图 4-5 "数据中心备份"界面

2. 设置账套信息

在"数据中心备份"下找到拟备份的账套,进行账套信息设置和修改,其中"数据库类""备份服务器"和"备份文件名称"采用系统默认值;向右拖动滑动条,"数据库管理员"处输入 sa,"密码"处输入 ABCabc123(见图 4-6)。

图 4-6 "数据中心备份"中"数据库管理员"和"密码"设置

点击"备份路径"输入框,出现" ··· ",单击后进入存储路径选择页面,选择"D:\财务大数据课程账套备份\"作为存储路径(见图 4-7 和图 4-8)。

图 4-7 "数据中心备份"中"备份路径"设置页面

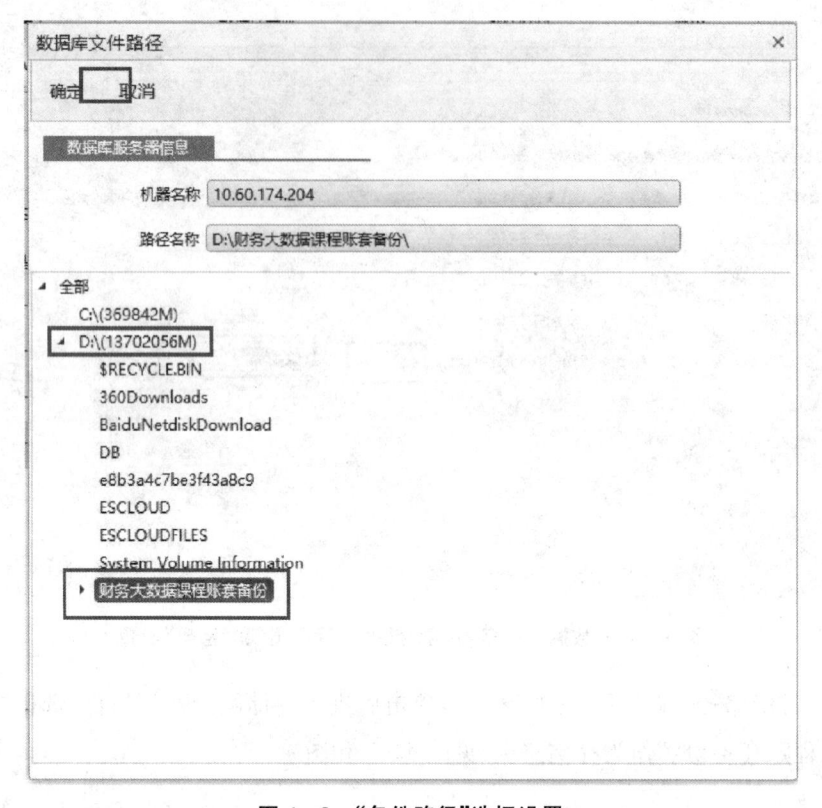

图 4-8 "备份路径"选择设置

【注意】此处的路径为服务器的路径,并非自己电脑的路径,请选择"D:\财务大数据课程账套备份\",然后点击左上角"确定"。

3. 执行备份

选择好备份路径后,单击页面左上角的"执行备份",等待账套备份完成(见图4-9)。

图 4-9 "数据中心备份"中"执行备份"设置

4. 备份成功

账套备份完毕并成功后弹出"备份成功,是否继续备份"的提示对话框,如果需要继续备份选择"是",一般情况下不继续备份,选择"否"即可(见图4-10)。

图4-10 备份成功界面

4.1.3 账套提取恢复

账套提取恢复的逻辑实际上就是根据备份账套进行复制,因此先要找到备份账套,然后进行复制提取。具体步骤如下:

(1) 重复4.1.1操作,进入"数据中心列表",即用管理员账号登录管理中心页面。金蝶云管理中心(网址:http://10.60.174.204:8000),点击"主控台"|"数据中心管理"|"数据中心列表"。

(2) 执行恢复账套,点击"数据中心列表"上方的"恢复"菜单栏,弹出"恢复 SQL Server 数据中心"窗口(见图4-11)。

(3) 选择恢复指定账套。在"恢复 SQL Server 数据中心"|"备份文件信息"各信息栏中输入前面已备份账套的备份文件信息。各项内容如下,数据库服务器:10.60.174.204;数据库管理员:sa,管理员密码:ABCabc123;备份文件:D:\财务大数据课程账套备份\F19级本科会计学1班20210507112343.bak(见图4-12)。

【注意】此处的"备份文件"一定是之前已经备份并存储在服务器内的账套,选择的时候点击"备份文件"右侧"···",本例选择备份文件为:D:\财务大数据课程账套备份\F19级本科会计学1班20210507112343.bak(实际操作中可以根据服务器已有的备份账套选择即可),并点击"确定"(见图4-13)。

图 4-11 "数据中心列表"中的"恢复"功能

图 4-12 "恢复 SQL Server 数据中心"中"备份文件信息"的设置

图 4‑13 恢复备份文件路径的选择

4.1.4　账套测试连接

1. 备份文件信息

点击"备份文件信息"|"测试连接",显示"数据库管理员'sa'连接数据库服务器'10.60.174.204'成功!"即可(见图 4‑14)。

图 4‑14　"备份文件信息"测试连接成功

2. 数据库连接用户

"身份验证"保持系统默认的"SQL Server 身份验证";"登录名"处输入 sa,"密码"处输入 ABCabc123,然后点击"数据库连接用户"|"测试连接",显示"用户'sa'连接数据库服务器'10.60.174.204'成功!"即可(见图 4-15)。

图 4-15 "数据库连接用户"测试连接成功

4.1.5 恢复数据

完成"恢复数据中心"设置,此处的数据中心实际上指的是引入系统的目标账套(即新形成的账套),恢复数据就是对复制得来的新账套进行相关属性设置,主要内容有(见图 4-16):

(1)"数据中心代码",即账套名称,可根据需要设置,本例可设置为"19 级本科会计学 2 班";

(2)"数据中心名称",必须与数据中心代码保持一致,本例同为"19 级本科会计学 2 班";

(3)"数据库文件路径",点开"…",选择"D:\DB\";

(4)点击页面右下角"执行恢复"。

页面出现"数据中心'19级本科会计学2班'恢复成功!"字样,表示"19级本科会计学2班"账套设置成功。

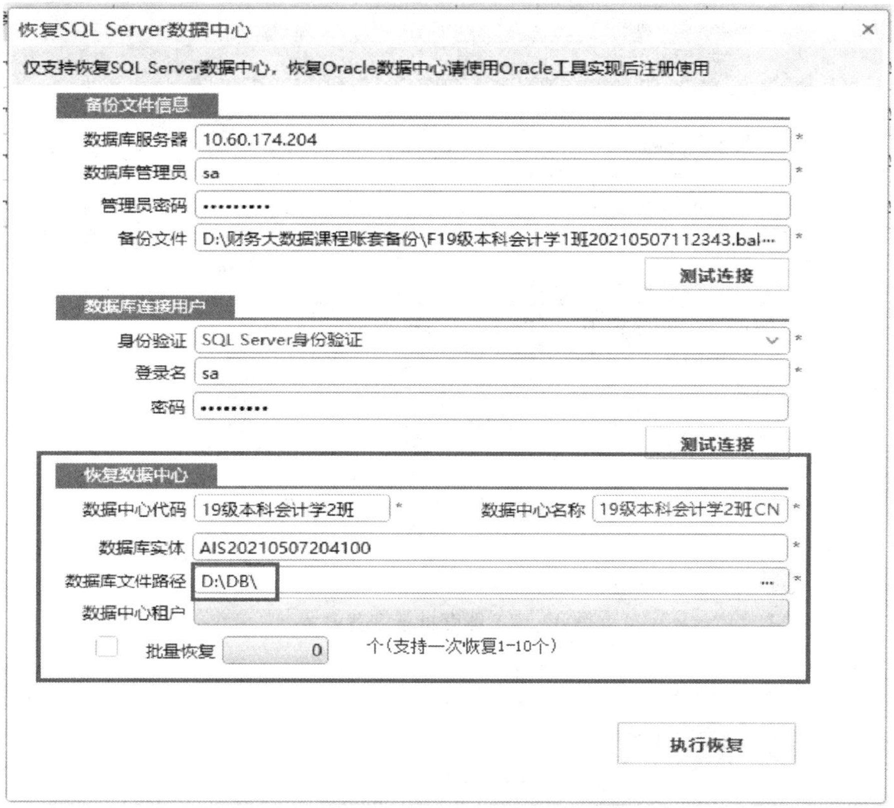

图 4-16 数据恢复设置

【注意】

当一次性需要新建多个账套时,可以在"恢复数据中心"中选择"批量恢复"并设置对应的数量(此处以3个为例),具体操作如下:

第1步,重复4.1.3和4.1.4操作,完成账套提取和测试连接。

第2步,恢复数据。在"恢复数据中心"进行相关数据设置。此处可以将"数据中心代码"设为"19会计3班","数据中心名称"相同;"数据库文件路径"依旧设置为"D:\DB\";同时选中"批量恢复",后面的数量根据实际需要填写(此处填"3"),点击"执行恢复"(见图4-17)。

第3步,恢复成功。由于是批量恢复的,所以在提示复制成功的界面中不会出现具体的账套名称,而会显示"无数据中心恢复成功!是否继续恢复?",即为恢复成功。如果需要继续选择"是",不需要则选择"否"(见图4-18)。本例在出现图4-18后选择"否",即出现所需的数据列表图(见图4-19)。

第4步,修改账套名称。由于批量恢复的账套名称相同,因此需要对账套进行名称修改。首先鼠标单击选中拟修改名称的账套,然后点击该账套名称(蓝色字体),直接进行名称修改,本例改为19会计4班(见图4-20)。

图 4-17　账套批量恢复设置

图 4-18　账套批量恢复成功界面

图 4‑19　账套批量恢复成功后的"数据中心列表"

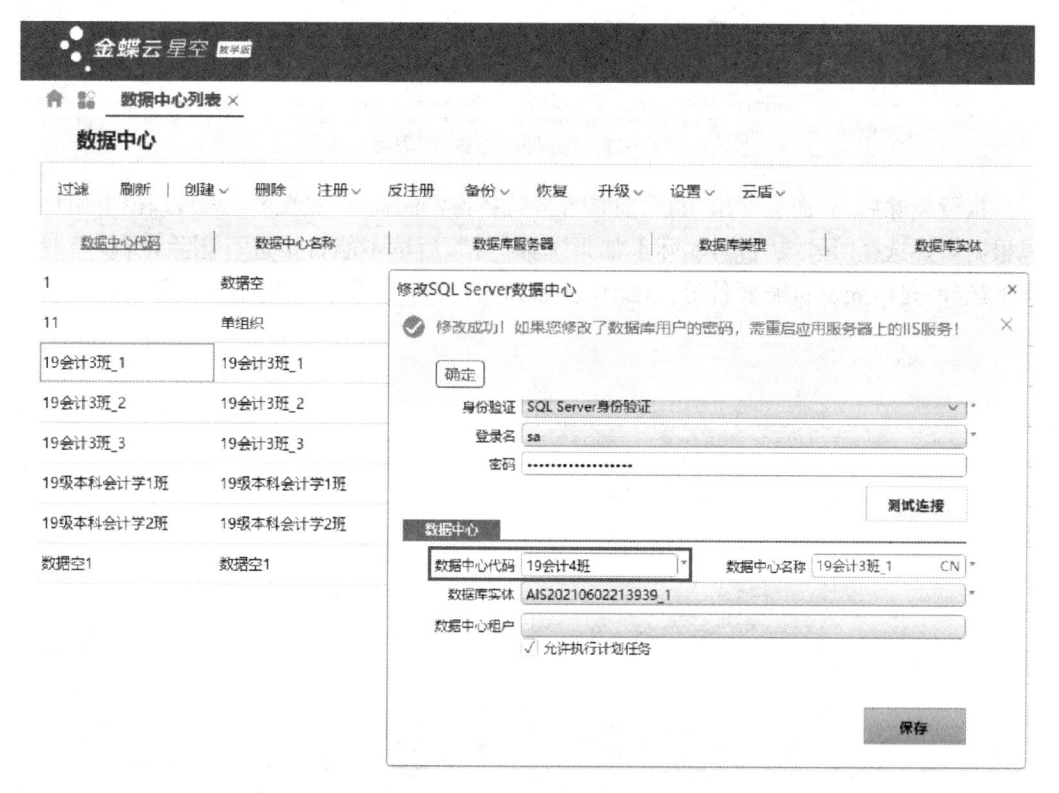

图 4‑20　账套名称修改成功界面

4.1.6　删除账套

在恢复账套时不小心恢复了多个账套,需要删除账套时,执行"数据中心列表"|"删除"功能,即可出现"数据中心删除"窗口,这时需先将该账套的"数据库管理员"和"密码"设置完整(分别为 sa,ABCabc123),再点击左上角的"执行删除"(见图 4‑21)。

图 4-21 "数据中心删除"界面

执行删除后,界面会弹出"删除前是否进行备份?"的提示(见图 4-22),理论上用户可以根据需要选择"是"或"否",实际上如果选择"否",后续不能直接进行删除,所以一般情况下选择"是",先进行账套备份。(操作步骤如 4.1.2 部分所述,此处不再重复叙述。)

图 4-22 "数据中心删除"备份提示

【注意】

为了防止账套被误删导致数据丢失,平台设置了防误删流程,在删除账套之前必须先进行账套备份,如果不进行备份则不允许删除。(实际上管理员只能删除数据中心处的账套,删除的账套事先会被强制要求备份至服务器中,若要将其彻底删除,需要联系平台方进行操作。)

执行数据备份后,再重新进行删除工作,即点击"数据中心列表"|"删除"功能(重复图4-21操作),此时弹出如图4-23对应的提示框,单击"确定"即完成账套删除。

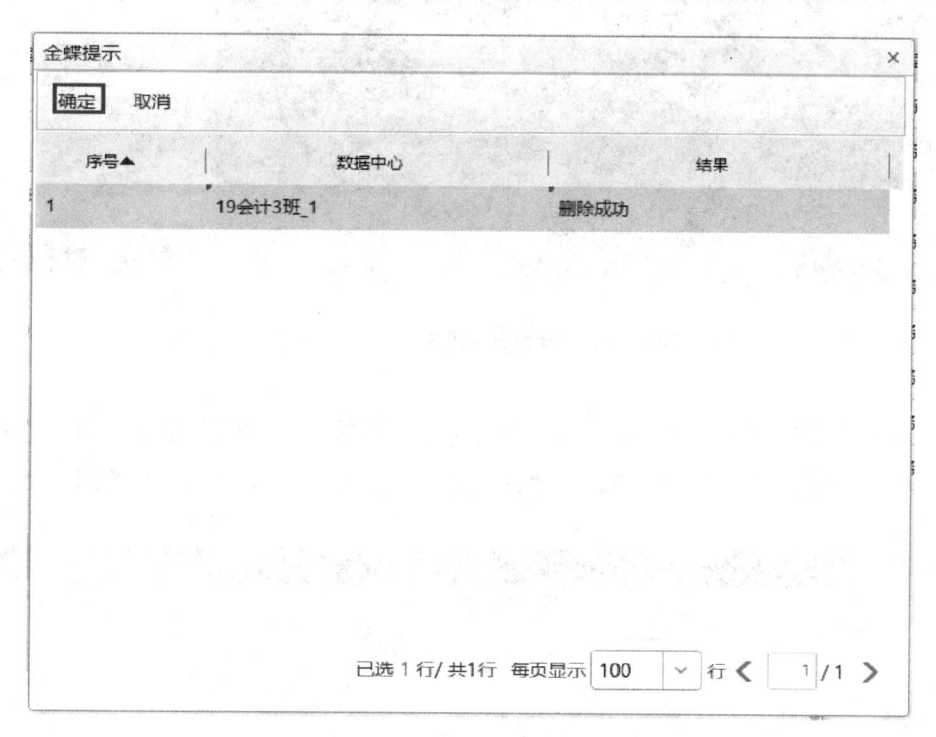

图4-23 "金蝶提示"删除界面

4.2 用户导入

账套设置完毕后,还需要为账套导入并设置对应的用户(本平台师生账户没有区别,设置方法和权限相同),才能保证后续课程的顺利开展。本平台用户的导入方式有两种:逐个新增导入和批量新增导入。

4.2.1 逐个新增导入

(1) 此处需要以账套管理员身份(与管理中心管理员不同,密码也不同)登录"金蝶云·星空账号"(网址 http://10.60.174.204/k3cloud,用户名:Administrator,密码:888888),登录前注意观察并选择对应的账套,本次以19级本科会计学1班为例(见图4-24)。

图 4-24 "金蝶云·星空账号"登录界面

(2) 进入用户管理。登录系统后点击页面左上角的"▦"图标,打开"主控台",执行"系统管理"|"系统管理"|"用户管理"|"查询用户"(见图4-25),进入用户管理界面。

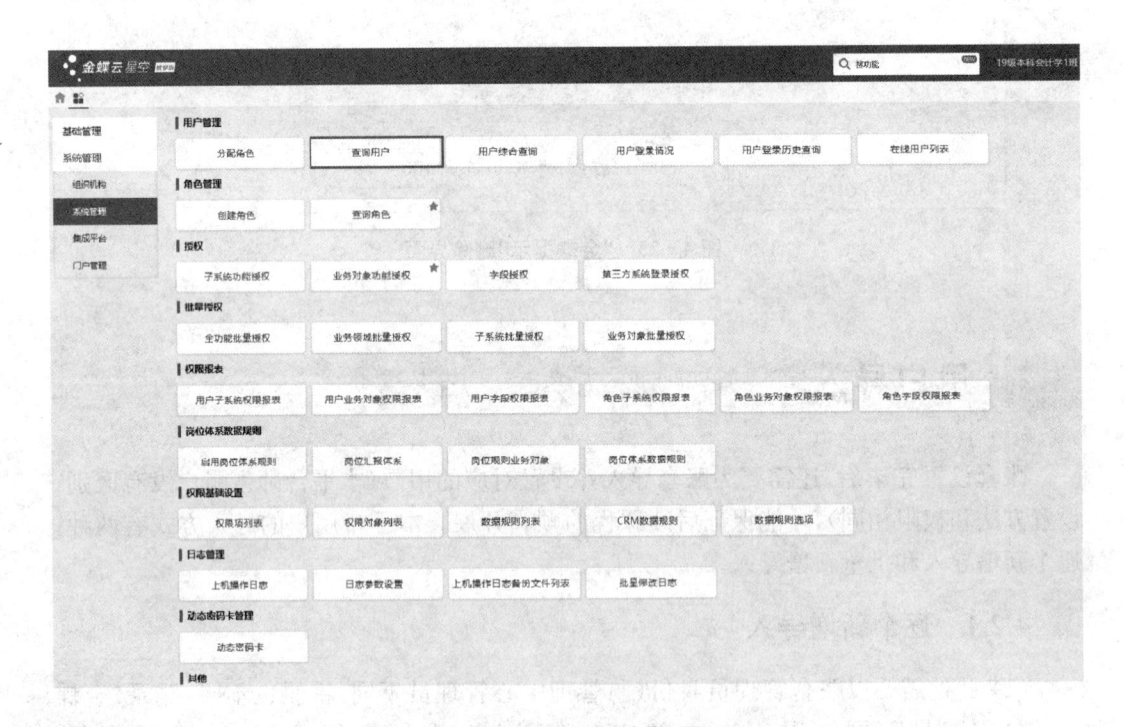

图 4-25 "查询用户"位置

(3) 新增用户。在"查询用户"页面点击上方"新增"(见图 4-26),出现"用户-新增"界面。

图 4‑26 "查询用户"界面

（4）输入基本信息。在"用户-新增"界面填写拟增加用户的信息，包含"基本信息""注册用户许可分组"和组织角色。其中，"基本信息"中的"用户名称"为必填项，本例将"用户名称"设置为"011"，性别"男"，"许可分组"统一勾选"轻分析"，最后点击上方的"保存"。点击弹出界面的"确定"，显示"当前用户没有分配角色，会影响用户的使用权限，建议设置角色！确认要保存？"本例直接选择"确定"即显示保存成功，同时可返回"查询用户"界面，刷新后查看新增用户（见图 4‑27 和图 4‑28）。

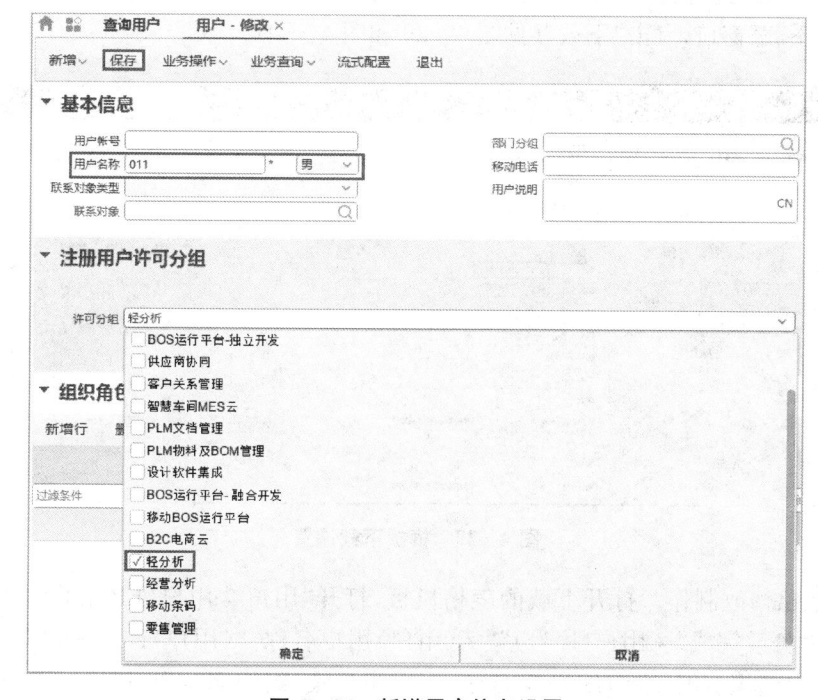

图 4‑27　新增用户信息设置

图 4-28　新增用户后的"查询客户"界面

4.2.2　批量新增导入

(1) 以管理员身份登录"金蝶云·星空账号"(网址 http://10.60.174.204/k3cloud,用户名:Administrator,密码:888888),注意选择正确的账套,本次以 19 级本科会计学 1 班为例。

(2) 进入用户管理。登录系统后点击页面左上角的"▓"图标,打开"主控台",执行"系统管理"|"系统管理"|"用户管理"|"查询用户"命令,进入用户管理界面。

(3) 导出表格模板。执行"查询用户"上方"选项"|"引出"|"按引入模板引出"命令,弹出"文件下载"窗口,点击"下载"(见图 4-29 和图 4-30)。

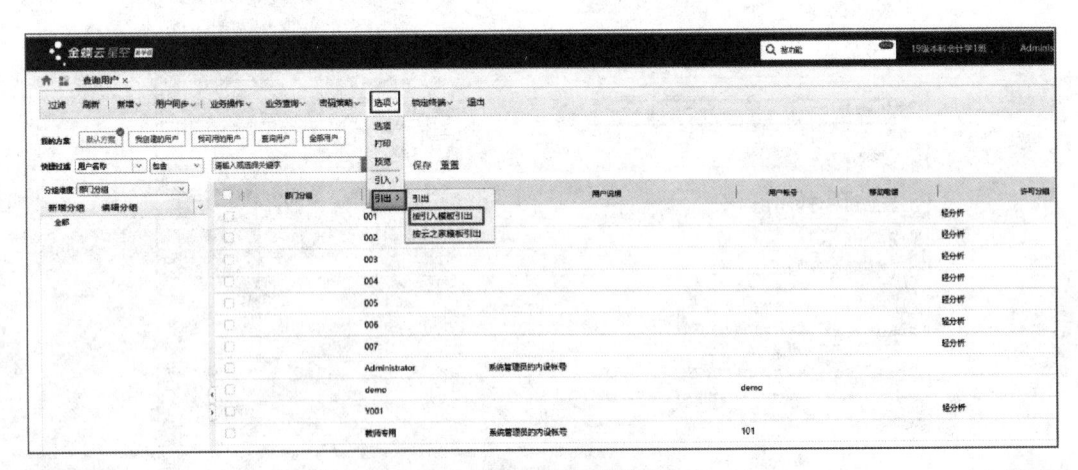

图 4-29　模板下载设置

(4) 表格修改制作。打开下载的表格模板,打开"用户♯用户(FBillHead)"工作表,注意查看和修改完成"*用户(序号)""*(用户)用户名称""(用户)许可分组""*组织范围(序号)""(组织范围)组织编码♯名称""(组织范围)组织名称"6 列后,其他保持默认值,保存并关闭。

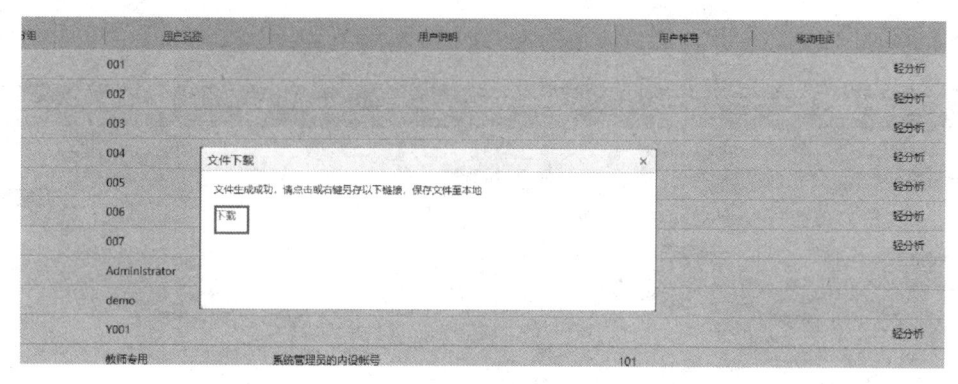

图 4-30 模板下载界面

【注意】表格模板设置具体如下(见图 4-31):

第一,"＊用户(序号)"列,此处的数字不能重复,如本次可以选择从"112275"往后顺延,也可以选择从"114001"往后顺延;

第二,"＊(用户)用户名称"列,此处的名称不能重复,本次选择从"007"往后顺延(实际教学中可使用学生学号作为用户名);

第三,"(用户)许可分组"列,统一选择"轻分析";

第四,"＊组织范围(序号)"列,此处的数字不能有重复,本次选择从"100017"往后顺延;

第五,"(组织范围)组织编码#名称"列,即所在账套名称,本次统一为"19 级本科会计学 1 班"。

第六,"(组织范围)组织名称"列与"(组织范围)组织编码#名称"列相同,本例也统一为"19 级本科会计学 1 班"。

图 4-31 Excel 表格设置示例图

(5)导入数据表格,执行"查询用户"|"选项"|"引入"|"引入",弹出"数据引入"窗口,"引入模式"一般选择"追加",选择上述操作中保存的数据表,点击"引入数据"即可(见图 4-32

和图4-33)。

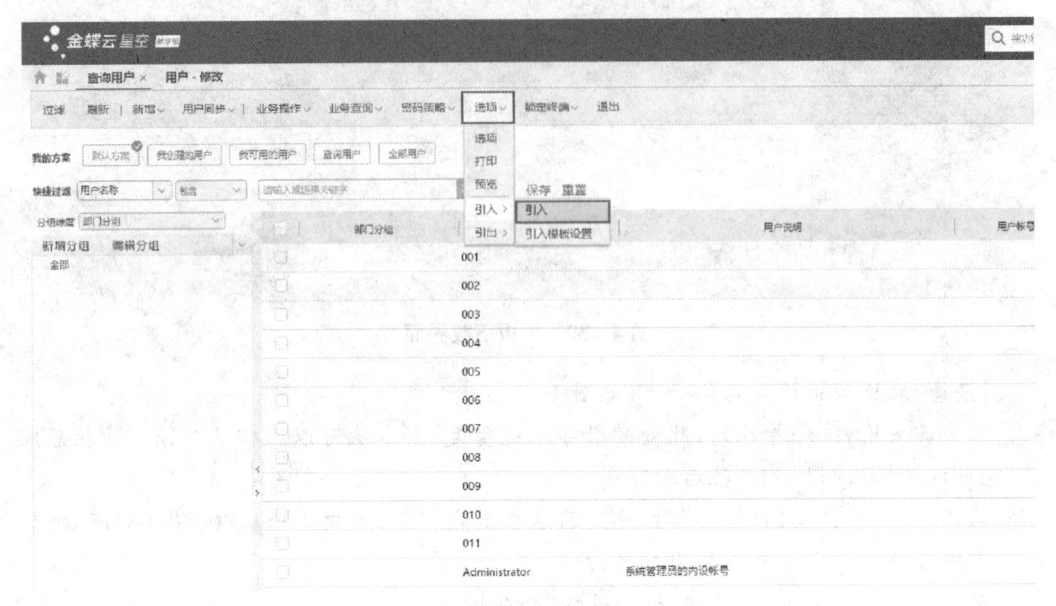

图4-32 引入数据表操作界面

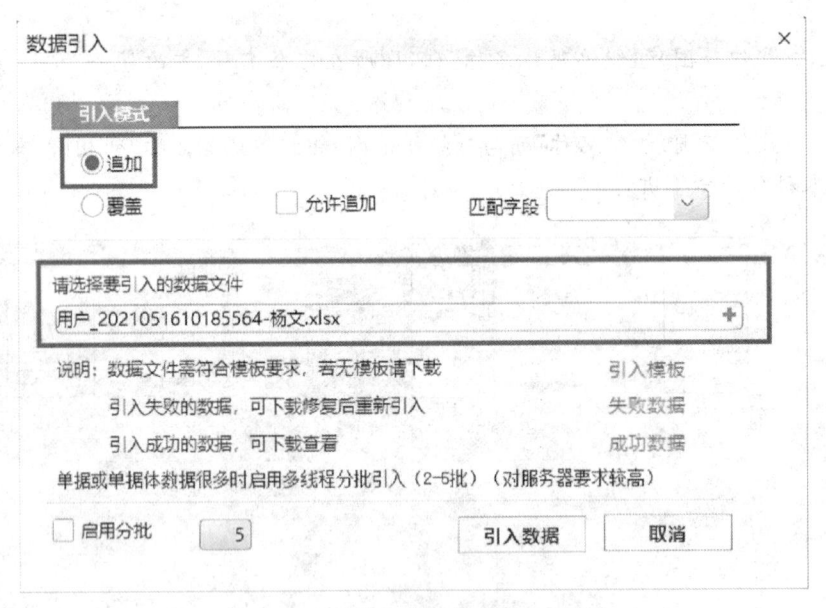

图4-33 追加引入数据表操作界面

金蝶云：创新驱动，引领企业数字化变革新征程

在当今数字化浪潮汹涌澎湃的时代，企业数字化转型已成为谋求生存与发展的必由之路。金蝶云系列产品凭借其卓越的性能、丰富的功能，为众多企业的数字化转型之旅保驾护航。金蝶云系列产品涵盖了多个领域，包括小微型企业、高成长型企业、大型企业以及企业级 AI 平台等。

金蝶云·星辰，专注于小微企业的数字化需求，为小微企业提供了一站式的云服务解决方案。它以简单易用、成本低廉为特色，旨在帮助小微企业快速实现数字化起步，提升经营管理水平。金蝶云·星辰集成了财务、进销存、零售、电商等功能模块，小微企业无须投入大量的资金和技术资源，即可轻松搭建起自己的数字化管理平台。

金蝶云·星空，作为一款面向成长型、中型企业的一体化云管理平台，以其高度的灵活性和扩展性著称。它涵盖了财务、供应链、生产制造、人力资源等核心业务领域，犹如一个强大的数字化中枢，将企业各个部门紧密连接在一起，实现数据的实时共享与协同工作。在财务领域，金蝶云·星空支持多会计准则、多账簿、多组织架构的财务管理模式，能够满足企业在不同发展阶段和业务场景下的财务核算与管理需求。同时，其强大的财务分析功能能够深入挖掘财务数据背后的业务洞察，为企业决策提供精准的数据支持，帮助企业管理者及时调整战略方向，把握市场机遇。

金蝶云·星瀚，是面向大企业、央国企数字化转型的 SaaS 云服务，它旨在将金蝶逾 20 年大企业管理经验、解决方案和行业实践沉淀封装，为大企业提供成熟、可组装、可扩展的企业业务能力。其提供财务云、员工服务云、人力云、协同云（云之家）、项目云、供应链云、采购云、营销云、制造云等超过 200 个标准应用，以及超过 500 个生态应用。金蝶云·星瀚已经得到华为、海信、顺丰、国家电网有限公司、河钢集团、温氏集团等大企业的深入应用和广泛好评。

金蝶云·苍穹，则是一款面向大型企业和集团型企业的数字化平台，它代表了金蝶在企业级云计算领域的顶尖技术水平和创新实力。金蝶云·苍穹基于云原生架构构建，具备高可靠性、高性能、高安全性等显著优势。它采用了微服务架构和容器化技术，能够实现应用的快速部署、弹性伸缩和灰度发布，满足企业在数字化转型过程中对业务快速创新和迭代的需求。在技术创新的道路上，金蝶云·苍穹勇于探索，积极引入人工智能、大数据、区块链等前沿技术，为企业打造智能化、数字化的业务场景。

金蝶云产品的不断迭代和升级，体现了企业的创新驱动和持续学习精神。在这个日新月异的时代，唯有不断学习、勇于创新，才能在激烈的竞争中立于不败之地。金蝶云的每一次飞跃，都是对"学无止境，创新无限"的最好诠释。

练习题

一、单选题

1. 在财务大数据分析平台中，新账套的设置主要利用（   ）方式。
A. 手动创建
B. 系统预设和复制
C. 自动生成
D. 从其他平台导入

2. 在账套设置的过程中，（   ）在大多数情况下可以跳过。
A. 进入账套设置中心
B. 账套备份存储
C. 账套提取恢复
D. 数据恢复

3. 在用户管理界面中，以下属于新增用户时需要填写的必填项是（   ）。
A. 用户性别
B. 用户名称
C. 用户年龄
D. 用户邮箱

二、判断题

1. 财务大数据分析平台在正式启用前，不需要进行账套设置。（   ）
2. 在执行账套备份时，可以选择任意路径作为存储路径。（   ）
3. 批量新增导入用户时，需要导出并修改表格模板，然后再导入数据。（   ）

第 5 章　案例背景介绍

5.1　了解新零售行业

近年来,电子商务在我国迅速崛起,传统的实体商场超市、百货等业态受到巨大的冲击,很多店铺持续亏损,导致很多零售企业倒闭。在业绩不断下滑的严峻境况下,传统零售企业相对电子商务来说一直面临成本高、竞争大、回报低、难扩张等问题。"新零售"已经成为我国零售行业的一股热潮,席卷线上线下,尤其是在全国经济发展放缓、实体零售企业面临低增长和负利润的严峻挑战下,探讨出一种通过线上与线下一体化发展,助推电商平台和实体零售店面在商业维度上的优化升级,促成价格消费时代向价值消费时代的全面转型,已成为零售行业发展的必经之路。

新零售完全区别于传统零售,也有异于零售电商,其英文是 New Retailing,即个人、企业以互联网为依托,通过运用大数据、人工智能等先进技术手段,对商品的生产、流通与销售过程进行升级改造,进而重塑业态结构与生态圈,并对线上服务、线下体验以及现代物流进行深度融合的零售新模式。

5.1.1　新零售行业特征

我国新零售行业从概念提出距今已有多年,形式多样,尽管没有形成统一的共识,但行业已呈现出一些共性特点,主要体现在以下几个方面。

1. 生态性

"新零售"的商业生态构建将涵盖网上页面、实体店面、支付终端、数据体系、物流平台、营销路径等诸多方面,并嵌入购物、娱乐、阅读、学习等多元化功能,进而推动企业线上服务、线下体验、金融支持、物流支撑等四大能力的全面提升,使消费者对购物过程便利性与舒适性的要求能够得到更好满足,并由此增加用户黏性。当然,以自然生态系统思想指导而构建的商业系统必然是由主体企业与共生企业群以及消费者所共同组成的,且表现为一种联系紧密、动态平衡、互为依赖的状态。

2. 无界化

企业通过对线上与线下平台、有形与无形资源进行高效整合,以"全渠道"方式清除各零售渠道间的种种壁垒,模糊经营过程中各个主体的既有界限,打破过去传统经营模式下所存在的时空边界、产品边界等现实阻隔,促成人员、资金、信息、技术、商品等的合理顺畅流动,进而实现整个商业生态链的互联与共享。依托企业的"无界化"零售体系,消费者的购物入口将变得非常分散、灵活、可变与多元,人们可以在任意的时间、地点以任意的可能方式,随心尽兴地通过诸如实体店铺、网上商城、电视营销中心、自媒体平台甚至智能家居等一系列丰富多样的渠道,与企业或者其他消费者进行全方位的咨询互动、交流讨论、产品体验、情境模拟以及购买商品和服务。

3. 智慧型

"新零售"商业模式得以存在和发展的重要基础,正是源于人们对购物过程中个性化、即时化、便利化、互动化、精准化、碎片化等要求的逐渐提高,而满足上述需求在一定程度上需要依赖"智慧型"的购物方式。可以肯定,在产品升级、渠道融合、客户至上的"新零售"时代,人们经历的购物过程以及所处的购物场景必定会具有典型的"智慧型"特征。未来,智能试装、隔空感应、拍照搜索、语音购物、VR逛店、无人物流、自助结算、虚拟助理等图景都将真实地出现在消费者眼前甚至获得大范围的应用与普及。

4. 体验式

随着我国城镇居民人均可支配收入的不断增长和物质产品的极大丰富,消费者主权得以充分彰显,人们的消费观念将逐渐从价格消费向价值消费进行过渡和转变,购物体验的好坏将愈发成为决定消费者是否进行买单的关键性因素。现实生活中,人们对某个品牌的认知和理解往往会更多地来源于线下的实地体验或感受,而"体验式"的经营方式就是利用线下实体店面,将产品嵌入所创设的各种真实生活场景之中,赋予消费者全面深入了解商品和服务的直接机会,从而触发消费者视觉、听觉、味觉等方面的综合反馈,在增进人们参与感与获得感的同时,也使线下平台的价值得以进一步发现。

5.1.2 新零售行业发展要点

在新零售时代,线上线下的壁垒将逐渐消失,模式和渠道也不再是影响零售发展的主要因素,用户开始占据商业模式的中间位置,一切的商业都将围绕消费者这一核心展开,以用户为核心将不再是一句口号,而是行业的共识。从当前国内的新零售大环境以及特点来看,需从以下几个方面进行着重提升。

1. 线上线下,深度融合

之所以消费者会从实体店逐渐转向线上电商,从而使得线下零售遭遇到了前所未有的危机,其中的原因其实很简单:体验差、价格高。因此,要充分发挥线上和线下的各自优势,将商品价格、购物体验以及产品质量统一,呈现出专业化、统一化的产品和服务,满足大众消费。

2. 社区引领,精细运作

一种新的商业形态形成必然会对现有的商业秩序带来冲击,当初大型综合超市兴起的时候,一大批小超市倒闭,现在这些大型的商业超市也要面临来自社区小型零售体的挑战。新零售需在社区消费的模式引领之下,着手商业体的布局,通过精细化运营小型门店引领社区生活。

3. 体验消费,品质服务

不仅仅是零售的模式,消费者需求也开始出现很大的变化,追求个性化、多元化成为新的消费趋势。因此,体验式的消费、个性化的服务成为新零售行业发展的重中之重。

4. 技术融合,智慧发展

互联网、云计算、大数据、人工智能等新技术的不断发展给行业注入了高速增长的动力。新零售要在新技术的支撑之下,从商品生产到消费,实现有效的智能监控,努力实现零库存经营,对零售行业起到减负的作用,带动整个行业朝着智能化、科技化的方向发展。

5.1.3 新零售行业发展趋势

新零售行业目前涉及的领域已经从商超百货向各行业渗透,如母婴行业、家居行业、医药行业、家电行业等。总体而言,与其说新零售在改变这些传统零售行业,不如说是消费环境和消费群体的变化在推动下游行业的改革,促使他们拥抱互联网、接受新技术,进行自身的改革,而这种改革即可理解为新零售。

线上线下融合是新零售未来发展大趋势,无论是阿里巴巴还是京东,都在不断地发展线下。京东在发展自营物流并且逐步完善,淘宝也在线下加强云仓库和自营菜鸟物流的建设。用户对电商的商品要求和体验要求越来越高,纯电商的企业已经很难适应现今的市场,故零售业的未来必然是线上和线下的一体化,二者优势互补。

简而言之,新零售行业未来的大趋势是企业利用互联网和大数据,以实体门店、电子商务、移动互联网为核心,通过融合线上线下,实现商品、会员、交易、营销等数据的共融互通,将向顾客提供跨渠道、无缝化的购物体验。

5.2 走入案例公司

本教程以烘焙行业知名品牌公司幸福西饼为研究对象,后续对其财务和业务各环节等展开分析。

5.2.1 我国烘焙市场概述

烘焙食品是以面粉、酵母、食盐、砂糖和水等作为基本原料,添加适量油脂、乳品、鸡蛋以及添加剂等,再通过和面、成型、烘焙等工序制成。烘焙食品主要分为面包、糕点、蛋糕和混合甜点四大类。在欧美地区,烘焙食品一直被当作早餐及主食,然而在亚太地区,由于长久以来人们的生活习惯和饮食方式与西方国家有所不同,烘焙食品通常作为点心食用而非正餐食用。近年来,随着人们生活节奏加快以及西方饮食文化的渗透,烘焙食品逐渐在我国市场中崭露头角,显示出一定的正餐化趋势。因此,烘焙食品逐步成为消费者饮食结构的重要组成部分。

从市场规模来看,随着人均消费水平的增长及餐饮消费结构调整,我国烘焙食品市场不断发展。中商产业研究院发布的相关报告显示,2022年我国烘焙食品行业市场规模达到2874亿元,近五年年均复合增长率为8.30%,预计未来5年也能维持在7%左右的增长速度,行业规模持续扩大。

从下游零售渠道来看，目前烘焙门店、商超、便利店等线下渠道仍是烘焙市场的核心销售渠道。但近年来受经济环境、行业竞争等因素的影响，越来越多的传统烘焙企业也加快布局线上渠道，在产品、渠道和营销等方面更加注重数字化创新与升级，如推出线上限定产品、自建线上点单平台、直播带货等，线上销售渠道渗透率持续提升。

从行业发展来看，我国烘焙食品行业参与者众多，行业门槛较低，行业集中度低、竞争激烈。当前 A 股烘焙食品行业相关上市企业包括三只松鼠、桃李面包、广州酒家、立高食品、南侨食品、元祖股份、西麦食品、青岛食品、桂发祥等。从品牌集中度来看，我国大部分的烘焙品牌仍为单店模式，但随着行业竞争加剧，面包甜点企业连锁化率逐渐提升，创新品牌、创新产品不断增加。根据艾媒金榜（iiMedia Ranking）发布的《2024 年中国烘焙连锁品牌 10 强榜单》，米兰西饼、好利来和幸福西饼位列榜单前三。其中，幸福西饼从专注电商到线上线下相结合，不仅重构了烘焙行业的商业模式，也为烘焙行业注入了新零售的理念，成为我国知名的烘焙品牌。

可以预见的是，在新零售背景下，新的商业模式将破局而出，烘焙行业的机会和挑战也随之而来。放眼整个烘焙行业的发展，未来的烘焙行业呈现的一定是线上线下融合、并存的发展态势。

5.2.2　幸福西饼公司介绍

幸福西饼（Bliss Cake）是深圳市幸福西饼食品有限公司运营的知名蛋糕品牌。该公司 2008 年创立于深圳，主要经营蛋糕、自烤面包、西饼、季节礼饼等中西式糕点，经过多年发展成为国内知名蛋糕 O2O 品牌。目前已布局深圳、上海、北京、广州等 300 多个城市。10 多年来，幸福西饼紧跟趋势，拥抱变化，融入创新，已发展成为一家由数据和技术驱动的新零售烘焙品牌，渐成行业驱动者。在此过程中，幸福西饼主要经历了三个发展阶段。

1. 初创阶段（2008 年至 2013 年）

2008 年 10 月 11 日，公司首间蛋糕店在深圳罗湖开业，并开始坚持"新鲜现做"为企业核心竞争力。此后一段时间，幸福西饼将线下蛋糕店发展作为主要目标，一年后便发展到 12 家分店，2010 年在深圳有 40 多家线下门店，并为华润万家 300 多个超市供应蛋糕。在此阶段，尽管公司店面数量扩张迅速，但门店的销售数据不尽理想。面包一直在热卖，但高毛利的蛋糕销量不佳，加之深圳房市的火爆直接抬升了门店租金，线下各项成本的飞涨让幸福西饼的资金链开始紧绷，结果导致品牌经营看似红火，实则亏损。在此境况下，公司创始人袁火洪开始思考企业转型。

2. O2O 转型阶段（2013 年至 2018 年）

2013 年，幸福西饼启动"蓝海战略计划"全面转型，减少实体店，增加线上投入，正式开启 O2O 转型。2014 年，线下门店仍是烘焙行业主要的获客与销售渠道，幸福西饼已经在深圳拥有 40 多家门店，日均订单超过 800 单，整体发展得不算慢，但是与元祖食品、克里斯汀等传统蛋糕门店相比依旧没有可比性。在此背景下，幸福西饼决定全面停掉线下业务，门店只作为体验店，全力转型 O2O 电商，改革力度很大。转型之后，每一个城市的幸福西饼并没有线下门店，只有工厂与配送队伍，这种模式使得幸福西饼的规模和品牌影响力得以快速扩张。2015年幸福西饼日均订单量高达2 800单、2017年营收达到6.5亿，并在此后连续获得多笔融资。其中，2017年，幸福西饼先后间隔三个月获得9 600万元、3亿元融资，2018年6月获4亿元B轮融资，融资累计约8亿元。

3. 新零售转型阶段(2018年至今)

2018年，幸福西饼已经布局全国200多座城市，400多个生产中心。日订单量提升到近4万单，全年卖出超过1 000万个蛋糕。也是在这一年，随着商业环境的改变，"新零售"这一概念成为餐饮行业的最热门词汇。出于对蛋糕的购买频次较低、线上获客成本越来越高和多维度打造品牌等问题的考虑，幸福西饼决定在这一年年底重启线下，开始向新零售转型。在数据和科研双轮驱动的情况下，幸福西饼的全网购买用户已超过千万，并且早在2019年新零售门店的复购率已经超过50%，在深圳、广州、重庆等城市的毛利率也稳步提升。根据艾媒金榜(iiMedia Ranking)发布的《2024年中国烘焙连锁品牌10强榜单》，幸福西饼以87.17的金榜指数位列第三名，仅次于米兰西饼和好利来。这一指数综合反映了幸福西饼在营收规模、门店规模、品牌口碑、品牌影响力等方面的综合实力。截至目前，幸福西饼会员人数已超千万，会员复购率超过60%，每年收超十亿元。

5.2.3 幸福西饼新零售模式

回顾幸福西饼的发展历程，从受到互联网冲击，到跟上互联网浪潮，再到引领互联网冲浪，幸福西饼已经磨炼了16年。2018年12月4日，幸福西饼创始人兼董事长袁火洪在新零售升级战略发布会上宣布，将通过新零售方式开设1 000家线下门店，正式开启了幸福西饼向新零售转型。

新零售转型过程中，幸福西饼采用轻资产模式运营，注重创新型供应链的搭建，将市面上烘焙行业的生产模式进行了整合升级，开发了两种生产方式。一种是中央工厂供应胚体＋门店二次加工，另一种是分布式卫星工厂直接生产。从工厂建设上，绝大部分采用加盟方式，围绕城市建立中央工厂＋卫星工厂，其中深圳为直营。这些中央工厂有的是合伙建立，有的由公司自建，卫星工厂由城市合伙人出资建设，负责制作蛋糕。在用户端，蛋糕的经营方式为线上预订＋卫星工厂直送，用户在微信商城或第三方平台下单后，系统会分配给最近的工厂制作，然后配送到用户手中。以面包和饮品为主打品类的则是采用线下新零售门店＋外卖形式经营。以下分别从采购、生产、存货和销售等各环节对幸福西饼的新零售供应链进行简要介绍。

1. 采购

传统烘焙零售行业以要货制为主，针对产品、面团、包装材料、基础材料等，按周期进行要货，总部物流根据要货需求组织采购和生产。由于烘焙产品的保鲜性(1～3天)和生产周期性(通常3天)，新鲜原材料需每日配送，而要货期为配送期的前三天。在此模式下，受人为因素影响，经常会存在漏报、错报、重报等现象，直接导致总部处理要货需求时变更频繁，无法集中资源高效处理。

幸福西饼新零售模式下，通过大数据计算要货数据，发挥供应链的协同效率，根据门店运营的库存、预计推算销售量、安全性等因素，同时参考天气等因素，实现门店需求的统一搜集和集中处理。以蛋糕生产为例，原材料由幸福西饼统一采购，通过中央工厂进行集中管理，将第二天需要的蛋糕坯提前一天生产，再同其他辅料一起送往卫星工厂进行储备。通过大数据的运用和供应链协同管理，大大提高了购货、补货的效率，也能在一定程度上解决人为因素造成数据不准确的问题，提高采购及其管理的时效性。

2. 生产

烘焙产品对新鲜度要求较高，幸福西饼得以快速扩张，很大程度上取决于其供应链优势，其中最为核心的是产能和配送。

在产能管理方面，幸福西饼采用"中央工厂"+"卫星工厂（生产中心）"的分布式生产模式，前者的主要功能是半成品生产和仓储，比如蛋挞皮、千层酥皮等，后者负责在接到订单后进行加工，依据数据来指导生产，做到精准库存，成功兑现"新鲜准时"的幸福承诺。在此过程中，幸福西饼通过与金蝶公司合作，利用大数据技术对生产过程进行精细化管理。从接受订单开始，将每月生产计划细化到每日生产计划，通过数字技术减少不必要的环节（如原来的找料、等料、出库等），缩短生产周期，实现准时制生产。根据实时业务处理和数据分析、智能化供应链管理，将生产的后端和消费者的前端数据连接，业务的效率和产品的品质得到大大的提升。

在物流配送方面，幸福西饼采用互联网打法，通过"中央工厂+卫星工厂+自建冷链物流"模式，覆盖全国300多家城市，保证烘焙产品的新鲜现做、准时送达。幸福西饼在中央工厂基础之上，通过配送半径为3千米的多点分布式卫星工厂，采用成熟的流程化标准现下单、现制作蛋糕，并通过第三方外卖、超过2000名司机的自有冷链物流，来实现2～5小时内准时配送。

在质量把控方面，幸福西饼已经实现选址、设计、装修、采购、生产、配送全环节标准化。在标准化的执行过程中，除了进行培训、监管外还将借助智能化生产系统实现卫星工厂精细化管理，做到每个环节有监管、每个环节有把控。通过幸福西饼的配送App，可以了解每个客户和订单的评价，通过大数据甚至可以精准地知道每个蛋糕是谁做的，由此依靠标准化的流程来实现质量控制。

3. 销售

幸福西饼通过运用供应链及数字化建设的优势，主打新鲜烘焙，不断研发和生产创新品类。近年来，幸福西饼紧跟市场需求，开创自烤烘焙新品类，迅速布局冷冻烘焙赛道。同时，由于预制烘焙产品具备口感好、生产效率高、节约成本、品质安全稳定等多种优点，幸福西饼还瞄准预制烘焙这一细分赛道，推出自烤面包系列，抢占预制烘焙百亿蓝海。在传统西点品类的延伸上，幸福西饼通过IP合作的方式积极开发各种儿童蛋糕，丰富产品品类。与此同时，幸福西饼的销售及经营收入来源于多方面，通过线上线下联动、双端发力，形成多重优势。

前端输出技术和品牌，采用"平台+合伙人"模式在全国寻找合作伙伴，迅速扩大规模。幸福西饼通过"城市合伙人"加盟模式，由总部提供原材料、卫星工厂选址装修、蛋糕制作培训、营销、流量、质控售后等一系列能力支持，加盟商负责制作和配送。该模式下，与此前租用的门面房租相比，卫星工厂成本更低、离用户更近，在配送时效性上也更具优势。同时,品牌还能通过此种方式收取加盟商手续费(流水6%)、提成费(每月销售额收取5%~6%)等,由此拓宽了公司总部的收入来源。

后端依托线上和线下同时布局、公私联动,通过创新产品品类、差异化营销等取得巨大流量和价值。

线上公域层面,关注名牌知名度的提升。在品牌发展的不同时期,邀请明星担任品牌代言人,推出专款产品,配合大规模广告投流,放大明星效应的吸粉效果,以增强不同年龄阶段的用户群体对品牌的认知,提升品牌知名度加速扩散。同时叠加在小红书、抖音及微博等新媒体平台进行品牌推广和种草,引入跨界联名等新潮营销,配合春节、情人节、女神节等不同节日活动内容,链接开屏广告跳转淘宝落地引流等多种方式进行引流宣传,不断扩宽销售渠道。

表5-1 传统烘焙门店与幸福西饼新零售门店对比

	传统烘焙门店	幸福西饼新零售门店
销售路径	中央工厂生产半成品—门店再加工—用户	中央工厂—卫星门店(即分布式生产中心)—用户
经营半径	500米,被动等待附近流量进店	3千米,借助外卖、同城配等基础设施扩大辐射半径
线上占比	小于50%,部分品牌入驻外卖平台,但销量不佳	大于50%,营销信息精准触达,形成销售转化
数据管理	尚未打通,缺乏大数据和技术支持,无法形成生产和用户的交互,产品新鲜度不够	已实现生产流程在前端销售页面的实时同步,产销匹配
经营管理	较为粗放,一个团队管理多家门店,效率不高且用户体验不佳	较为精细,一个团队管理一家门店,注重产品品质和服务体验

线上私域层面,着重自有平台的流量沉淀。线上通过构建幸福西饼官网和App、微信公众号、天猫、抖音等多个营销渠道,打造"全网营销"。借助互联网的普及和移动支付的繁荣市场,解决蛋糕选品和支付;通过自建H5/Web、小程序、呼叫中心、门店和借助外部幸福早餐、天猫、京东、美团、饿了么,形成宏大的流量入口。根据媒体统计数据,在幸福西饼每天的近4万单数据中,大约有60%来源于自有的微信商城,美团点评渠道的流量占据30%左右,京东、淘宝等平台有10%左右的份额。同时,构建的忠实会员体系也是幸福西饼高复购率的来源。幸福西饼的会员体系主要分为:付费会员卡和积分体系。通过私域推流宣传,与社群内的小程序链接,引导会员参与满送、优惠券等活动,带动高价搭售低价产品,不仅实现拉新留存,也达成了幸福西饼较强的用户黏性,与高达60%的复购率。

线下布局幸福西饼新零售店。产品以面包、饮品等为主,集烘焙店、咖餐厅、烘焙课堂、配送站于一体,融合线上线下,能够满足多种用户需求。

幸福西饼的新零售店将上线的信息系统,能够覆盖门店周边三公里,把生产数据信息同步传送到手机端,消费者不需要去门店,在家里打开手机就能看到面包是在发酵还是在烘烤,预计几点出炉。手机点单,刚出炉的面包,通过外卖最快30分钟即可送到。

4. 存货

库存管理、产品损耗一直是困扰烘焙行业的大问题。传统线下烘焙业,面包都是做好了等客人来买,当天卖不出去,产品报废,每天都存在大量的损耗。幸福西饼在存货管理方面把重点放到了冗余的库存浪费上,通过数字化技术对卖出产品的种类和数量进行统计,同时有针对性地管理购买产品的客户。以销定存,通过前端的销售数据,来匹配奶油、面粉等生产原料数据,做到精准库存。

此外,幸福西饼还可以通过数字化技术做到"产品寻找用户"精准营销,降低损耗。每到晚上,当幸福西饼的店面里有当天生产还没有卖出的产品时,数字化系统会根据用户标签定向推送消息给目标客户。通过这种方式,帮助门店清理库存,降低损耗,在减少损耗的同时让用户享受新鲜的、性价比较高的产品。

通过以上介绍可以看出供应链是幸福西饼最强大的后盾和保障,但仅靠供应链是不够的,做好新零售,还需要大数据技术和科技创新的驱动。

幸福西饼启动三大品牌升级战略 打造双核驱动体系

2023年12月18日,"蓄势待发·无限幸福"幸福西饼十五周年庆暨品牌战略升级发布会在深圳市盐田区举行。幸福西饼创始人现场宣布将继续深耕百亿烘焙赛道,2024年三大品牌升级,海清正式成为幸福西饼品牌代言人。

在该发布会上,公司创始人袁火洪宣布幸福西饼2024年三大品牌升级:第一,配送时效升级,全城快至59分钟送达;第二,服务升级,客户不满意无理由退货;第三,产品升级,产品配方升级为超软蛋糕坯。

袁火洪还提到,幸福西饼将大力整合线上线下渠道资源,依托现做蛋糕和自烤烘焙双核驱动体系,链接更多终端市场,进而下沉全国县镇乡村、布局千城万店。未来,幸福西饼将实施四大提升行动:一是提升产品力,幸福西饼将持续在产品配方、配送服务和购买体验方面进行升级,让消费者随时随地都能享用更新鲜、更绿色、更安全、更健康的烘焙食品。二是提升品牌力,通过品牌代言人官宣及后续系列媒体宣传,展现幸福西饼的品牌价值,与消费者建立有深度、有温度的信任链接,全面提升幸福西饼的知名度与影响力。三是提升数字化水平,借助人工智能等新技术持续开展全链条数字化建设,不断提高企业生产经营效率的同时,助推烘焙行业数字化转型发展。四是提升供应链能力,依托全国两大智能生产中心和七大仓储物流中心,优化供应链服务,提高供应链效率和灵活性,降低供应链成本,以更好地满足市场的需求。

通过幸福西饼的改革之路我们可以看到企业对于创新精神的追求,也看到了企业家们在时代面前勇于探索未知领域,不断挑战自我的勇气。

练习题

一、单选题

1. ( )不符合新零售的定义。
A. 线上销售与线下门店结合
B. 人工智能与大数据驱动的个性化推荐
C. O2O(线上到线下)模式
D. 销售模式相对单一

2. 新零售企业通过构建商业生态系统,将线上页面、实体店面、支付终端、数据体系、物流平台、营销路径等诸多方面进行深度整合,体现出其( )特点。
A. 生态性　　　　　B. 无界化　　　　　C. 智慧型　　　　　D. 体验式

3. 新零售行业的主要驱动力是( )。
A. 电子商务的兴起　　　　　B. 移动互联网的普及
C. 消费者行为的变化　　　　　D. 以上都是

4. 幸福西饼公司创立于( )。
A. 北京　　　　　B. 上海　　　　　C. 广州　　　　　D. 深圳

二、多选题

1. 以下能体现新零售行业发展要点的有( )。
A. 以消费者为中心　　　　　B. 线上线下融合
C. 智能化、数字化　　　　　D. 社交化、社群化

2. 新零售行业未来的发展趋势可能有( )。
A. 无人便利店和无人货架的普及
B. 直播电商和社交电商的兴起
C. 个性化定制和专属服务的流行
D. 人工智能与大数据驱动的个性化推荐

3. 幸福西饼能够发展成业内知名的名牌,原因包括( )。
A. 我国烘焙市场的快速发展　　　　　B. 该公司线下门店数量多
C. 及时进行新零售转型　　　　　D. 高效快速的供应链管理

三、判断题

1. 传统零售企业相对电子商务来说一直面临成本高、竞争大、回报低、难扩张等问题。　　( )

2. 新零售行业的发展要点是加强线上线下融合。　　( )

3. 今后,传统意义上的"电商"仍然会和新零售并存。　　( )

第6章 数据可视化分析

"金蝶云·星空-轻分析"作为财务大数据分析平台,其可视化分析模块主要由业务主题和仪表板两大部分构成(见图6-1)。具体而言,业务主题进一步细分为数据建模、数据分析以及数据斗方这三个功能模块(见图6-2)。

图6-1 数据可视化分析

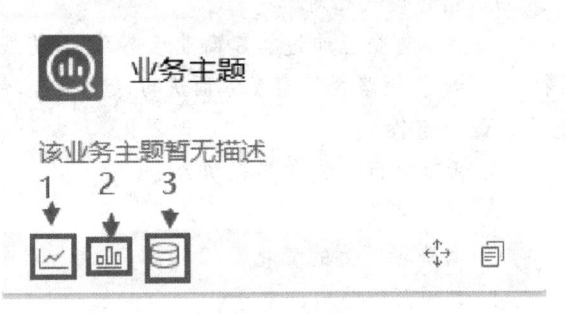

注:1是指数据分析;2是指数据斗方;3是指数据建模。

图6-2 业务主题

数据建模的主要功能在于为数据分析、数据斗方准备数据源,并对数据进行整理与加工。数据分析与数据斗方,均为可视化操作模块,可对数据源进行不同图表分析,为后续仪表板的生成提供可视化图表。

本章节将从数据建模、数据分析、数据斗方、仪表板等四个方面展开学习,带领大家深入了解财务大数据分析过程中的分析数据准备、可视化图表制作和可视化成果展示等内容。

6.1 数据建模

6.1.1 功能介绍

随着数据复杂性的增加,模型的复杂性也随之增加,因而业务系统间的数据流通和分析结果的可视化,对企业来说是困难也是关键。数据的可视化,可以将取得的复杂分析结果,以丰富的图表信息的方式呈现给读者。同时,分析人员需要对目标活动有深刻的了解,以更好地进行可视化的展示。可视化分析的前提是存在适用的数据源。在对数据源进行加工整理后,形成标准的数据表,此过程即数据建模(见图6-3)。数据建模主要用于为数据分析和数据斗方进行原始数据的准备。

图 6-3　数据建模

6.1.2　知识点讲解

1. 新建数据表

（1）金蝶云·星空，是可视化分析数据源之一，分为业务实体与当前数据中心两部分（见图 6-4）。金蝶云·星空的数据源主要是业务实体实际运营所产生的数据，当财务大数据分析平台运用于企业实际生产经营管理时，数据可视化分析可实时对接业务实体数据，进行后续图表分析与仪表板展览，并根据需要设置更新频率。

（2）数据库，是可视化分析数据源之一，也是财务大数据分析平台常用的数据来源之一，囊括 Access、MySQL、DM 等常见数据库（见图 6-4）。本教材所使用的数据库为 MySQL，它是一个关系型数据库管理系统，由瑞典 MySQL AB 公司开发，属于 Oracle 旗下产品。MySQL 是最流行的关系型数据库管理系统之一，在 Web 应用方面，MySQL 是广受认可的关系数据库管理系统（Relational Database Management System，RDBMS）应用软件之一。

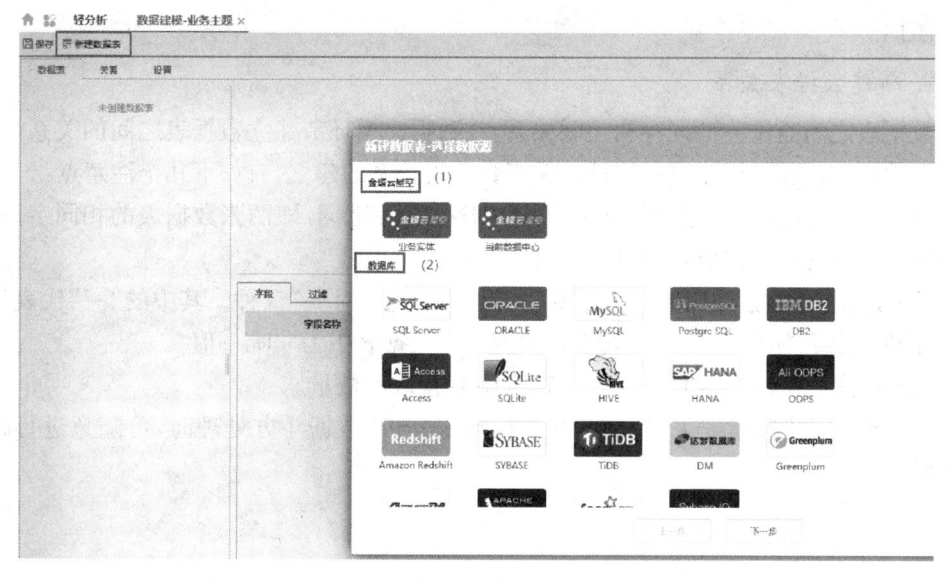

图 6-4　数据建模-新建数据表

(3) 文件,是可视化分析数据源之一,包括 Excel、CSV、TXT 三种类型(见图 6-5)。此数据源为外部导入数据所使用,如张三同学对华为公司非常喜爱,想通过财务大数据分析平台对其历年财务数据进行分析,则可以 Excel 表格形式导入财务报表,并在轻分析平台上进行可视化分析处理。

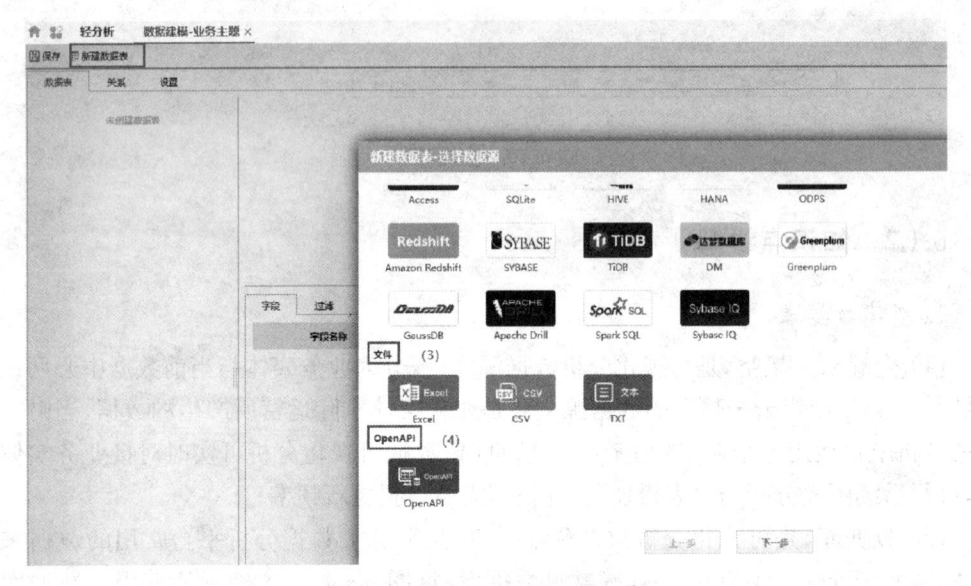

图 6-5 数据建模-新建数据表

(4) OpenAPI,是可视化分析数据源之一。API 的全称是应用编程接口(Application Programming Interface),这并不是一个新概念,在计算机操作系统出现的早期就已经存在了。在互联网时代,把网站的服务封装成一系列计算机易识别的数据接口开放出去,供第三方开发者使用,这种行为叫作开放网站的 API;与之对应的,所开放的 API 称作 OpenAPI。

2. 新建数据表关系

数据表之间通过关键词存在关联关系,在数据建模环节建立数据表之间的关系,有利于后续数据分析和数据斗方的设计。关于数据表关系的建立,有如下几个注意点:

(1) 数据关系通过数据表之间的关键词建立。关键词,即两张数据表的相同字段,该关键词必须具有相同的数据类型。

(2) 数据关系的类型存在"一对多""多对一"和"一对一"三种。其中的"一"代表该关键词在数据表中为唯一值,"多"代表该关键词在数据表中为非唯一值。

(3) 数据关系建立的上限为 $N-1$,N 为数据表的数量。

(4) 数据表之间建立关系之后,在进行数据分析、数据斗方处理时,可随意进行跨表数据的选取和分析。

3. 设置

(1) 实时提取。在提取数据源时,实时提取,不存在缓冲(见图6-6)。

(2) 定时预提取。提前确定提取数据的时间与频率,可根据需要进行设置。对于教学平台的作用在于提前准备数据源,减少数据提取时的卡顿现象(见图6-7)。

设置功能更多使用于业务实体的运用中,教学过程较少使用。

图6-6 数据建模-设置

图6-7 数据建模-设置

任务一　数据建模

1. 任务目的

(1) 理解并掌握数据建模相关知识点；

(2) 掌握数据建模-新建数据表功能；

(3) 掌握数据建模-关系建立功能；

(4) 掌握数据建模-数据类型设置。

2. 任务内容

(1) 如何在金蝶云·星空平台-数据建模中,通过MySQL数据库导入数据表？

(2) 如何分析数据表之间的关系？如何建立数据表之间的关系？

(3) 如何对不同字段设置合适的数据类型？数据类型的不同对后续数据分析是否产生影响,产生何种影响？

3. 任务准备

(1) 建立账套；

(2) 导入学生账号；

(3) 准备网址。

4. 任务要求

(1) 从 MySQL 中导入数据表；

(2) 建立数据表之间的关系；

(3) 合理设置字段数据类型。

5. 任务操作指导

(1) 输入网址：http://10.60.174.204/k3cloud，打开金蝶云·星空网页端登录界面，选择"金蝶云·星空账号"类型，选择本组织账套，输入登录名：××××××（学号），密码：888888，单击"登录"（见图6-8）。

图6-8 登录财务大数据分析平台

【注意】

① 选择"金蝶云·星空账号"，勿选"金蝶·云账号"。

② 找到所在班级，选错班级则无法登录。

③ 账号为学号，初始密码为888888，第一次登录后，系统会自动提示修改密码，需修改。

(2) 单击左上角图标" "，进入功能菜单界面（见图6-9）。

图6-9 进入功能菜单界面

(3) 执行"经营分析"|"轻分析"|"分析平台"|"轻分析"命令，打开数据分析页面（见图6-10）。

图 6-10　执行"轻分析"命令

（4）单击左上角"＋"，添加分类并命名为"分析入门"（见图 6-11）。

图 6-11　新建"分析入门"

（5）单击"新建"，创建一个业务主题，命名为"数据分析-演示"（见图 6-12 和图 6-13）。

（6）单击"数据建模"，进入数据建模界面（见图 6-14）。

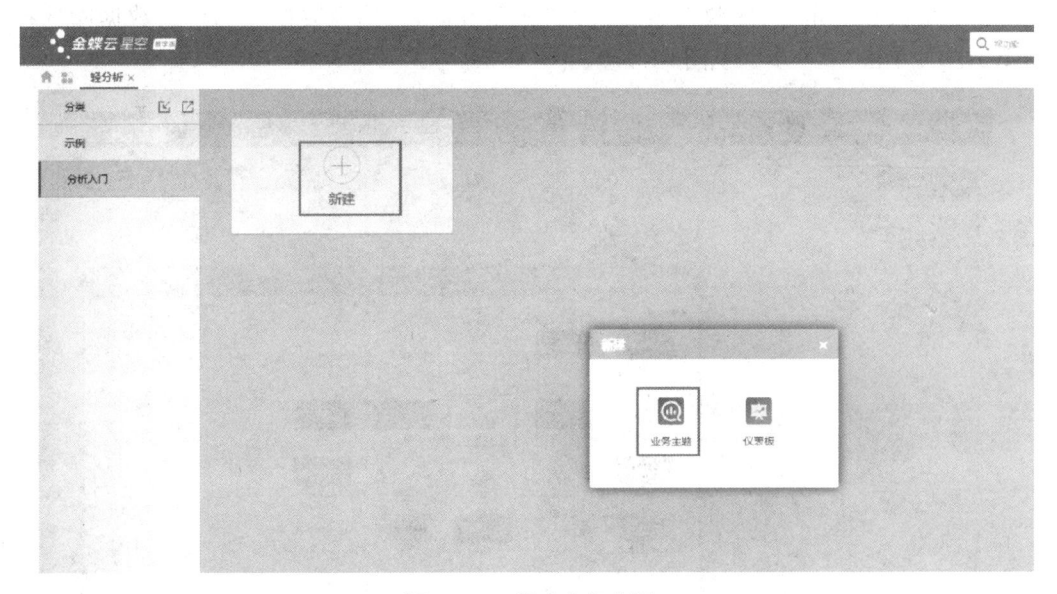

图 6-12　新建业务主题

图 6-13 输入业务主题名称

图 6-14 点击"数据建模"

（7）单击左上角"新建数据表"，进入"新建数据表-选择数据源"界面，数据库选择"MySQL"，单击"下一步"（见图 6-15）。

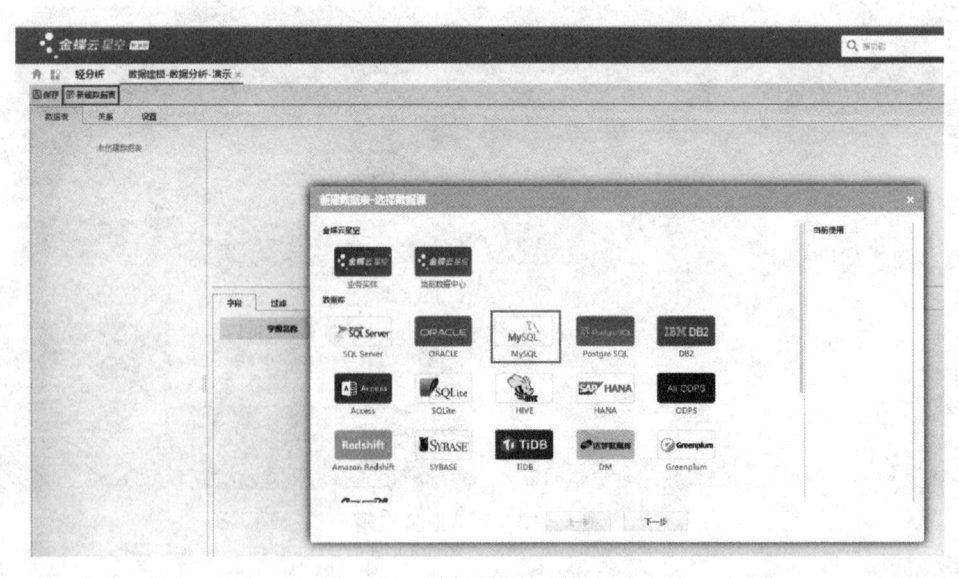

图 6-15 选择"MySQL"数据库

第 6 章　数据可视化分析

（8）在"新建数据表-连接数据库服务器"界面左侧，输入服务器 IP（10.60.174.204）、用户名（root）及密码（root），单击"连接"（见图 6-16）。

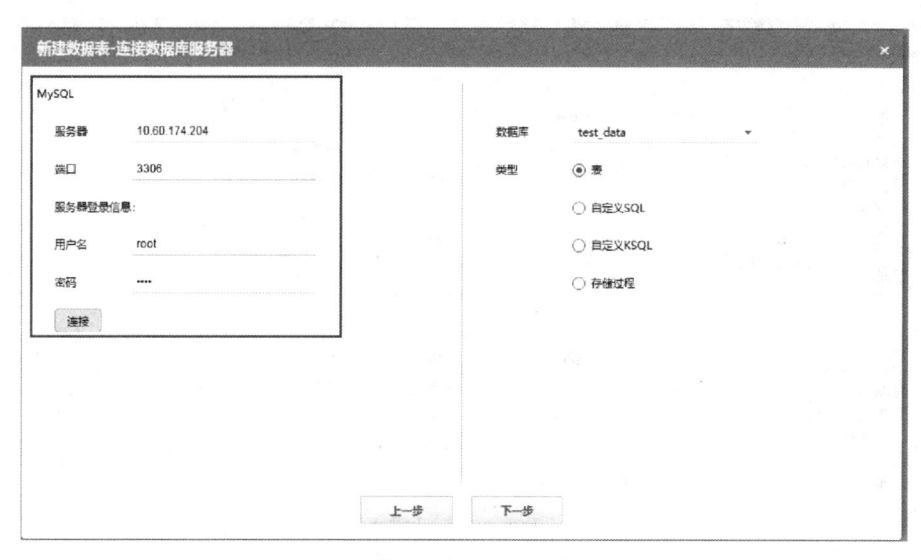

图 6-16　输入服务器 IP、用户名及密码

【注意】
① 以上服务器 IP、用户名及密码设置，为云平台使用。
② 如电脑已安装本地数据库，则需输入学生所使用的电脑的 IP 地址（"网络"｜"网络和共享中心"｜"本地连接"｜"详细信息"｜"IPv4 地址"）、用户名（student）及密码（student），单击"连接"。
③ 服务器 IP 不同，用户名及密码不同，且二者数据源不能同步。

（9）在"新建数据表-连接数据库服务器"界面右侧，数据库选择"test_data"，类型选择"表"，单击"下一步"（见图 6-17）。

图 6-17　选择数据库及数据表类型

065

(10) 选择"客户"数据表,单击"下一步"(见图6-18)。

图6-18 选择"客户"数据表

(11) 根据分析需求,选择全部字段,单击"完成"(见图6-19)。

图6-19 选取数据表字段

(12) 单击左上角"保存",即可完成(见图6-20)。

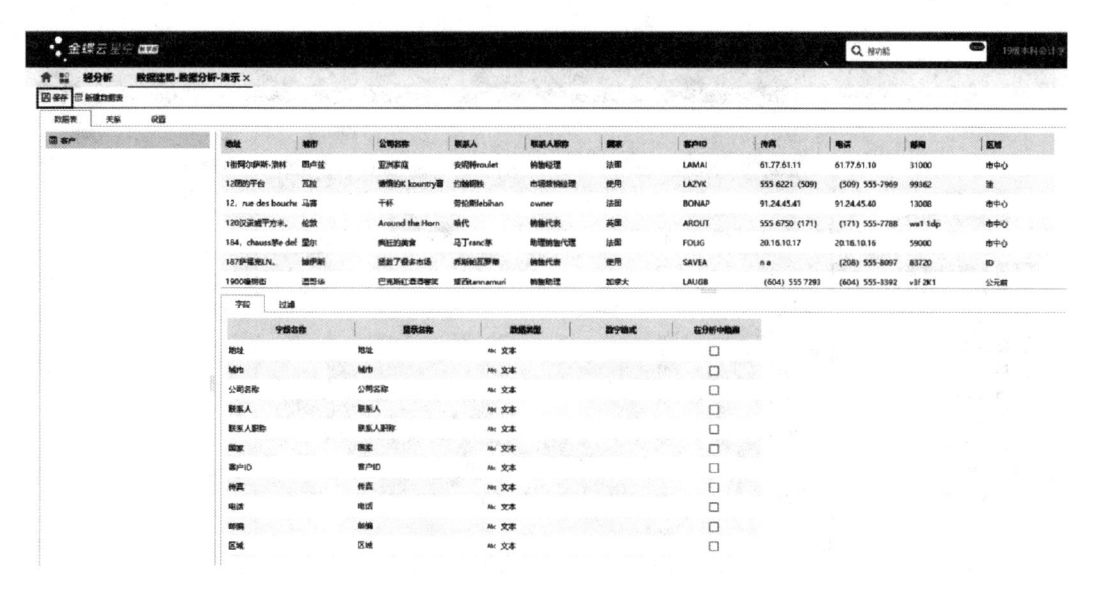

图 6-20　保存数据表

(13) 重复(7)~(12)的步骤,依次添加"员工""订单明细""产品""产品种类""订单"数据表,选择全部字段,并保存(见图 6-21~图 6-25)。

图 6-21　选择"员工"数据表

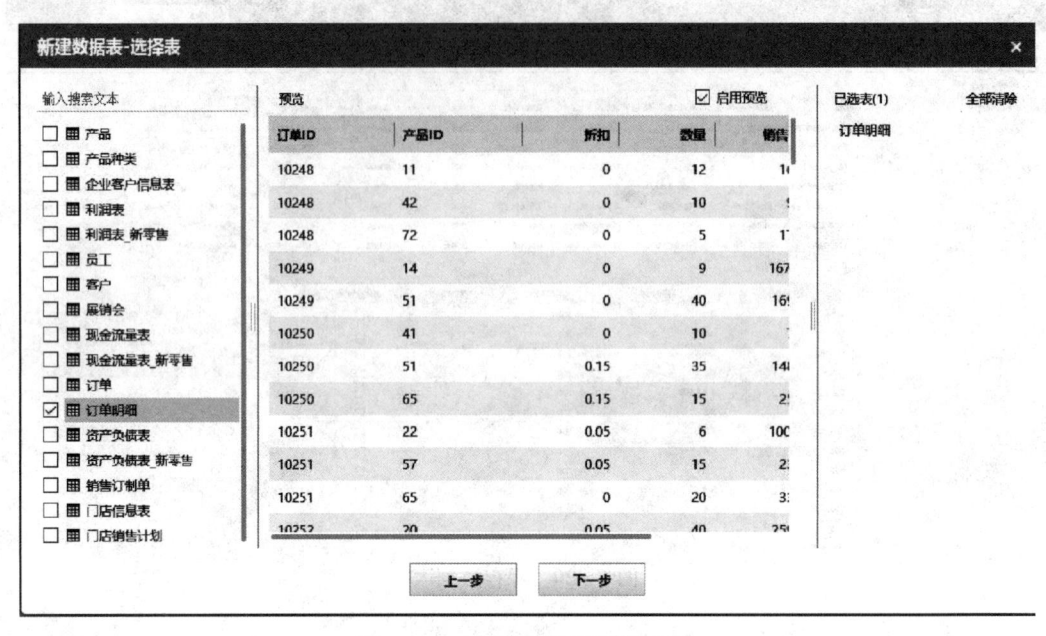

图 6-22 选择"订单明细"数据表

图 6-23 选择"产品"数据表

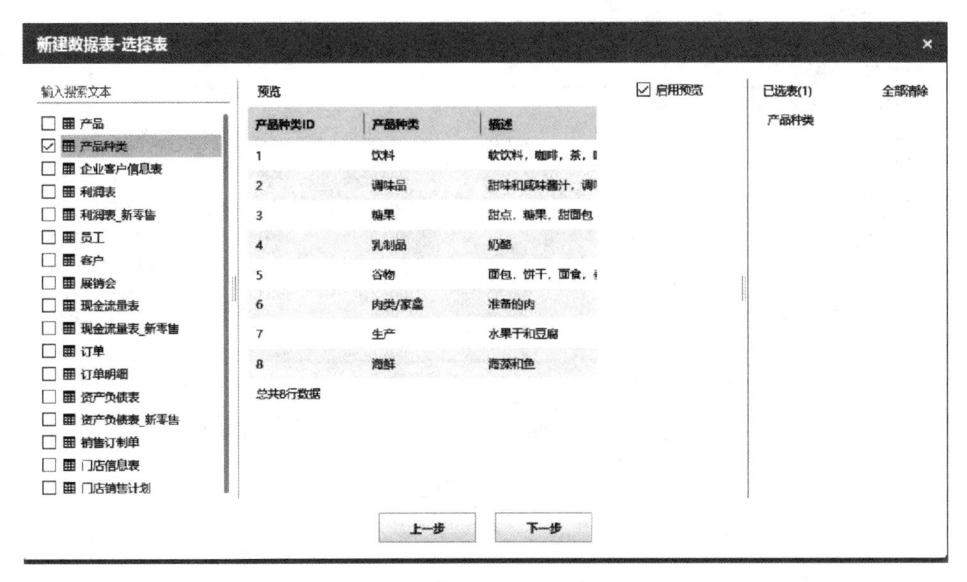

图 6-24　选择"产品种类"数据表

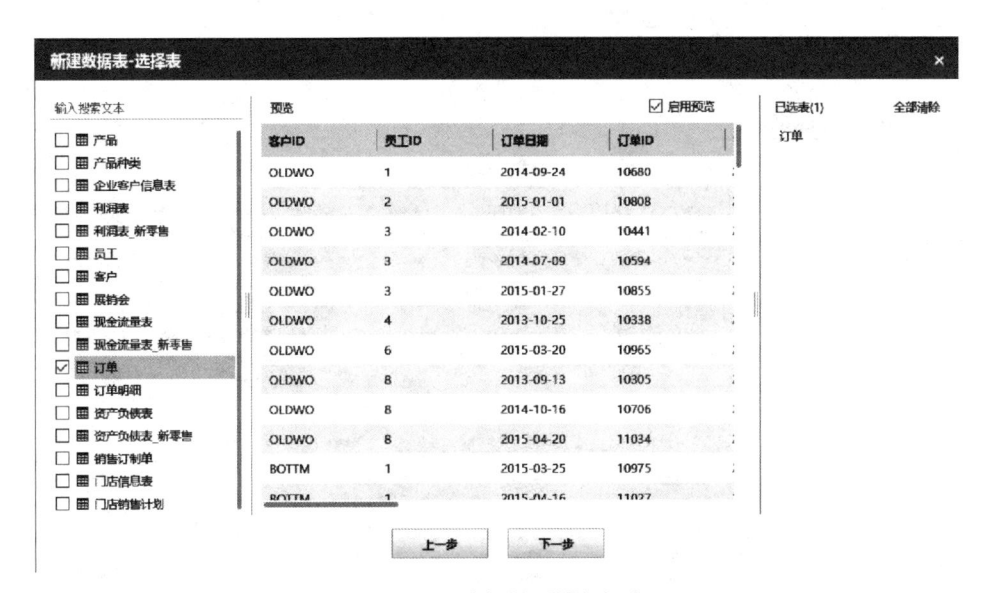

图 6-25　选择"订单"数据表

【注意】可每次选择一个数据表,分五次导入五个数据表及所需字段,也可同时选择五个数据表,一次性添加五个数据表及所需字段。

(14) 合理设置字段的数据类型,并保存(见图 6-26～图 6-31)。

图 6-26 在"订单"数据表中更改"订单日期"数据类型为"日期"

图 6-27 在"订单"数据表中更改"运费"数据类型为"数值"

第 6 章 数据可视化分析

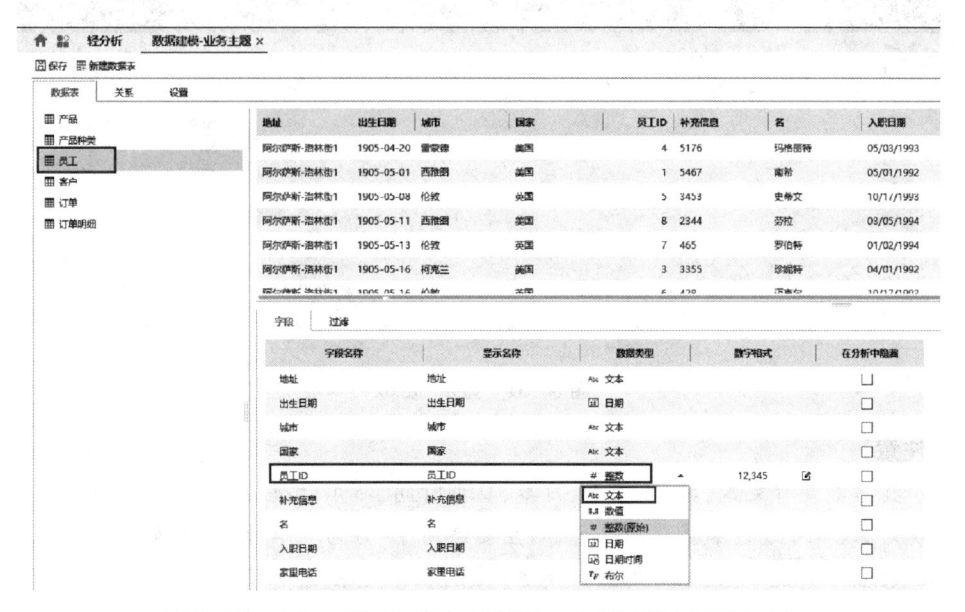

图 6-28 在"员工"数据表中更改"员工 ID"数据类型为"文本"

图 6-29 每一次更改数据类型后,点击方框处

图 6-30 保存数据建模相关操作

图 6-31 显示"成功"

【注意】

① 数据类型有文本、数值、整数、日期、日期时间、布尔六个类型。

② 文本,不可进行加减乘除等计算,主要适用于"姓名""单号"等字段。

③ 数值和整数,是数字常用数据类型,区别在于是否有小数位,有则是数值,无则是整数,二者均能进行加减乘除等计算,多适用于"单价""金额"等字段。选择此类数据类型后,后续数据分析可进行度量的设置。

④ 日期和日期时间,均是适用于日期的数据类型,区别在于是否有具体时间显示。选择此类数据类型后,后续数据分析则可进行维度的选择。

⑤ 布尔,日常使用较少。

(15) 单击左上角"关系",进入"关系"界面(见图 6-32)。

图 6-32 单击"关系"

(16) 单击左上角"新建关系",进入"新建关系"界面(见图 6-33)。

图 6-33 单击"新建关系"

(17) 将"客户"数据表和"订单"数据表通过"客户 ID"建立一对多的关系(见图 6-34)。

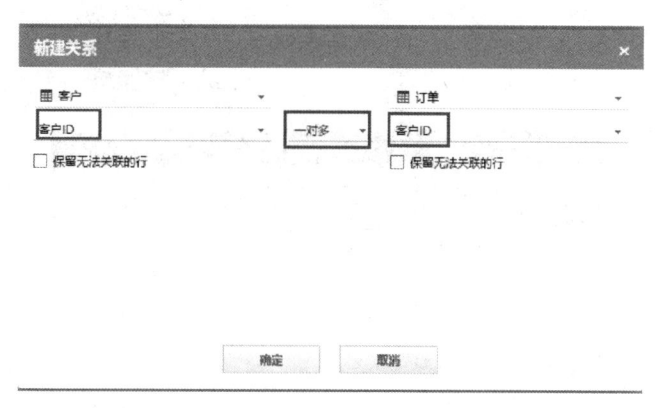

图 6‑34　"客户"数据表和"订单"数据表关系建立

【注意】
① 关键词的数据类型必须相同,才能建立关系,否则会导致后续数据分析出现错误。
② 字段名可以一致,也可不同,但字段内容需相同。

(18) 将"员工"数据表和"订单"数据表通过"员工 ID"建立一对多的关系(见图 6‑35)。

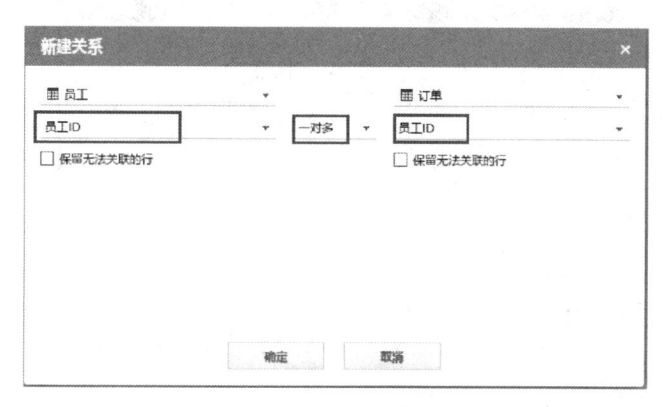

图 6‑35　"员工"数据表和"订单"数据表关系建立

(19) 将"订单"数据表和"订单明细"数据表通过"订单 ID"建立一对多的关系(见图 6‑36)。

图 6‑36　"订单"数据表和"订单明细"数据表关系建立

(20) 将"产品种类"数据表和"产品"数据表通过"产品种类 ID"建立一对多的关系(见图 6-37)。

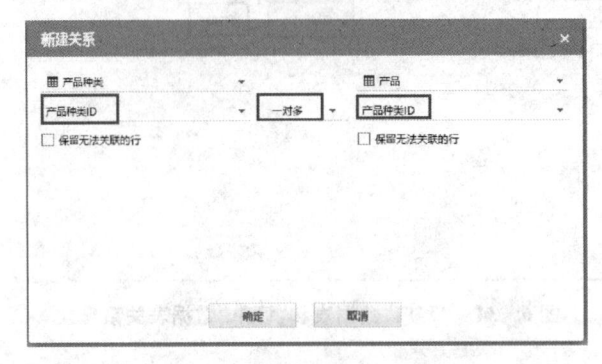

图 6-37 "产品种类"数据表和"产品"数据表关系建立

(21) 将"产品"数据表和"订单明细"数据表通过"产品 ID"建立一对多的关系(见图 6-38)。

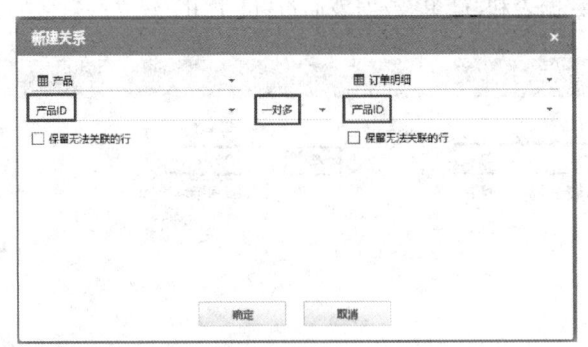

图 6-38 "产品"数据表和"订单明细"数据表关系建立

(22) 建立关系后,点击"保存"(见图 6-39)。

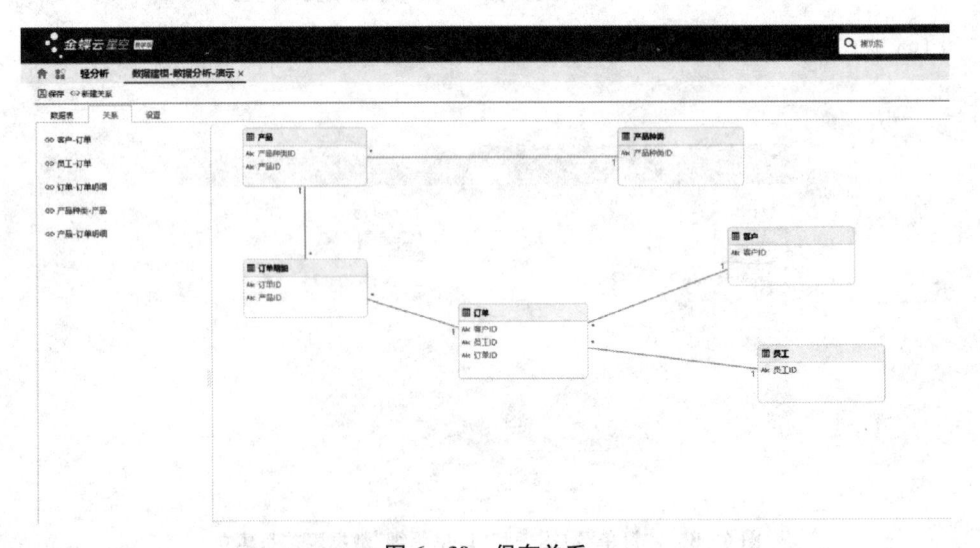

图 6-39 保存关系

6. 任务作业

(1) 通过"MySQL"数据库"business_data",引入数据表"供应商信息表""商品订货单";

(2) 建立数据表"供应商信息表""商品订货单"之间的关系。

6.2 数据分析

6.2.1 功能介绍

借助数据分析,业务用户可以高效地对业务数据进行分析探索,快速创建自己所关注的数据分析内容。其功能特性主要包括拖曳分析、数据筛选、查看明细、高级计算、导出、分析方案、发布。

借助轻分析强大的数据探索和数据可视化能力,业务用户可通过简单拖曳制作多维度透视的图表,可更高效地对业务数据进行分析探索,快速创建自己所关注的数据分析内容。

(1) 数据分析-拖曳分析。通过简单拖曳即可完成多维透视的图表呈现,数据分析目前支持 10 种图表类型,切换图表类型时可以自动为用户推导和呈现最优的数据可视化效果。

(2) 数据分析-数据筛选。数据分析支持不同字段类型的数据筛选,拖曳字段到筛选器中即可对数据进行过滤,通过筛选器,用户可以快速定位和聚焦关键问题或异常数据。

(3) 数据分析-查看明细。通过"查看数据",用户可以查看指定区域所对应的明细数据,追溯聚合前的原始数据构成。明细数据也可支持导出到 Excel。

(4) 数据分析-高级计算。数据分析的公式引擎支持 6 个函数类别,共计 65 个函数,依托强大的公式引擎,除可以进行常规的聚合运算外,还可支持小计/总计、同比/环比、分组累计、计算字段。

(5) 数据分析-导出。数据分析支持导出 Excel、PDF 和 PNG,用户可将自己的分析结果完美导出,用于日常的工作汇报。

6.2.2 区域界面

在数据分析界面,共分为六部分:工具栏、字段区域、功能区域、图表类型区域、数据视图展示区域和筛选器/图例区域。左侧栏分为三部分:字段区域、功能区域和图表类型区域,默认是展开状态(见图 6-40)。

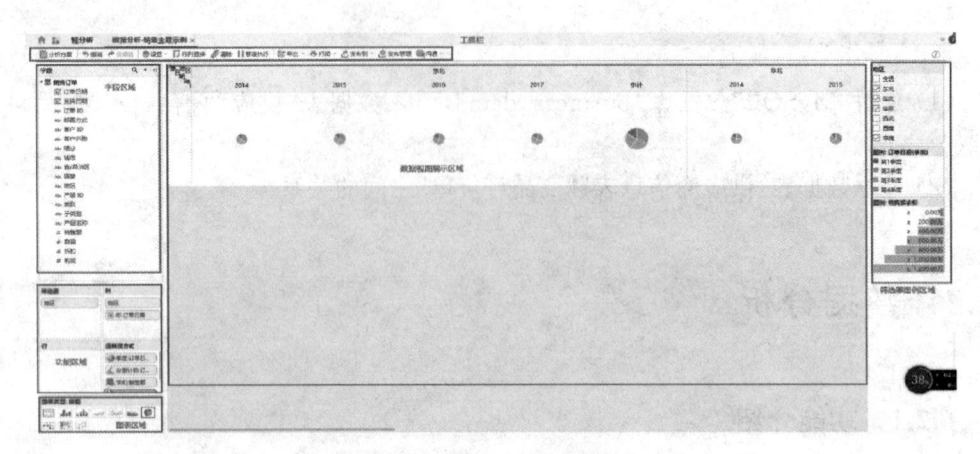

图 6-40 数据分析区域界面

6.2.3 数据分析图表

目前数据分析可支持 10 种图表类型，分别为表格、柱形图、堆积柱形图、折线图、多系列折线图、面积图、饼图、热力图、树状图、散点/气泡图。

任务二 数据分析

1. 任务目的

(1) 了解数据分析的图表类型及其属性与功能；

(2) 掌握数据分析-饼图的设计与分析；

(3) 掌握数据分析-多系列柱形图的设计与分析；

(4) 掌握数据分析-散点图的设计与分析；

(5) 掌握数据分析各类图表的导出。

2. 任务内容

(1) 如何在金蝶云·星空平台-数据分析中，对数据建模中已导入的数据表进行图表设计？

(2) 如何针对不同的图表选取合适的字段？

(3) 如何对图表进行深入分析与解读？

3. 任务准备

(1) 进入"数据分析-演示"业务主题；

(2) 进入"数据建模"，新建数据表"订单""订单明细""产品种类""产品"；

(3) 建立数据表"订单""订单明细""产品种类""产品"之间的关系；

(4) 若任务一已经完成，则该准备工作无须重复。

4. 任务要求

(1) 以订单、订单明细数据表为数据源，构建饼图；

(2) 以订单、订单明细、产品种类数据表为数据源，构建柱形图；

(3) 以订单、订单明细、产品种类、产品数据表为数据源,构建散点图。

5. 任务操作指导

(1) 饼图的设计与分析。

① 单击"数据分析",进入数据分析界面(见图 6-41)。

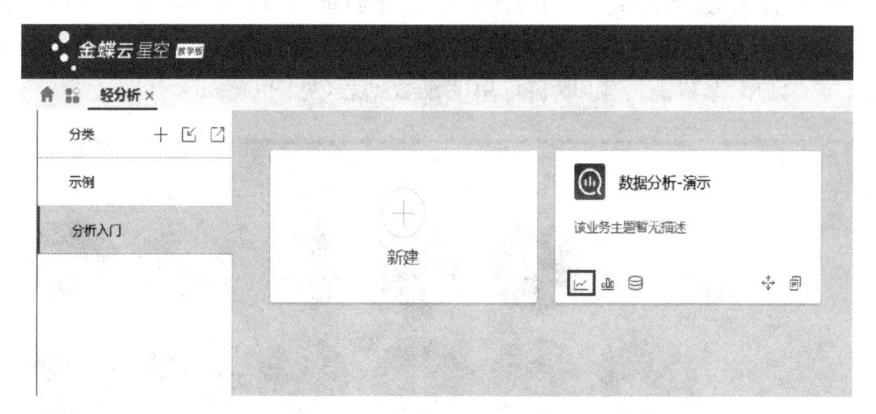

图 6-41　单击"数据分析"

② 单击图标"　　",进入饼图设计界面(见图 6-42)。

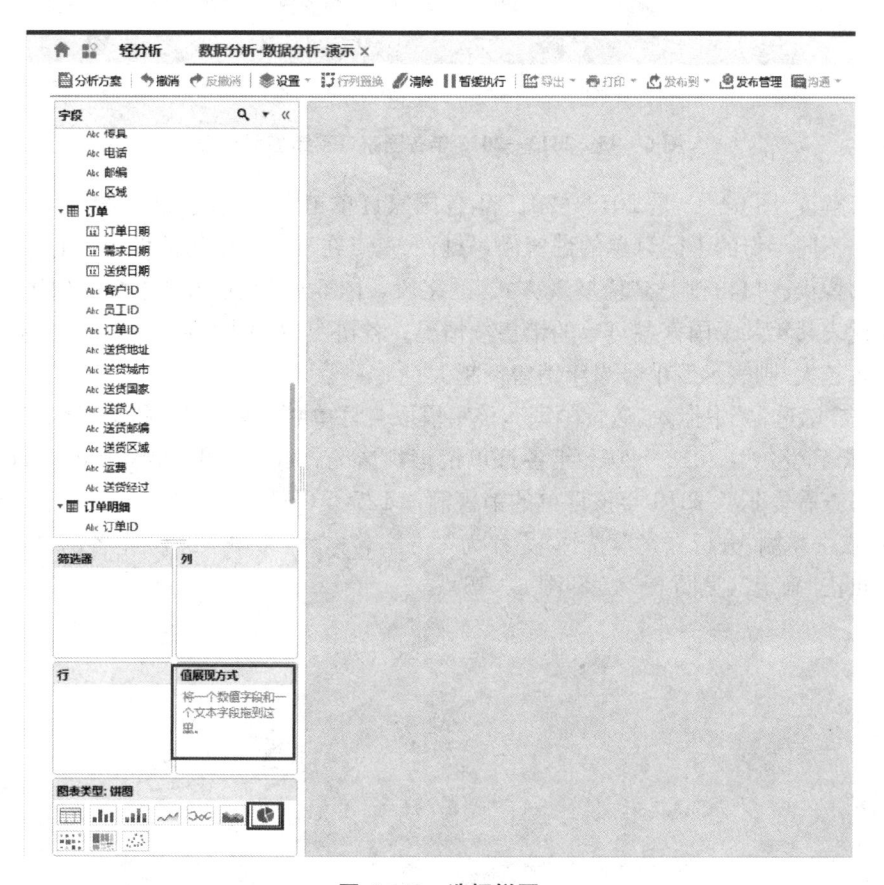

图 6-42　选择饼图

【注意】
- 饼图功能区域由筛选器、列、行、值展现方式四个部分构成。
- 值展现方式要求一个数值字段与一个文本字段,字段选取时需注意字段的数据类型。值展现方式的作用在于进一步分析数据。

③ "列"中拖入"送货国家","行"中拖入"订单日期",维度为"年"。"值展现方式"首先拖入"订单ID",然后拖入"销售额",度量为"求和"。其中,"送货国家""订单日期"取自订单数据表,"订单ID""销售额"取自订单明细数据表(见图6-43)。

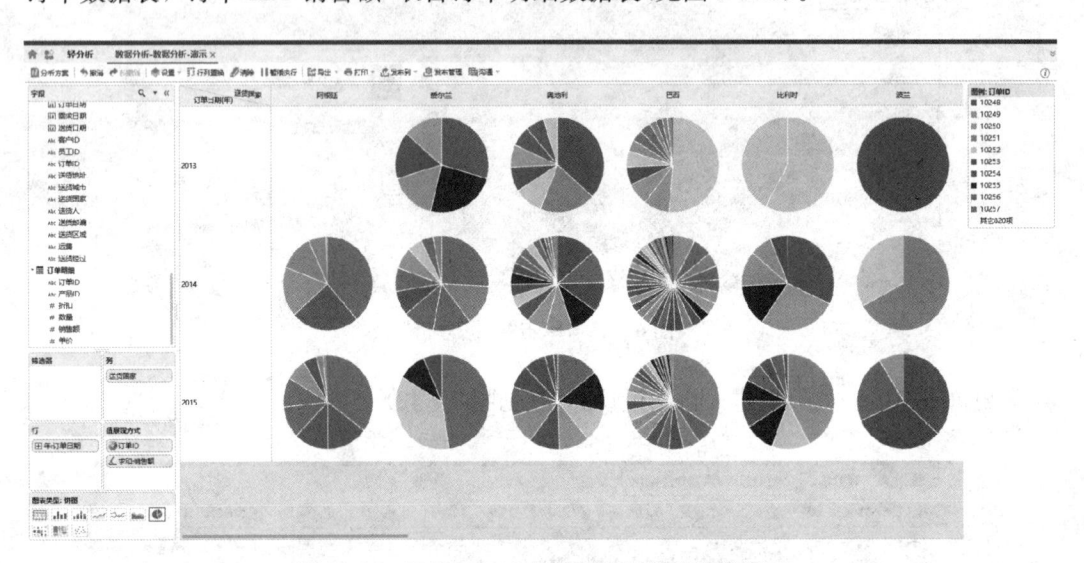

图6-43 2013—2015年各国家订单销售额情况

图表解读:图6-43是2013—2015年各国家订单销售额情况,从此图中可以分析各个国家在不同年份的不同订单的销售额,分析的重点在于各订单的销售额,如需了解其他标准的销售额,可自行调整"值展现方式"的字段。图6-43中,出现了多个饼图,每一个饼图均代表某年某个国家各订单的销售额情况。各饼图中,不同颜色代表不同的订单号,颜色面积越大,则表示该单号当年销售额越大。

④ 在"筛选器"中拖入"送货国家",该字段取自订单数据表。右侧"送货国家"选择爱尔兰,可得到爱尔兰2013—2015年各订单销售额情况。点击2013年饼状图中订单ID-10298,可查看爱尔兰2013年该订单的销售额:3 127元(见图6-44)。

⑤ 点击左侧"分析方案",选择"另存为",方案名称为"2013—2015年各国订单销售额情况",点击"确定"(见图6-45和图6-46)。

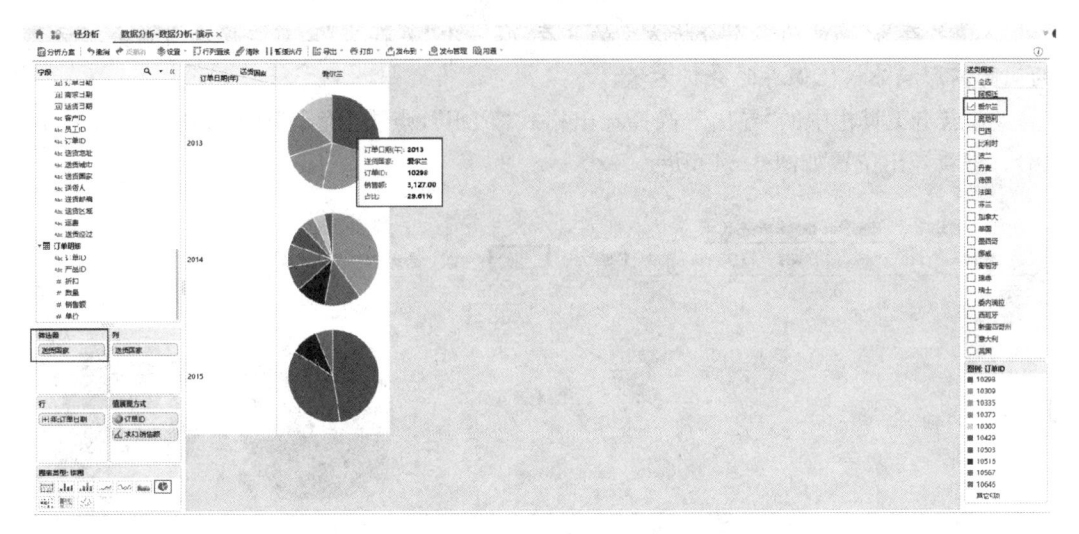

图 6‑44　爱尔兰 2013—2015 年各订单销售额情况

图表解读:图 6‑44 是爱尔兰 2013—2015 年各订单销售额情况,从此图中可以分析爱尔兰在不同年份各订单的销售额,分析的重点在于爱尔兰各订单的销售额,如需了解其他国家各年各订单的销售额,可在右侧筛选区域勾选不同的国家。如需改变筛选标准,可通过"筛选器"字段的更改实现。

图 6‑45　保存分析方案

图 6‑46　为分析方案命名

【注意】

• "保存"功能为保存当前分析方案,且仅保存当前分析方案,即点击"保存",则数据分析中只能保存一个分析方案,新分析方案替换旧分析方案,始终仅存一个分析方案。

• "另存为"功能为多个分析方案的并存,每一次"另存为"均可在保存当前分析方案的同时不影响此前已保存的分析方案。

⑥ 点击工具栏中的"导出",选择导出格式"PDF",点击"确定"(见图 6-47 和图 6-48)。查看导出位置如图 6-49 所示。

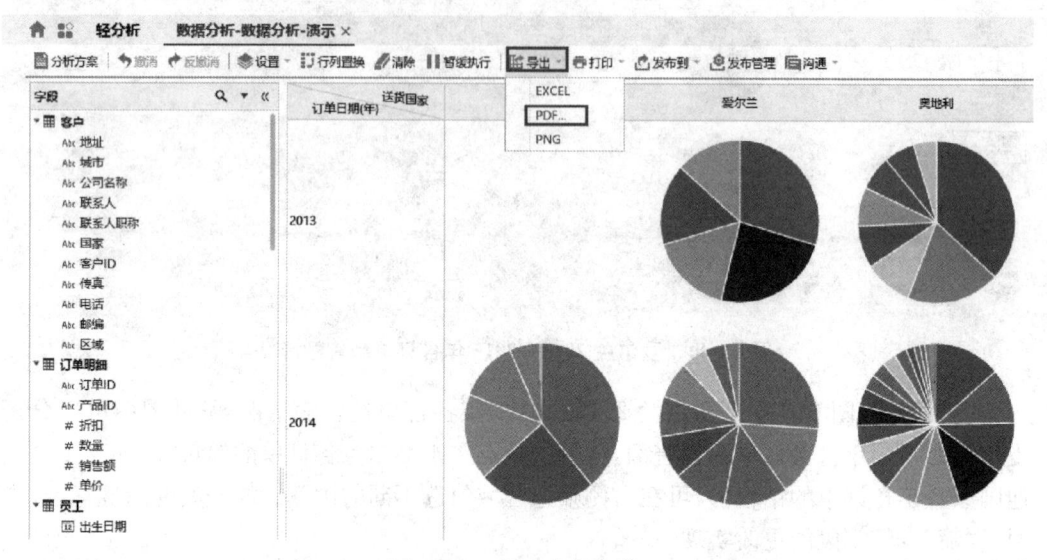

图 6-47 导出分析方案

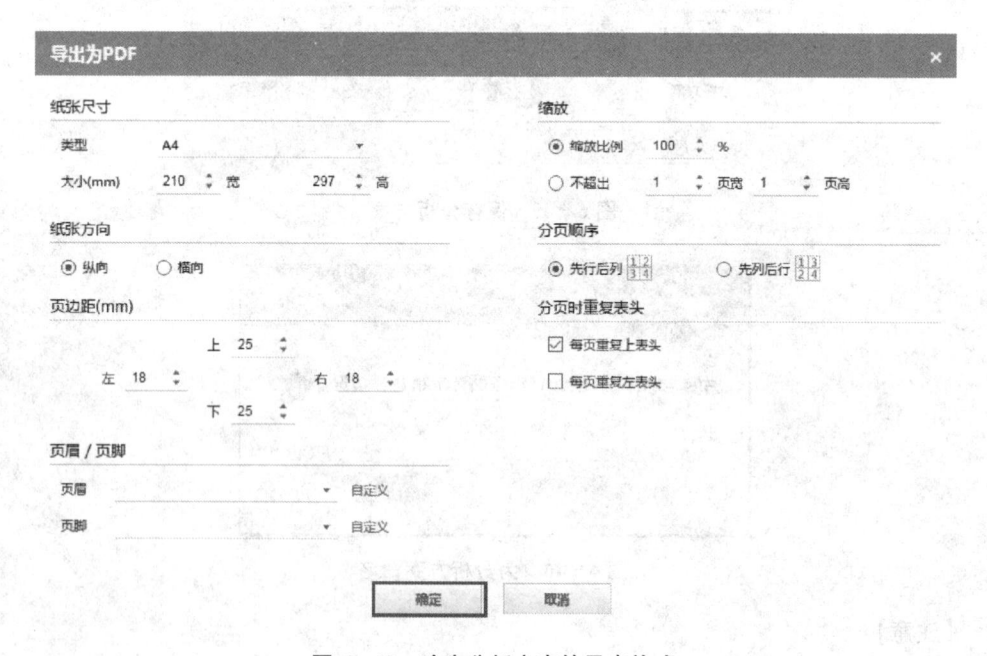

图 6-48 确定分析方案的导出格式

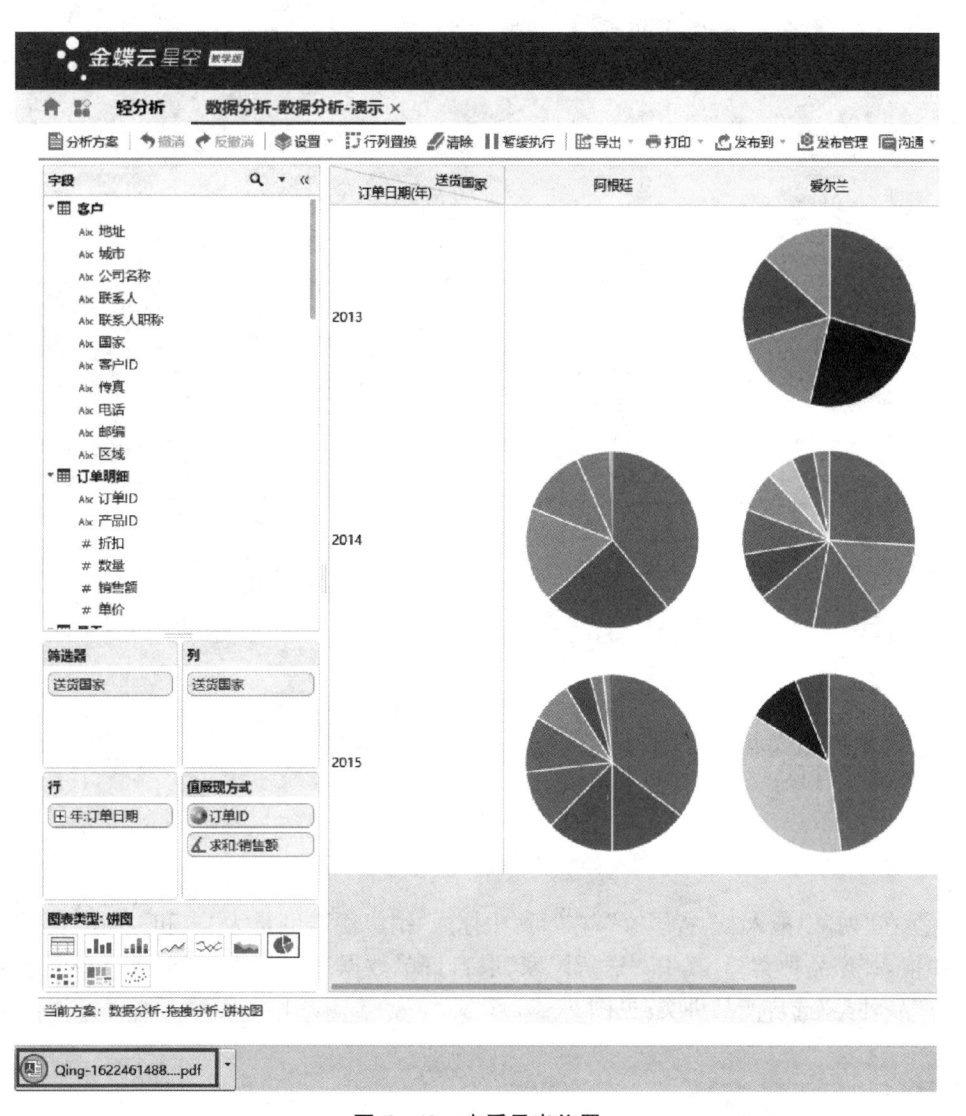

图 6-49　查看导出位置

【注意】"导出"格式有 EXCEL、PDF、PNG 三种,可根据需要选择所需导出的格式类型。

(2) 多系列/堆积柱形图的设计与分析。

① 单击图标" ",进入多系列/堆积柱形图界面(见图 6-50)。

【注意】

- 多系列/堆积柱形图功能区域由筛选器、列、行、值展现方式四个部分构成。
- "列"要求文本字段,"行"要求数值字段,"值展现方式"要求文本字段,字段选取时需注意数据类型。

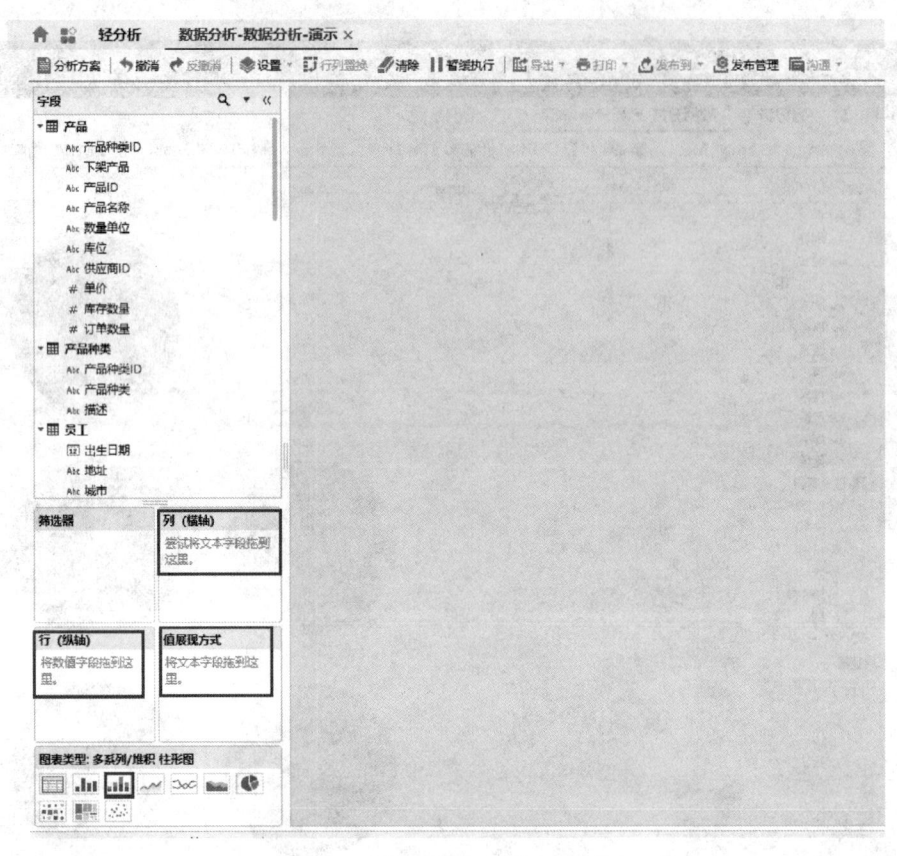

图 6-50　选择多系列/堆积柱形图

② 在"列"中拖入"送货国家",在"行"中拖入"销售额",度量为"求和"。在"值展现方式"中拖入"产品种类"。其中,"送货国家"取自订单数据表,"销售额"取自订单明细数据表,"产品种类"选自产品种类(见图 6-51)。

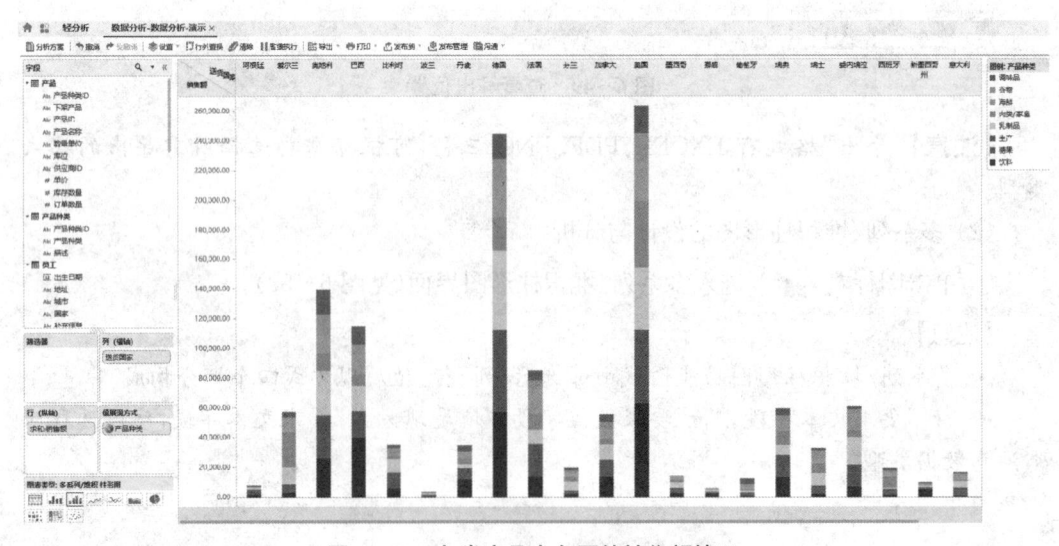

图 6-51　各类产品在各国的销售额情况

第 6 章 数据可视化分析

图表解读:图 6-51 是以多系列/堆积柱形图展示的各类产品在各国的销售额情况,根据图 6-51,可以查看不同类型产品在各国的销售额情况。每个柱形条代表一个国家,柱形条越高,则表示该国的总销售额越大;反之,则销售额越小。柱形条上不同颜色代表不同的产品种类在该国的销售额构成,颜色面积越大,则表示该种类产品在该国销售额越大;反之,则销售额越小。

③ "筛选器"中拖入"订单日期",勾选"年"。该字段取自订单数据表。右侧"订单日期"勾选 2013,可得到 2013 年各类产品的销售额情况。以此类推,可快速筛选并了解不同年份各国各类产品的销售额情况(见图 6-52 和图 6-53)。

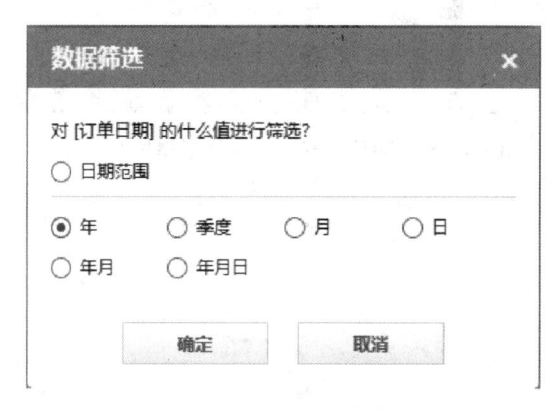

图 6-52 数据筛选

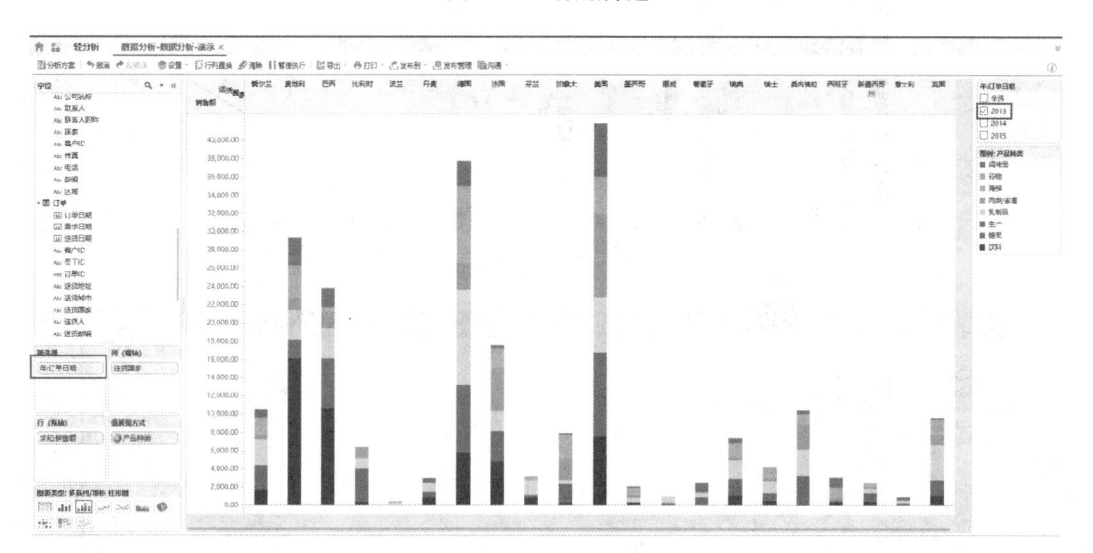

图 6-53 2013 年各类产品销售额情况

④ 把光标置于美国柱形条,可得美国各类产品在 2013 年的销售额。以此类推,光标置于不同柱形条,可查看不同国家各类产品的销售额情况(图 6-54)。

⑤ 单击美国柱形条,点击"查看数据",可查看 2013 年美国各类产品销售额的具体情况。勾选"显示所有字段",可查看所有详细信息(见图 6-55~图6-57)。

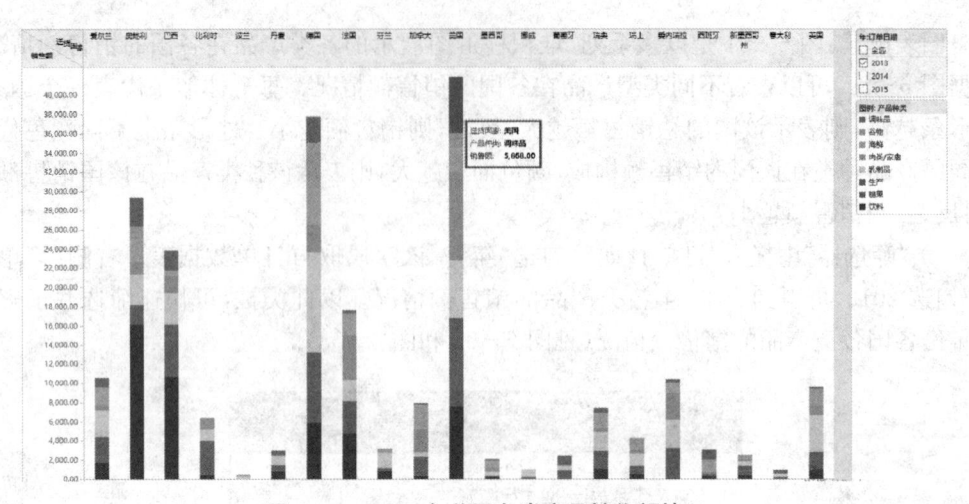

图 6-54　2013 年美国各类产品销售额情况

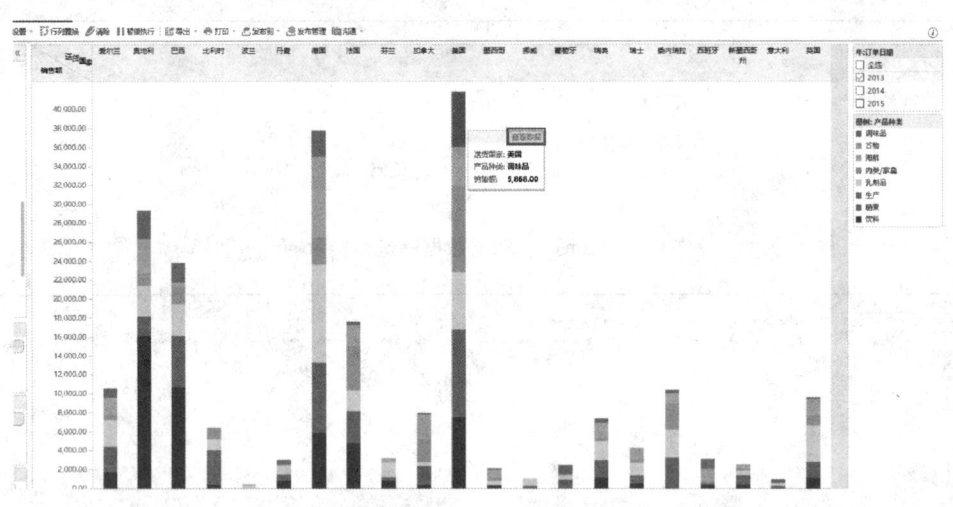

图 6-55　查看数据

图 6-56　数据明细

第 6 章 数据可视化分析

图 6-57 2013 年美国数据明细

⑥ 点击左侧"分析方案",选择"另存为",分析方案命名为"各类产品在各国销售额情况",点击"确定"。

⑦ 点击工具栏中的"导出",选择导出格式"PDF",点击"确定"。

(3) 散点图的设计与分析。

① 单击图标"　　",进入散点图(气泡图)界面(见图 6-58)。

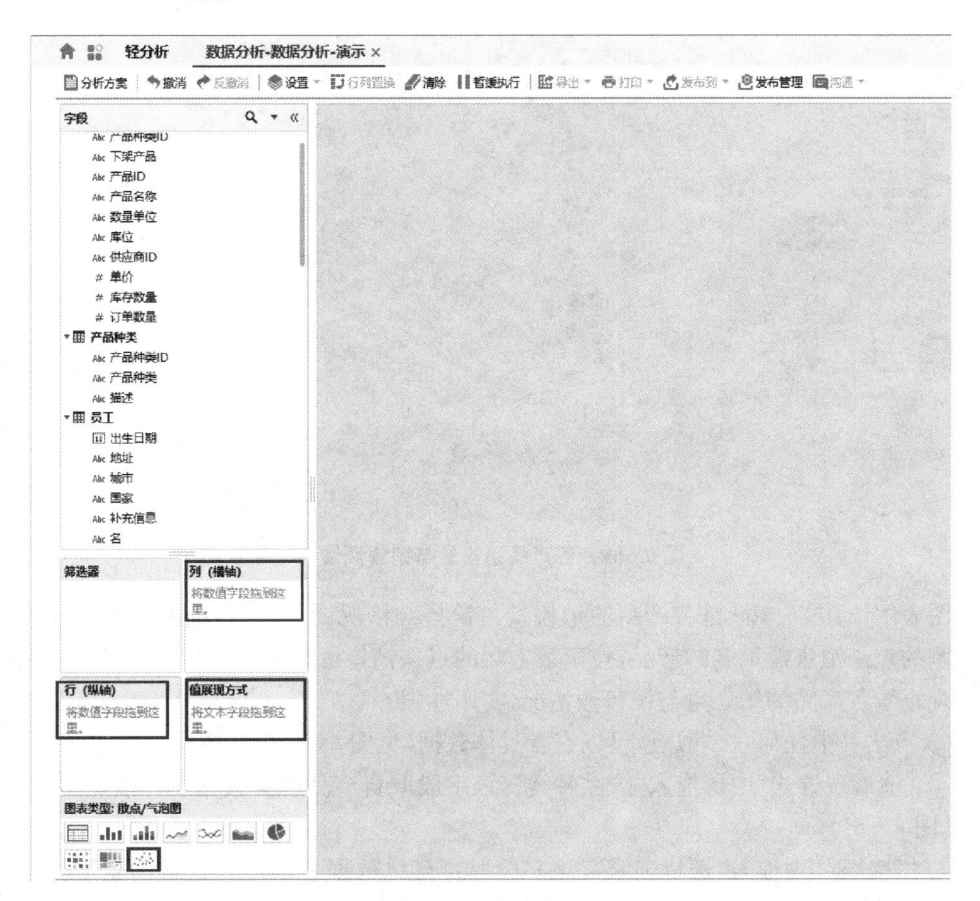

图 6-58 散点图

【注意】

• 散点图功能区域由筛选器、列、行、值展现方式四个部分构成。

● "列"要求数值字段,"行"要求数值字段,"值展现方式"要求文本字段,字段选取时需注意数据类型。

② 在"列"中拖入"销售额",度量为"求和"。在"行"中拖入"数量",度量为"求和"。在"值展现方式"中拖入"产品名称"。其中,"销售额""数量"取自订单明细数据表,"产品名称"取自产品数据表(见图 6-59)。

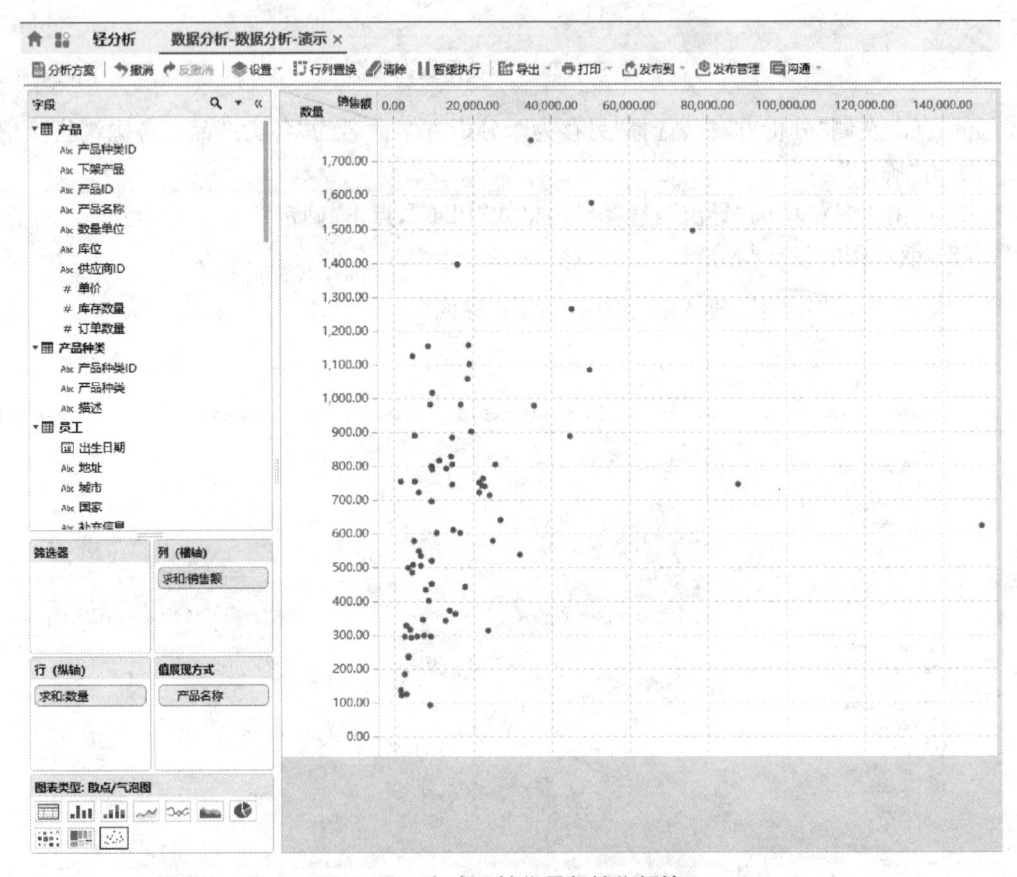

图 6-59　各产品销售量与销售额情况

图表解读:图 6-59 是各产品的销售量与销售额情况图,以散点图的形式展现,位于最右侧的点是销售额最多的产品,位于最上端的点是销售量最多的产品。通过散点图,可以直观查看各产品的销售量与销售额情况,实用性强。

③ 点击其中任何一个散点,可以查看具体数据(见图 6-60)。

④ "值展现方式"中再拖入"产品种类",该字段取自产品种类数据表。散点图成为彩色(见图 6-61)。

⑤ "筛选器"中拖入"送货国家",该字段取自订单数据表,右侧"送货国家"勾选阿根廷,可得阿根廷各类产品及不同产品名称的销售额与销售量情况(见图 6-62)。

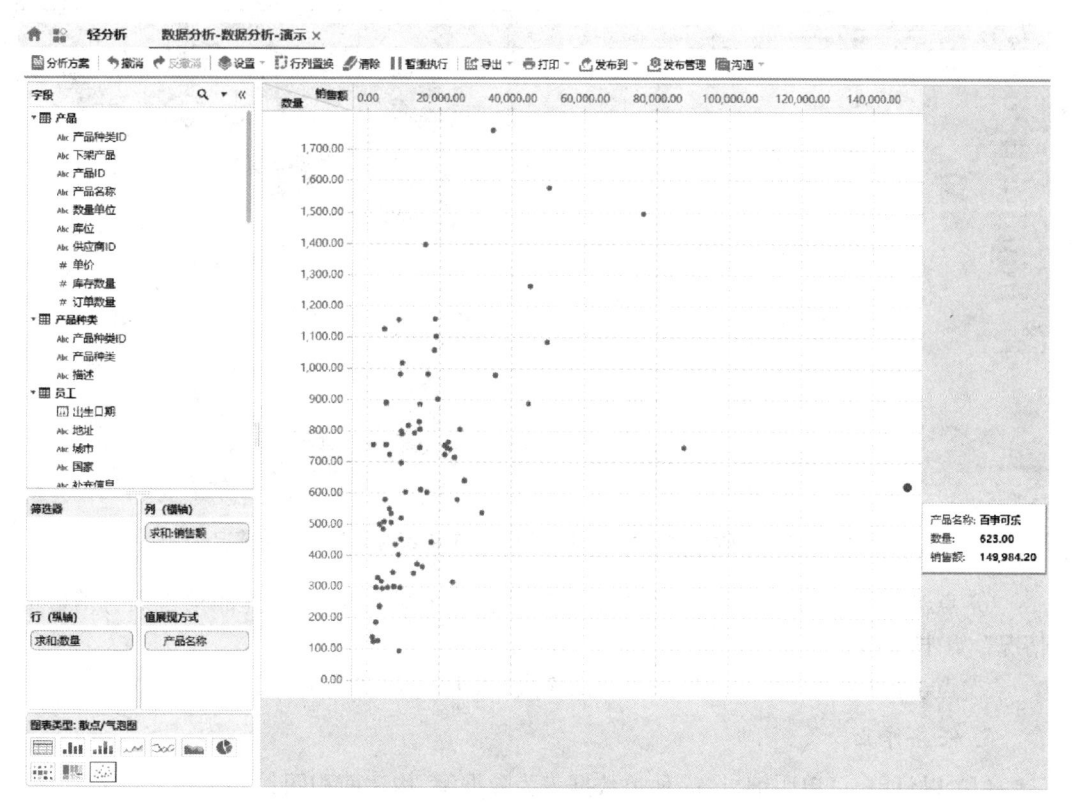

图 6-60 查看具体数据

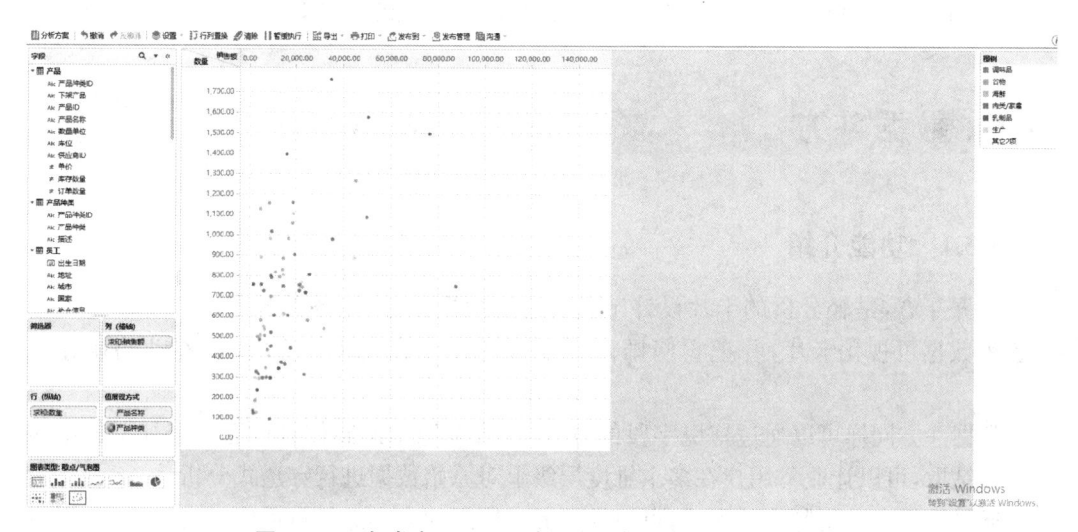

图 6-61 各类产品及不同产品名称销售额与销售量情况

图表解读:图 6-61 是各类产品及不同产品名称销售额与销售量情况,不同颜色代表不同产品种类,每一个圆点代表某类产品某个具体产品的销售量与销售额,其分析的深度与详细度进一步强化。

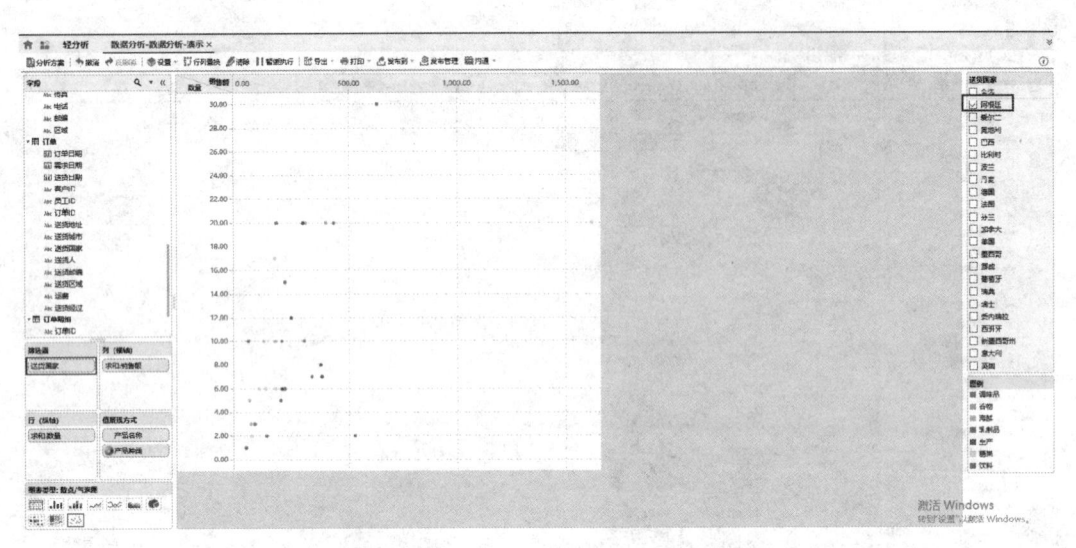

图 6-62　阿根廷各类产品及不同产品名称销售额与销售量情况

⑥ 点击左侧"分析方案",选择"另存为",分析方案命名为"各类产品销售额与销售量情况",点击"确定"。

⑦ 点击工具栏中的"导出",选择导出格式"PDF",点击"确定"。

6. 任务作业

(1) 以订单、订单明细、产品种类数据表为数据源,构建面积图;

(2) 以订单、订单明细、产品种类数据表为数据源,构建折线图;

(3) 以订单、订单明细、产品种类数据表为数据源,构建热力图。

6.3　数据斗方

6.3.1　功能介绍

数据斗方,是轻分析的卡片设计工具。通过数据斗方,业务系统的用户可以自由创作各种数据可视化卡片,并把它们排列和布局到自己的个性化桌面端、移动端业务门户上。

数据斗方同样可以通过拖曳字段的方式,低成本地快速制作各种图形卡片。数据斗方支持钻取,可以让业务用户在多个维度层级上对原始数据进行穿透式分析。

通过数据斗方所制作的卡片,可以根据界面容器的大小进行自适应的自动放缩,用户在数据斗方里可以通过切换预览尺寸,查看实际的可视化呈现效果。

数据斗方支持对图例、数据标签、数轴、参考线等图表属性进行设置,轻松设计出简洁美观的数据卡片。

6.3.2 区域界面

在数据斗方页签中,共分为六部分工具栏、字段区域、图表类型区域、功能区域、卡片预览区域和属性设置区域。其中,功能区、卡片预览区、属性设置区所展现的内容将根据用户选择的不同图表类型进行相应的变化(见图6-63)。

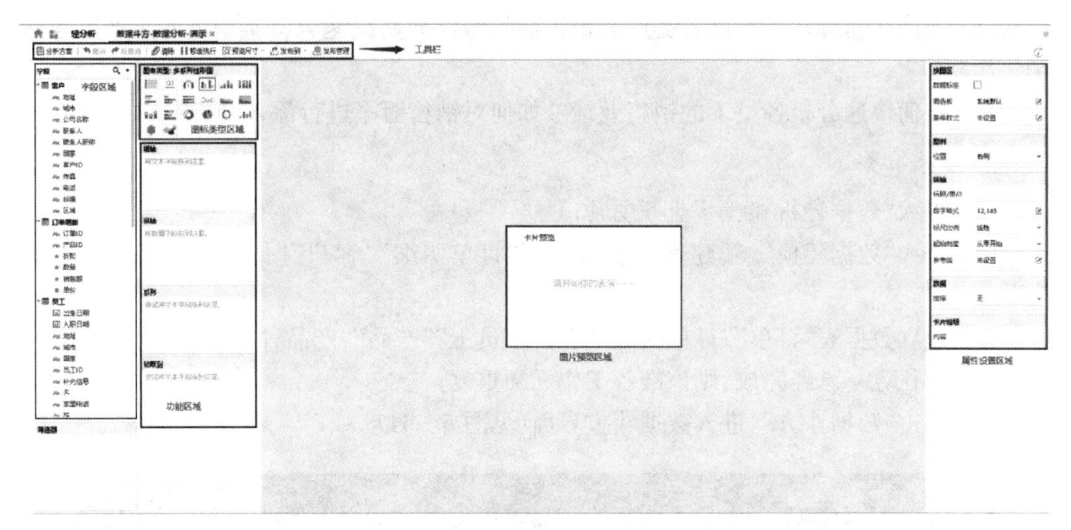

图6-63 数据斗方区域界面

6.3.3 数据斗方图表

目前数据斗方可支持20种图表类型,分别为多系列柱形图、堆积柱形图、百分比堆积柱形图、多系列条形图、堆积条形图、百分比堆积条形图、折线图、面积图、百分比面积图、饼图、业务指标、地图、雷达图、柱形进度图、条形进度图、环形进度图、仪表图、列表、组合图、环形图。针对原有的分析方案,切换图表类型后,横轴、纵轴、系列等功能区域中的字段也会相应调整,从而在卡片预览区域呈现出不同的数据可视化结果。

利用拖曳分析生成数据视图后,可利用属性设置区域,对数据视图的图例、数据标签、标题、数字格式、参考线等内容进行设置。然而针对不同的图表,其属性设置区域的内容也不同,本章节将进行详细介绍。

任务三 数据斗方

1. 任务目的

(1) 了解数据斗方的图表类型及其属性与功能;
(2) 掌握数据斗方-多系列柱形图的设计与分析;
(3) 掌握数据斗方-折线图的设计与分析;
(4) 掌握数据斗方-饼图的设计与分析;
(5) 掌握数据斗方-调色板、预览尺寸、图例、数据标签、数字格式等功能的使用。

2. 任务内容

(1) 如何根据分析需要,在数据斗方中选取合适的图表类型?

(2) 如何在数据斗方中设计并分析不同的图表?

(3) 如何快速分析各国各年的销售额情况?

(4) 如何根据需要调整预览尺寸? 如何根据个人喜好设置色彩?

(5) 如何快速分析各季度各类产品销售额趋势? 如何快速分析某季度各类产品各国销售额趋势?

(6) 如何快速分析各员工的销售业绩? 如何对销售冠军进行深入分析?

3. 任务准备

(1) 进入"数据分析-演示"业务主题;

(2) 进入"数据建模",新建数据表"订单""订单明细""客户""员工""产品""产品种类";

(3) 建立数据表"订单""订单明细""客户""员工""产品""产品种类"之间的关系;

(4) 若任务一已经完成,则该准备工作无须重复;

(5) 单击"数据斗方",进入数据斗方界面(见图6-64)。

图 6-64 单击"数据斗方"

4. 任务要求

(1) 以客户、订单明细、订单数据表为数据源,构建柱形图,分析产品在不同国家的销售情况;

(2) 以订单、订单明细、产品种类数据表为数据源,构建折线图,并通过数据钻取功能,分析不同国家不同城市各季度各产品种类的销售额趋势;

(3) 以订单明细、订单、员工数据表为数据源,构建饼图,并通过数据钻取功能,分析某员工销售的不同产品在不同国家不同城市的详细销售情况。

5. 任务操作指导

(1) 多系列柱形图的设计与分析。

① 单击图标" ",进入多系列柱形图设计界面(见图6-65)。

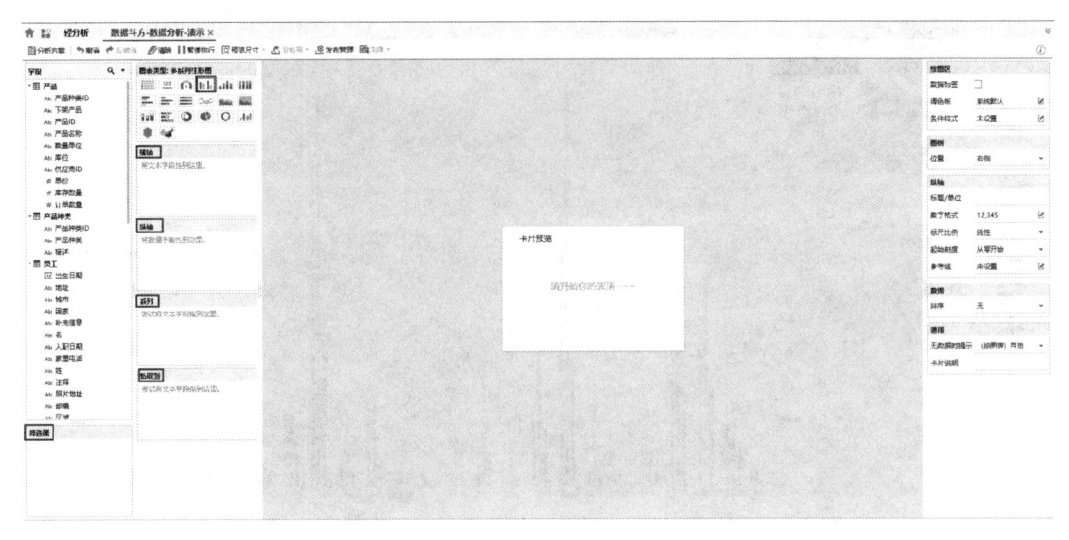

图 6‑65　选择多系列柱形图

【注意】
- 多系列柱形图功能区域由横轴、纵轴、系列、钻取到、筛选器五个部分构成。
- "横轴"要求文本字段,"纵轴"要求数值字段,"系列"要求文本字段,"钻取到"要求文本字段,字段选取时需注意数据类型。

② 在"横轴"中拖入"国家";在"纵轴"中拖入"销售额",度量为"求和";在"系列"中拖入"订单日期",维度为"年"。其中,"国家"取自客户数据表,"销售额"取自订单明细数据表,"订单日期"取自订单数据表(见图 6‑66)。

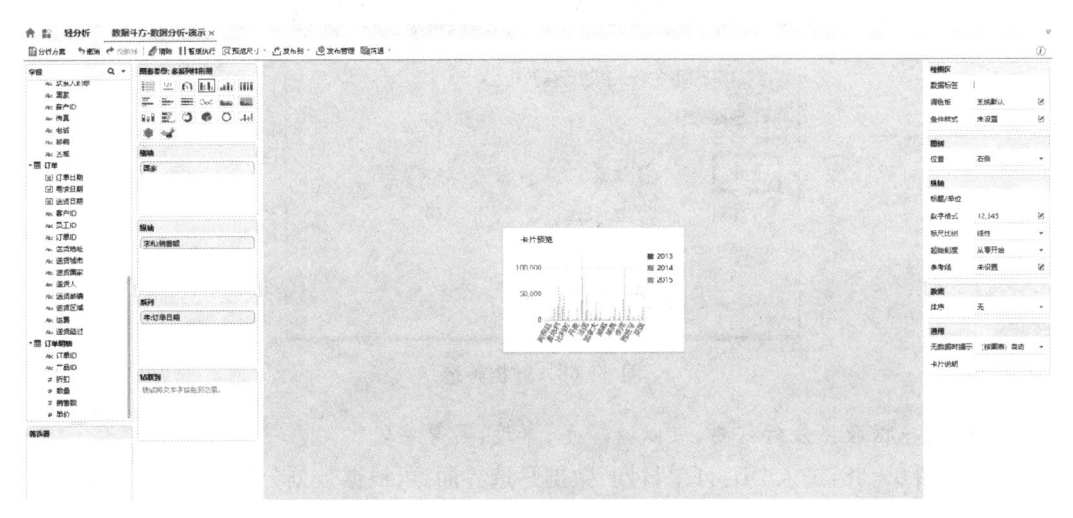

图 6‑66　多系列柱形图

③ 调整预览尺寸为"全画面"(见图 6‑67)。

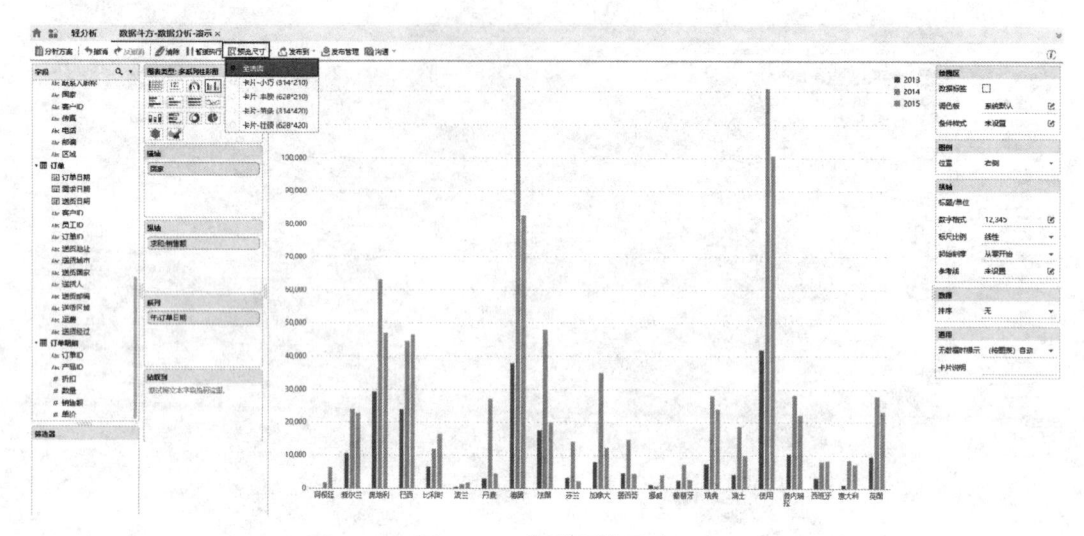

图 6-67 调整预览尺寸

【注意】预览尺寸有"全画面""卡片-小巧""卡片-丰腴""卡片-苗条""卡片-壮硕"五种类型,可根据需要进行选择。

图表解读:图 6-67 是各国各年销售额情况图,每个国家均有 1~3 个柱形条,每个柱形条即某年该国的销售额,柱形条越高,则表示该国该年销售额越大。

④ 在"筛选器"中拖入"订单日期"(订单数据表),数据筛选勾选"年",得出按年进行筛选的数据斗方-多系列柱形图(见图 6-68)。

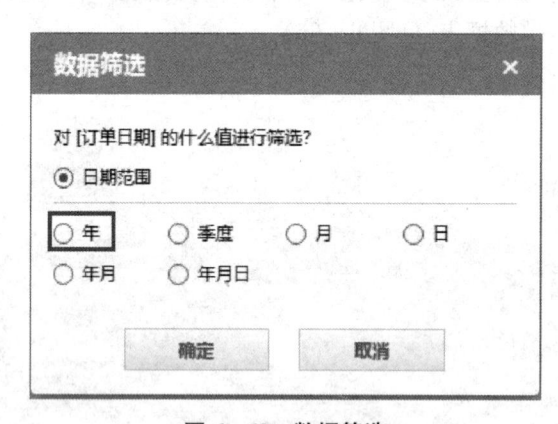

图 6-68 数据筛选

【注意】根据数据分析需要,可以选择年、季度、月等字段。

⑤ 接图 6-68,进入"年:订单日期"数据筛选界面,可根据数据分析需要,选择某一年度(见图 6-69)。

【注意】可根据数据分析需要,选取任意年度或时间段。

⑥ 右侧属性设置区域,勾选"数据标签",相应数字即可显示出来(见图 6-70)。

图 6-69　数据年度筛选

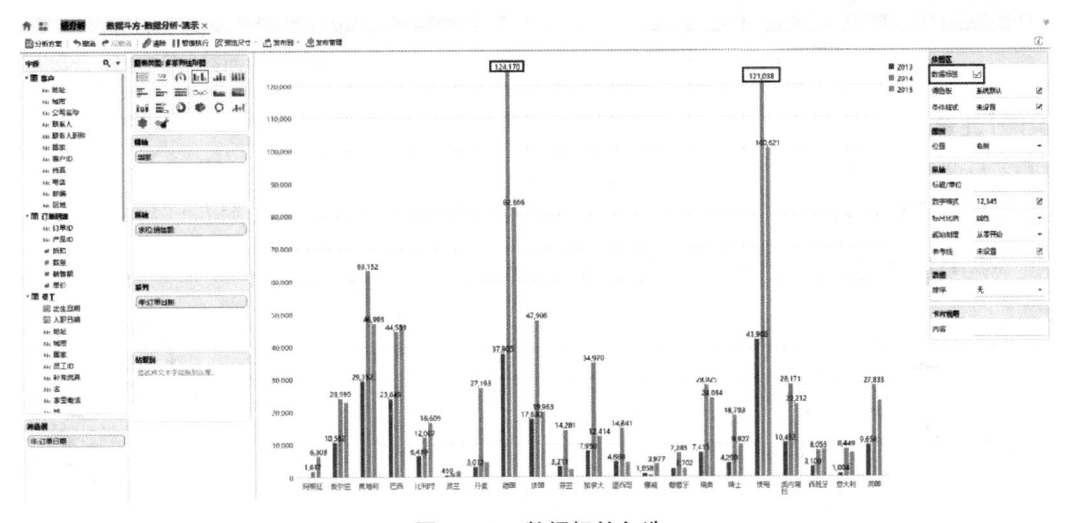

图 6-70　数据标签勾选

⑦ 右侧属性设置区域，点击"调色板"旁的"✎"，进入"调色板"界面，通过上下左右移动，可进行颜色的选择（见图 6-71～图 6-73）。

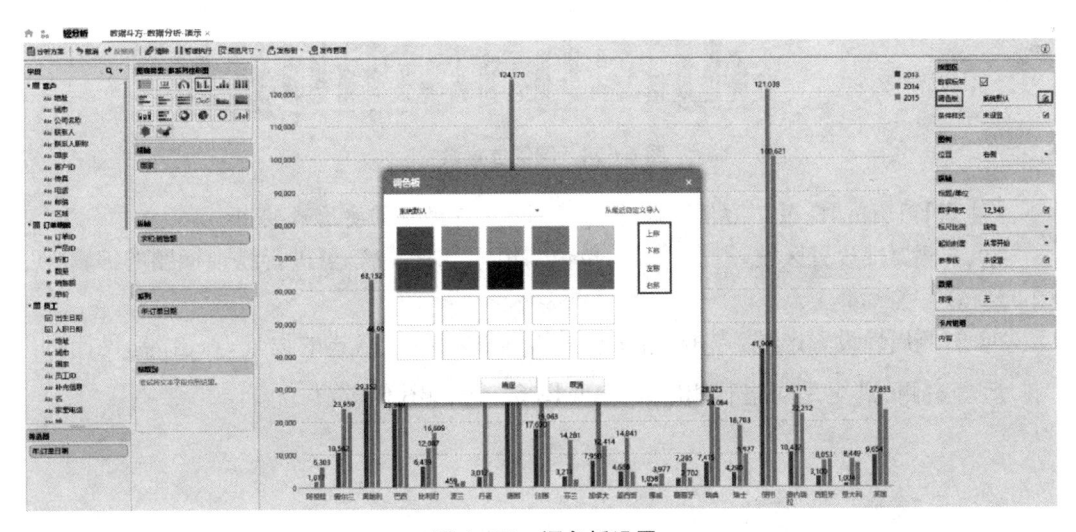

图 6-71　调色板设置

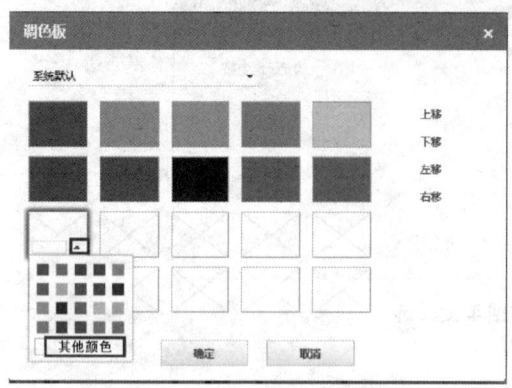

图 6-72　调色板的其他颜色　　　　图 6-73　调色

【注意】
- 调色板的颜色除显示的 10 种之外,还可通过"其他颜色-颜色"进行调色设计。
- 颜色的改动通过"上移""下移""左移""右移"实现,优先使用排列在前的颜色。

⑧ 右侧属性设置区域,点击"图例"旁的" ▼ ",可进行图例位置的调整(见图 6-74)。

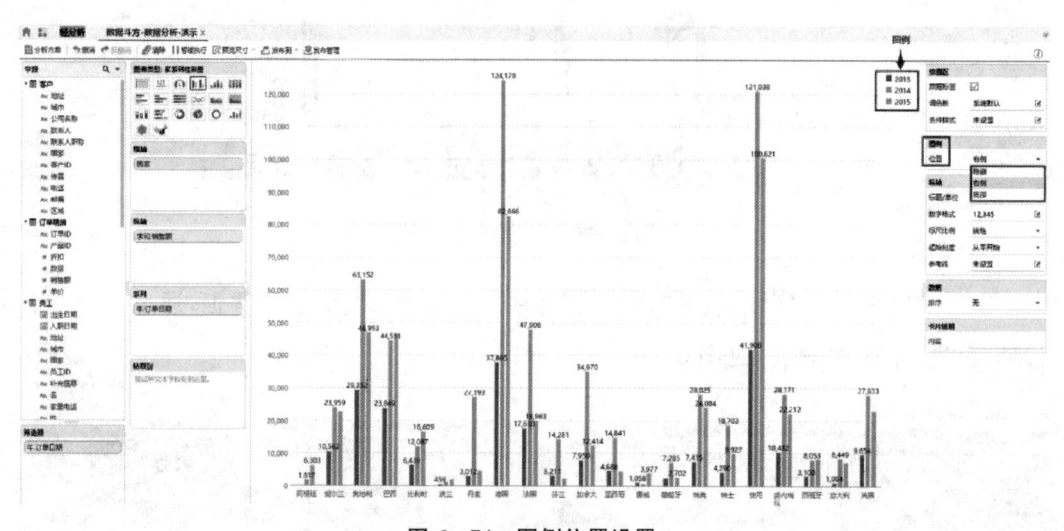

图 6-74　图例位置设置

【注意】图例有"隐藏""右侧""底部"三种类型,可根据需要选择使用。

⑨ 右侧属性设置区域,点击"标题/单位",填入"销售额",可进行纵轴标题的编辑(见图 6-75)。

⑩ 右侧属性设置区域,点击"数字格式",可进行数字格式的设置,点击"标尺比例""排序"等右侧的" ▼ ",可进行相应设置(见图 6-76 和图 6-77)。

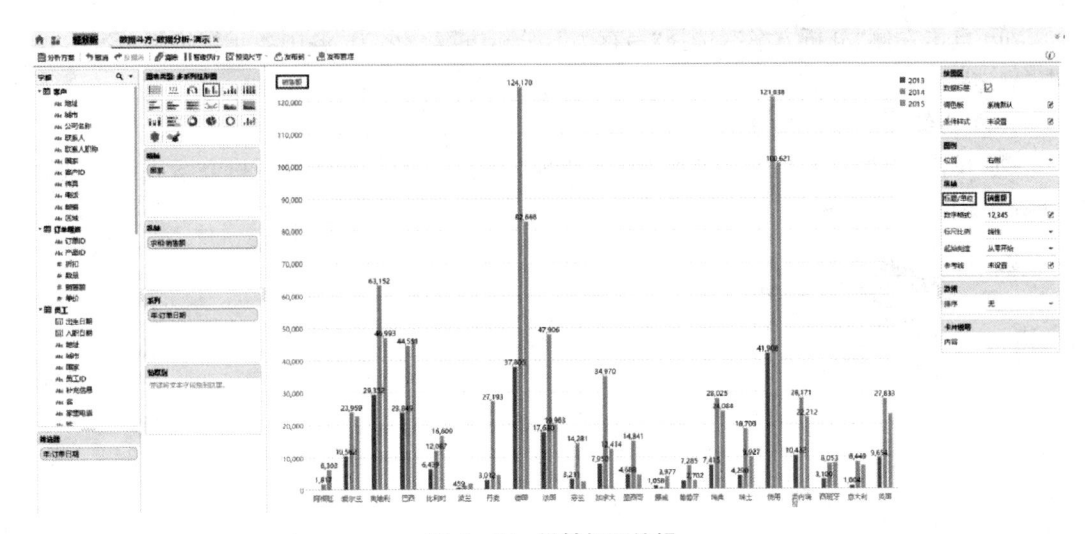

图 6‑75 纵轴标题编辑

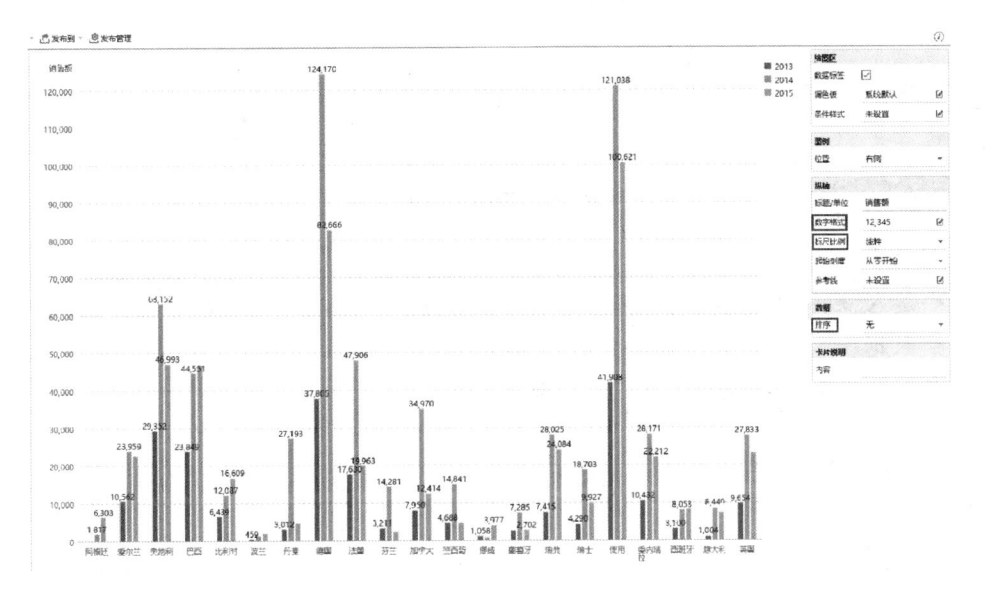

图 6‑76 数字格式设置(1)

图 6‑77 数字格式设置(2)

⑪ 点击左侧"分析方案",选择"另存为",分析方案命名为"各国各年销售额情况",点击"确定"。

(2) 折线图的设计与分析。

① 单击"数据斗方",进入可视化分析界面,单击"清除",清除前分析方案或系统默认分析方案(见图6-78)。

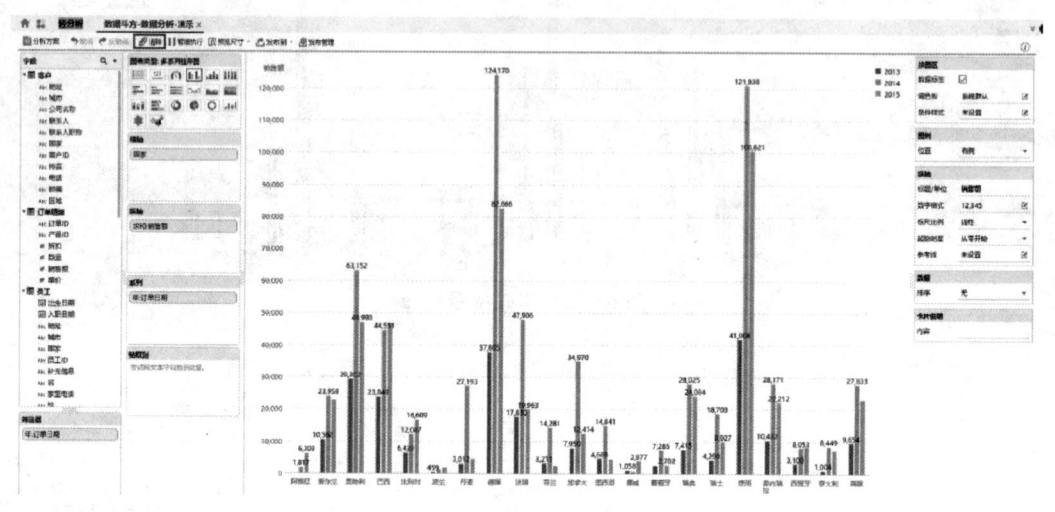

图6-78 清除前分析方案

【注意】
- 进入"数据斗方"后,系统默认出现第一个分析方案,此时,点击"清除"即可。
- 数据斗方中"清除"功能不能辐射"筛选器",即"筛选器"中的字段需手动移除。

② 在图表类型中选择"折线图"(见图6-79)。

图6-79 选择折线图

【注意】
- 折线图的功能区域由横轴、纵轴、系列、钻取到、筛选器五部分组成。

- "横轴"要求日期字段,"纵轴"要求数值字段,"系列"要求文本字段,"钻取到"要求日期字段,字段选取时需注意数据类型。

③ 在"横轴"中拖入"订单日期",维度为"季度";在"纵轴"中拖入"销售额",度量为"求和";在"系列"中拖入"产品种类"。其中,"订单日期"来源于订单明细数据表,"销售额"来源于订单数据表,"产品种类"来源于产品种类明细表(见图6-80)。

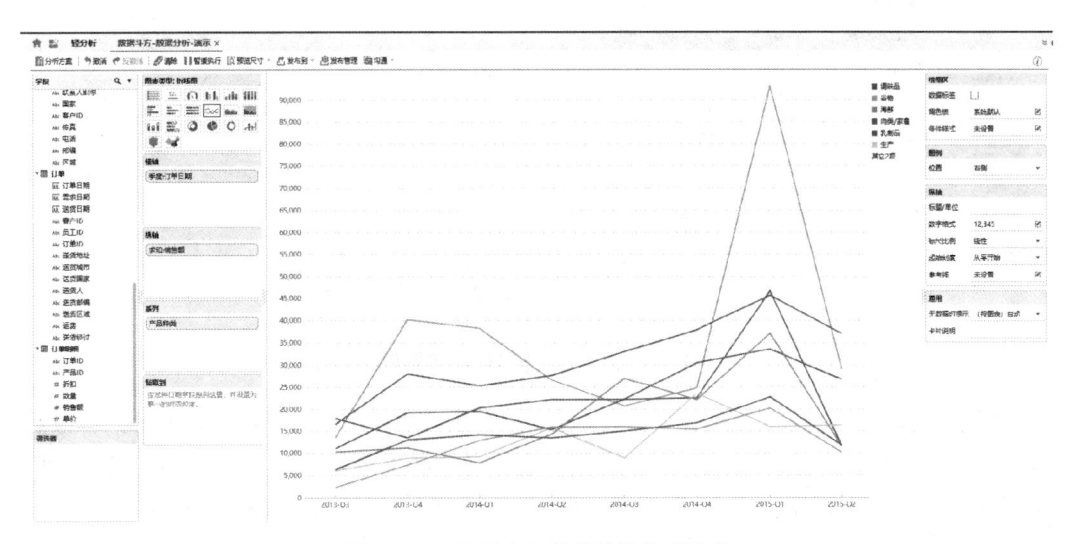

图6-80 各季度各类产品销售额趋势

图表解读:图6-80是案例企业2013年至2015年各季度各类产品销售额趋势图,图中不同颜色的折线表示不同产品种类在各季度的销售额趋势。从图上可知,2015年第一季度,各类产品的销售额基本都有较大涨幅,出现了较为明显且集中的销售高峰。折线图多适用于分析变化趋势,可直观查看分析对象在各时间段的变化情况。

④ 在"钻取到"中拖入"送货国家""送货城市",两个字段均取自订单数据表(见图6-81)。

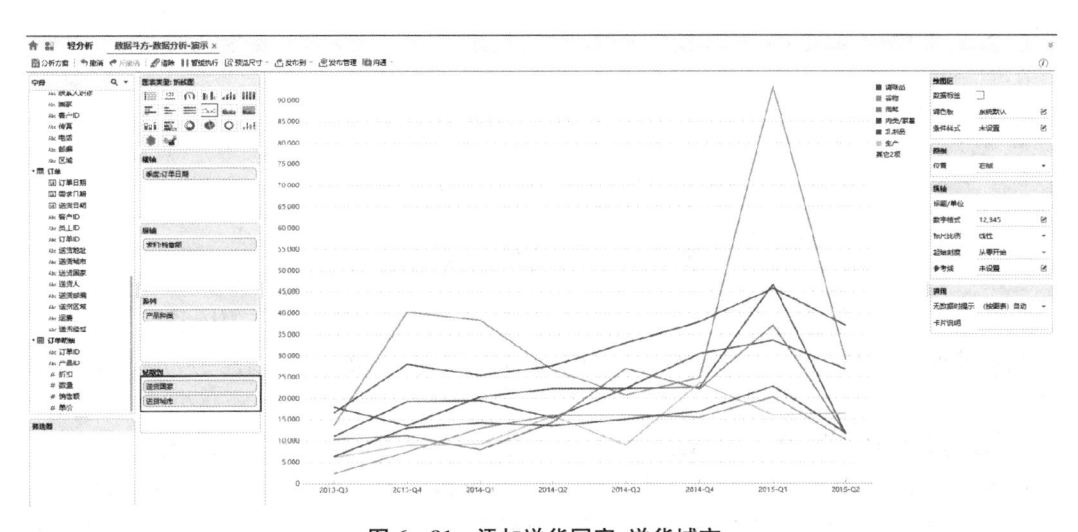

图6-81 添加送货国家、送货城市

⑤ 点击"2015 - Q1",进行送货国家的钻取(见图 6 - 82)。

图 6 - 82　进行送货国家的钻取

图表解读:图 6 - 82 是根据送货国家对案例企业 2015 年第一季度各类产品销售额趋势钻取后的结果,即 2015 年第一季度案例企业在各国各类产品的销售额趋势。"钻取到"功能为进一步分析,以图 6 - 82 为例,即进一步分析 2015 年第一季度的销售额情况。

⑥ 点击"德国",进行送货城市的钻取(见图 6 - 83)。

图 6 - 83　进行送货城市的钻取

图表解读:图 6 - 83 是根据送货城市对案例企业 2015 年第一季度德国各类产品销售额趋势钻取后的结果,即 2015 年第一季度案例企业在德国各城市各类产品的销售额趋势。

【注意】"钻取到"功能主要为进一步分析,主要适用于深入分析,如以上案例为进一步了解各国各城市的销售额趋势;如有其他进一步了解的需求,则可根据需要设置"钻取到"字段。

⑦ 点击左侧"分析方案",选择"另存为",分析方案命名为"各季度各类产品销售额趋

势",点击"确定"。

(3) 饼图的设计与分析。

① 单击"数据斗方",进入可视化分析界面,单击"清除",清除前分析方案或系统默认分析方案。

② 在图表类型中选择"饼图",将订单明细数据表"销售额"拖入"角度"栏,度量为"求和";将员工数据表"员工 ID"拖入"颜色"栏;勾选右侧绘图区"数据标签";调整"图例"为"底部"(见图 6-84)。

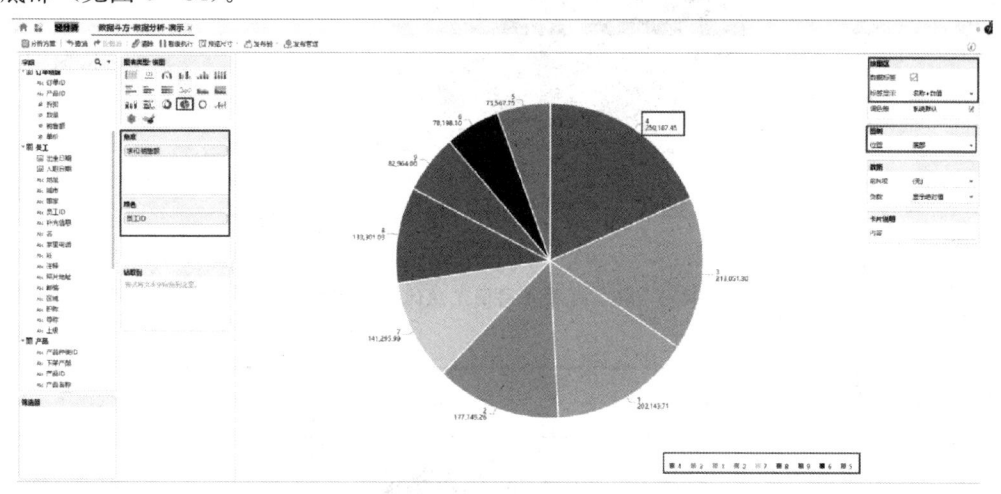

图 6-84 员工销售额情况

图表解读:图 6-84 是各员工销售额占比情况,从图中可知,4 号员工销售额占比最大,为 18.47%,即 4 号员工是销售冠军。5 号员工销售额占比最小,为 5.58%,即 5 号员工的销售额最少。饼图多适用于占比情况分析,能直观查看各分析对象的占比情况,适合对业绩等进行分析。

③ 将产品数据表"产品名称"、订单数据表"送货国家""送货城市"依次拖入"钻取到"栏,对数据进行详细分析(见图 6-85)。

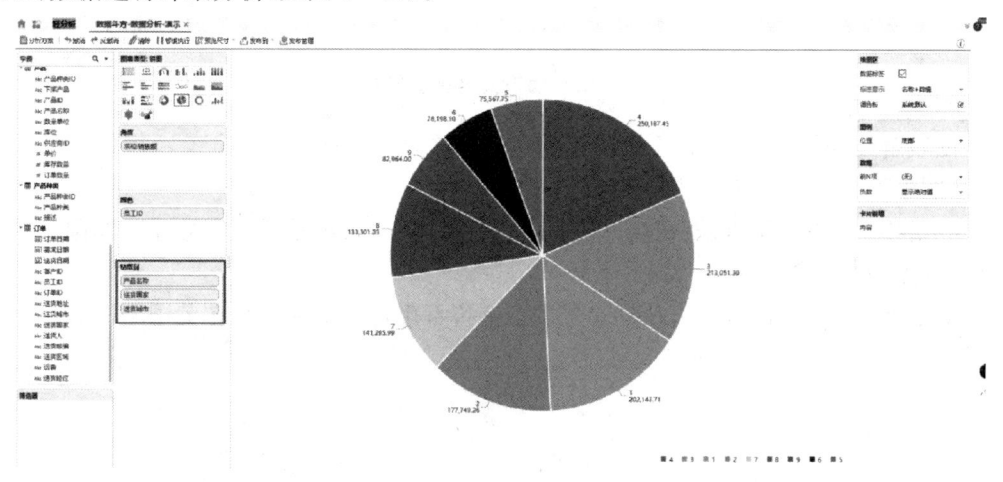

图 6-85 员工详细销售情况

④ 点击"员工 ID4"的饼块,可查看该员工销售各类产品的总体情况(见图 6-86 和图 6-87)。

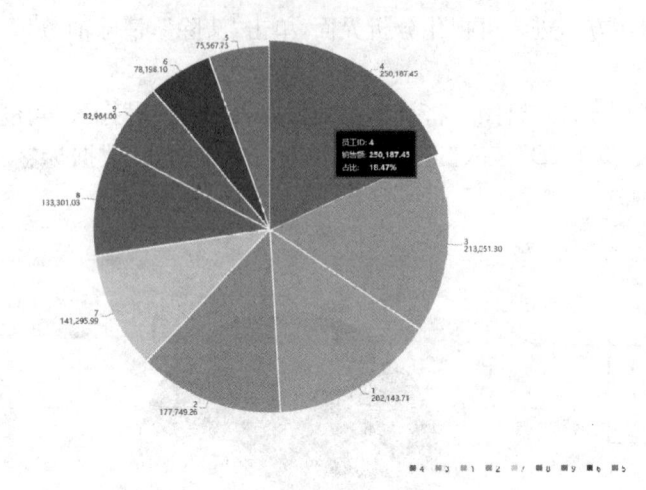

图 6-86　查看 4 号员工总体销售情况

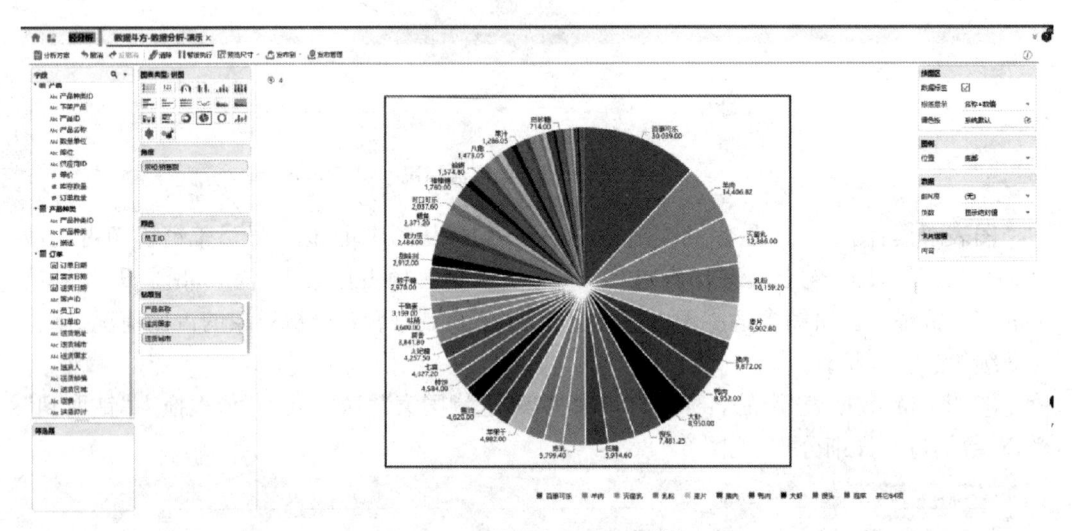

图 6-87　对产品名称进行钻取

图表解读:图 6-87 是对 4 号员工的进一步分析,即分析 4 号员工销售各产品的情况,从图中可知,4 号员工销售百事可乐的销售量最佳,占比 12.01%。

⑤ 继续点击"百事可乐"饼块,得到 4 号员工销售百事可乐这一产品在不同国家的销售情况(见图 6-88 和图 6-89)。

⑥ 继续点击"美国"饼块,得到 4 号员工销售百事可乐这一产品在美国不同城市的销售情况(见图 6-90 和图 6-91)。

第 6 章　数据可视化分析

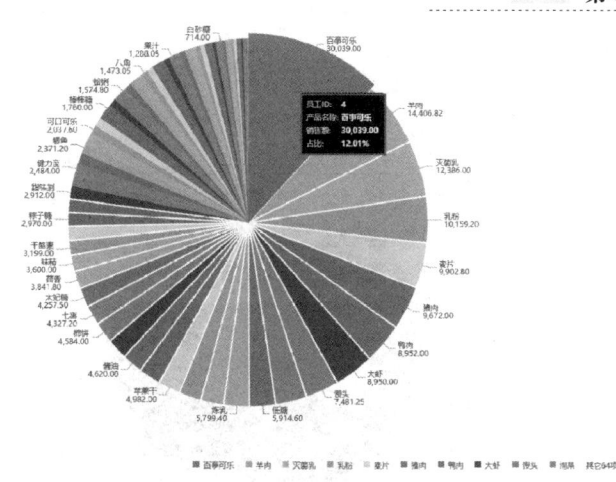

图 6-88　查看 4 号员工销售百事可乐的总体销售情况

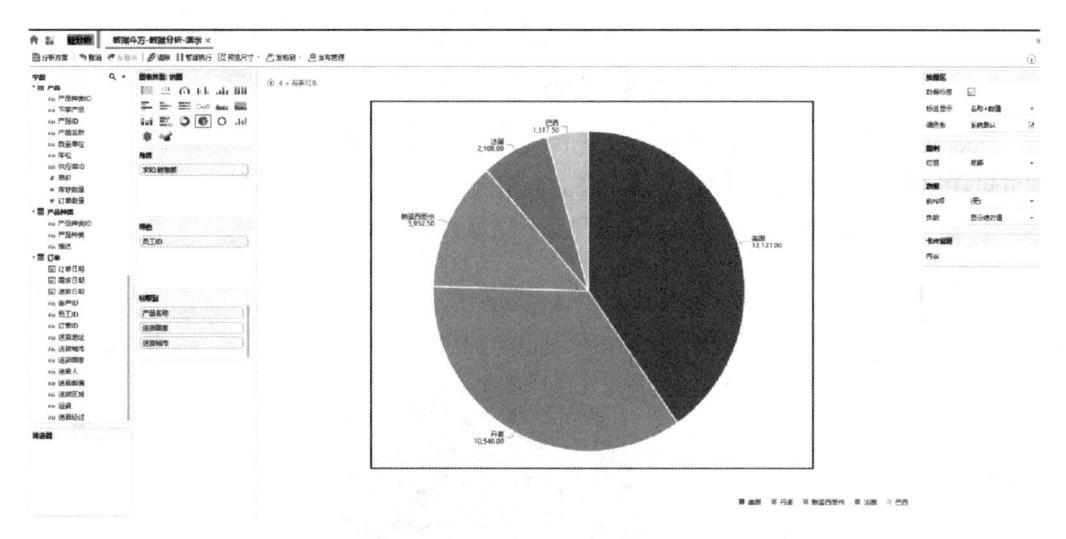

图 6-89　查看 4 号员工销售百事可乐的详细销售情况

图表解读：图 6-89 是对 4 号员工销售百事可乐这一产品在各个国家销售情况的进一步分析，由图可知，4 号员工销售百事可乐在美国的销售量最佳，占比 40.35%。

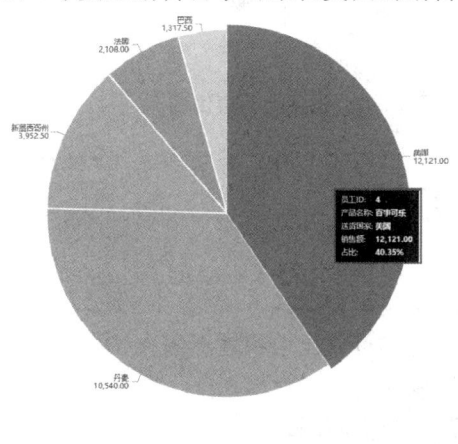

图 6-90　查看 4 号员工销售百事可乐在美国的总体销售情况

| 101 |

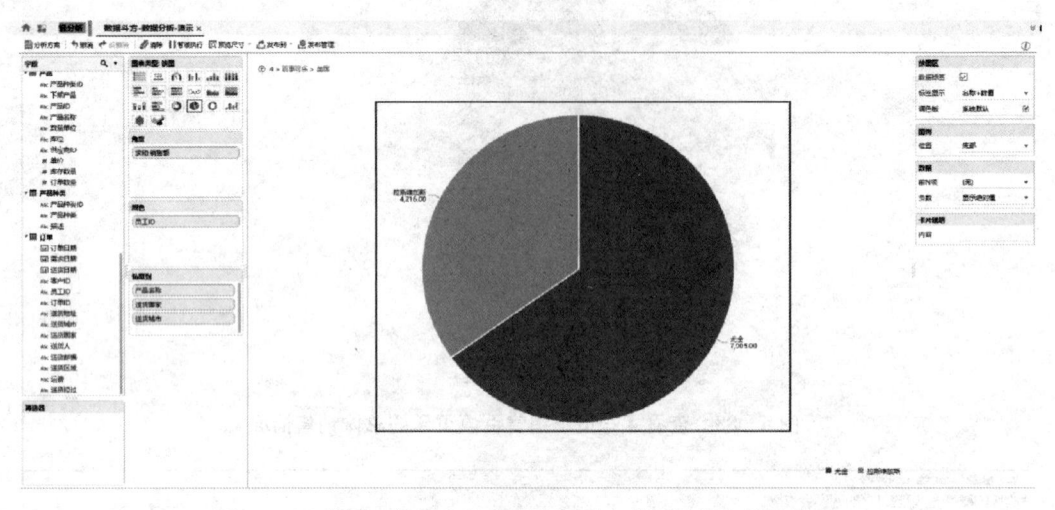

图 6-91　查看 4 号员工销售百事可乐在美国的详细销售情况

图表解读:图 6-91 是对 4 号员工销售百事可乐在美国各城市销售情况的进一步分析,由图可知,在美国各城市的销售中,4 号员工在尤金销售百事可乐的销售量最佳,占比 65.22%。

⑦ 点击工具栏中"撤销"按钮,可回到上一饼状图(见图 6-92)。

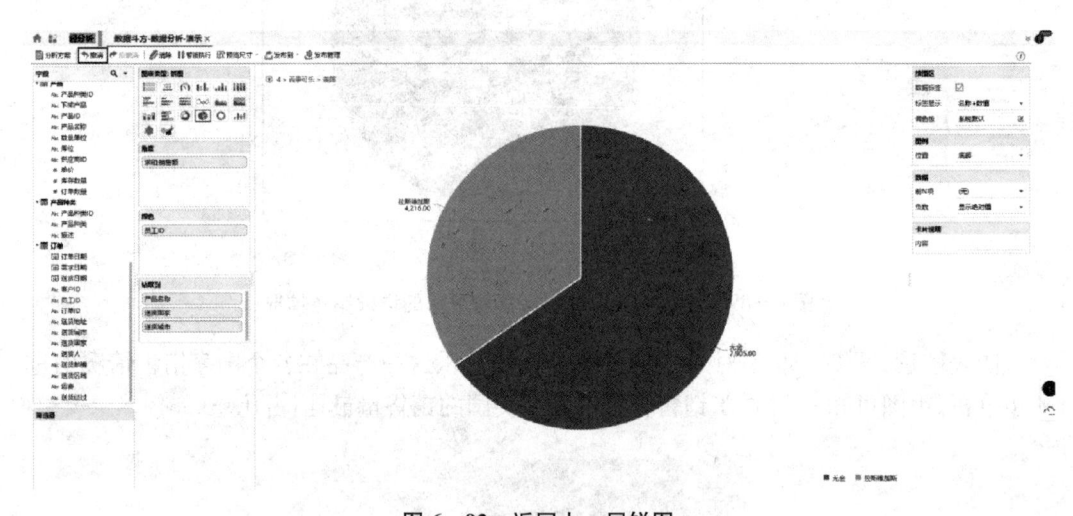

图 6-92　返回上一层饼图

⑧ 点击左侧"分析方案",选择"另存为",分析方案命名为"各员工销售业绩情况",点击"确定"。

6. 任务作业

(1) 自行根据数据分析需要,构建组合图;
(2) 自行根据数据分析需要,构建百分比堆积柱形图;
(3) 自行根据数据分析需要,构建折线图;
(4) 自行根据数据分析需要,构建面积图;
(5) 自行根据数据分析需要,构建条形进度图。

6.4 仪表板

6.4.1 功能介绍

仪表板，是对以上各种轻分析数据内容的综合布局工具。通过它，用户可以在同一屏幕上集中展现、比较和监视一组特定的数据内容，并且可以通过联动功能，实现各种数据元素之间的操作互动。

仪表板支持数据分析、数据斗方、网页链接、图片、各种筛选器组件等界面元素的综合布局和大屏播放。其中，数据分析和数据斗方两种元素为终端用户提供了强大的二次分析和再定义能力。

6.4.2 区域界面

仪表板区域界面由工具栏、组件、大纲、属性设置区域四个部分组成（见图6-93）。其中，工具栏有保存、发布、预览等功能；组件包括数据可视化内容、通用内容、筛选器；大纲列示仪表板所展示的组件要素；属性设置区域可设计页面大小、展示模式，以及外观风格。

图6-93 仪表板区域界面

6.4.3 仪表板应用

仪表板支持对数据斗方、网页、文字和组合卡片等组件进行综合布局，并可定义组件数据更新频率；支持将仪表板发布到应用菜单、轻分析中心和移动轻应用并授权给指定用户或角色；支持大屏展现。让用户可以在同一屏幕上集中展现、比较和监视一组特定的数据内容。同时，仪表板还提供筛选、钻取、再分析等交互操作。

任务四　仪表板

1. 任务目的

（1）为仪表板准备相关组件；

（2）为仪表板准备数据可视化内容-数据斗方；

（3）为仪表板准备通用内容；

（4）创建下拉列表，使其适用于多个组件要素；

（5）调整仪表板各组件要素的布局，提升展示效果。

2. 任务内容

（1）如何根据数据分析的需要，在数据可视化内容-数据斗方中设计合适的图表？

（2）如何设置简洁美观、可视化效果强的仪表板，使企业管理者能够快速获取相应信息？

（3）如何在仪表板中查看不同产品类型的销售情况分析？

（4）如何根据需要设计通用内容——文字、图片、网页？

3. 任务准备

（1）新建销售分析业务主题；

（2）进入数据建模；

（3）新建数据表销售订制单。

4. 任务要求

（1）在"销售分析"业务主题｜"数据斗方"中，根据销售订制单数据表，完成"2016年销售额""2016年销售量""2016年客户数""2016年配送人员"卡片；

（2）在"销售分析"业务主题｜"数据斗方"中，根据销售订制单数据表，完成"各类产品销售趋势"折线图；

（3）在"销售分析"业务主题｜"数据斗方"中，根据销售订制单数据表，完成"各类产品各配送员配送情况"百分比堆积柱形图；

（4）在"销售分析"业务主题｜"数据斗方"中，根据销售订制单数据表，完成"各商品销售额占比情况"饼图；

（5）在"轻分析"｜"分析入门"中新建"仪表板"｜"仪表板示例"，引入销售分析业务主题-数据斗方中的图表，并进行相应的编辑；

（6）在通用内容中，导入文字、图片、网页，并对其进行设计；

（7）通过仪表板下拉列表设置，实现仪表板多组件要素的同步筛选。

5. 任务操作指导

（1）打开金蝶云·星空网页端登录界面，选择"金蝶云·星空账号"类型，选择本组织账套，输入登录名及密码，单击"登录"。

（2）单击左上角图标" "，进入功能菜单界面。执行"经营分析"｜"轻分析"｜"分析平台"｜"轻分析"｜"分析入门"命令，打开数据分析页面。

（3）单击"新建"，选择"仪表板"，"名称"输入"仪表板示例"，点击"确定"，完成仪表板的新建(见图6-94和图6-95)。

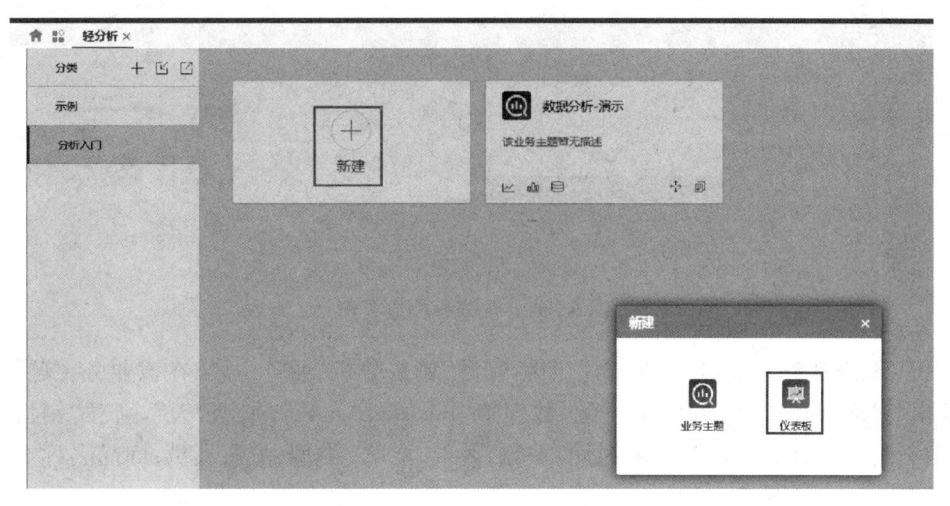

图6-94 新建仪表板

图6-95 仪表板命名

(4)点击"仪表板示例",进入"仪表板示例"界面(见图6-96)。

图6-96 进入"仪表板示例"界面

(5)进入"仪表板示例"界面后,根据左侧相关图示可知,可从数据斗方中引入相关可视化数据,同时还可以使用文字、图片、网页等通用内容(见图6-97)。

图 6-97　仪表板构成要素

（6）根据任务需要，并参照前述步骤，新建"销售分析"业务主题，在该业务主题下"数据建模"界面，通过"MySQL"数据源，数据库"business_data"，类型"表"，新建"销售订制单"数据表，并选取总金额、下单时间、数量、姓名、单号、类型、配送人员、商品名称8个字段（见图 6-98 和图 6-99）。

图 6-98　选取字段

图 6-99　新建数据表

(7) 进入数据斗方界面,选择图表类型"业务指标",将"总金额"拖入"主指标"栏,度量为"求和";将"下单时间"拖入"筛选器"栏,数据筛选选择"年",并勾选"2016"。点击左侧"分析方案",选择"另存为",分析方案命名为"2016 年销售额",点击"确定"。2016 年销售额卡片预览见图 6-100。

图 6-100　2016 年销售额

(8) 进入数据斗方界面,选择图表类型"业务指标",将"数量"拖入"主指标"栏,度量为"求和";将"下单时间"拖入"筛选器"栏,数据筛选选择"年",并勾选"2016"。点击左侧"分析方案",选择"另存为",分析方案命名为"2016 年销售量",点击"确定"。2016 年销售量卡片预览见图 6-101。

图 6-101　2016 年销售量

(9) 进入数据斗方界面,选择图表类型"业务指标",将"姓名"拖入"主指标"栏,度量为"去重计数";将"下单时间"拖入"筛选器"栏,数据筛选选择"年",并勾选"2016"。点击左侧"分析方案",选择"另存为",分析方案命名为"2016 年客户数",点击"确定"。2016 年客户数卡片预览见图 6-102。

图 6-102　2016 年客户数

【注意】"主指标"要求数值字段,但"姓名"的数据类型为"文本",拖入"主指标"栏时,会提示错误。此时,对"姓名"的属性进行调整,即把"维度"调整为"度量",并勾选"去重计数"(见图 6-103)。

图 6-103　姓名属性调整

(10) 进入数据斗方界面,选择图表类型"业务指标",将"配送人员"拖入"主指标"栏,度量为"去重计数";将"下单时间"拖入"筛选器"栏,数据筛选选择"年",并勾选"2016"。点击左侧"分析方案",选择"另存为",分析方案命名为"2016 年配送人员",点击"确定"。2016 年配送人员卡片预览见图 6-104。

图 6-104　2016 年配送人员

(11) 根据任务需要,在"数据斗方"界面,选择图表类型"折线图"。横轴拖入"下单时间",维度为"年月";纵轴拖入"总金额",度量为"求和";系列拖入"类型"。点击左侧"分析方案",选择"另存为",分析方案命名为"各类产品销售趋势",点击"确定"。各类产品销售趋势卡片预览见图 6-105。

图 6-105　各类产品销售趋势

（12）根据任务需要，在"数据斗方"界面，选择图表类型"百分比堆积柱形图"。横轴拖入"类型"；纵轴拖入"总金额"，度量为"求和"；堆积拖入"配送人员"。点击左侧"分析方案"，选择"另存为"，分析方案命名为"各类产品各配送员配送情况"，点击"确定"。各类产品各配送员配送情况卡片预览见图 6-106。

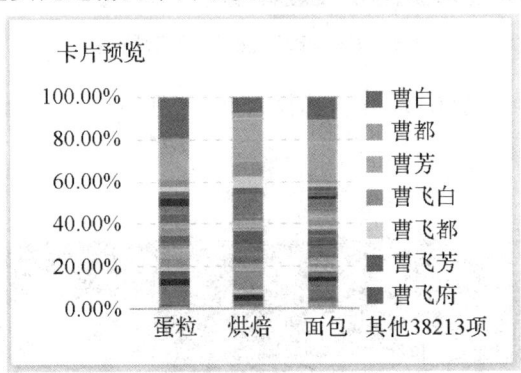

图 6-106　各类产品各配送员配送情况

（13）根据任务需要，在"数据斗方"界面，选择图表类型"饼图"。将"总金额"字段拖入"角度"，度量为"求和"；将"商品名称"拖入"颜色"。点击左侧"分析方案"，选择"另存为"，分析方案命名为"各商品销售额占比情况"，点击"确定"。各商品销售额占比情况卡片预览见图 6-107。

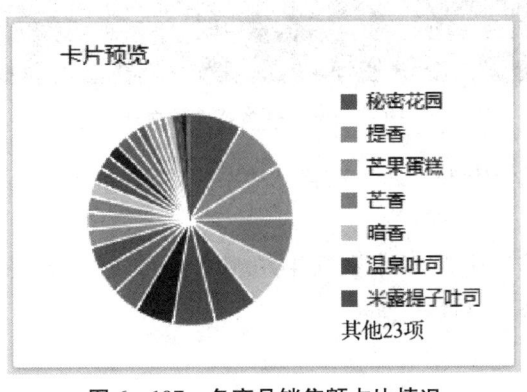

图 6-107　各商品销售额占比情况

(14) 关闭数据斗方,点击"仪表板示例",进入仪表板界面,点击右侧"外观",选择外观风格为"深邃蓝"(见图6-108)。

图6-108 改变仪表板外观风格

(15) 右侧属性区域,点击"尺寸",选择"1600 * 900(16:9)",调整仪表板大小(见图6-109)。

图6-109 调整仪表板尺寸

(16) 选择左侧组件中"数据斗方",将其拖至仪表板,进入"添加数据斗方-数据来源"界面(见图6-110)。

(17) 点击"下一步",进入"添加数据斗方-选择业务主题"界面,选择"分析入门-销售分析"业务主题(见图6-111)。

图 6‑110 添加数据斗方‑数据来源

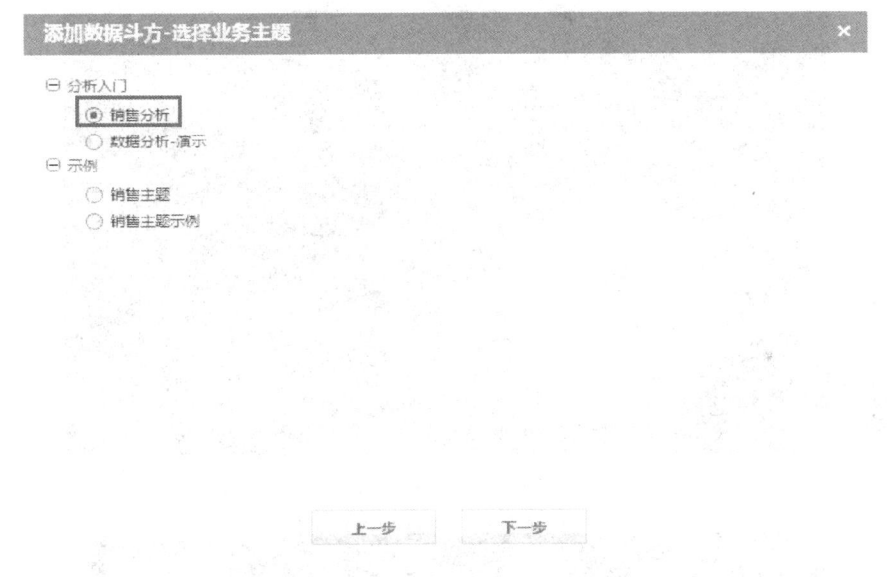

图 6‑111 添加数据斗方‑选择业务主题

(18) 点击"下一步",进入"添加数据斗方‑选择方案"界面,选择"加载方案"下的"2016年客户数",点击"完成"(见图6‑112)。

(19) 参照步骤(16)至(18),继续添加"2016年配送人员""2016年销售量""2016年销售额""各类产品销售趋势""各商品销售额占比情况""各类产品各配送员配送情况"数据斗方(见图6‑113)。

(20) 选择"各商品销售额占比情况",点击" ",进入"编辑仪表板组件‑数据斗方:各商品销售额占比情况",调整预览尺寸为"全画面",勾选"数据标签",点击"完成"(见图6‑114~图6‑116)。

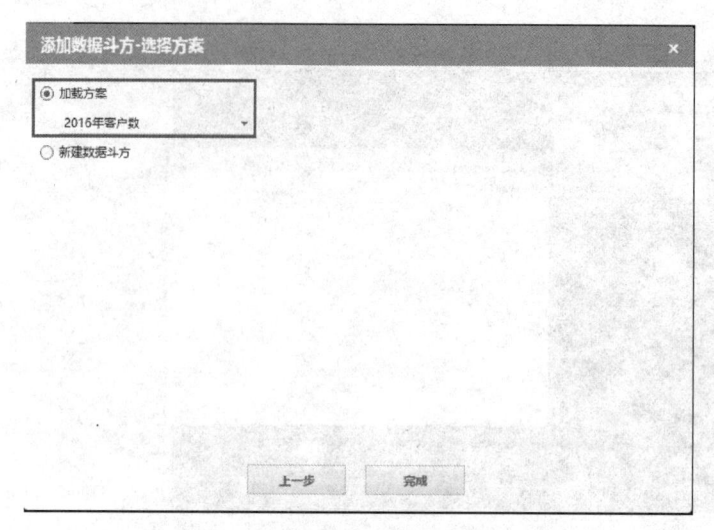

图6-112 添加数据斗方-选择方案

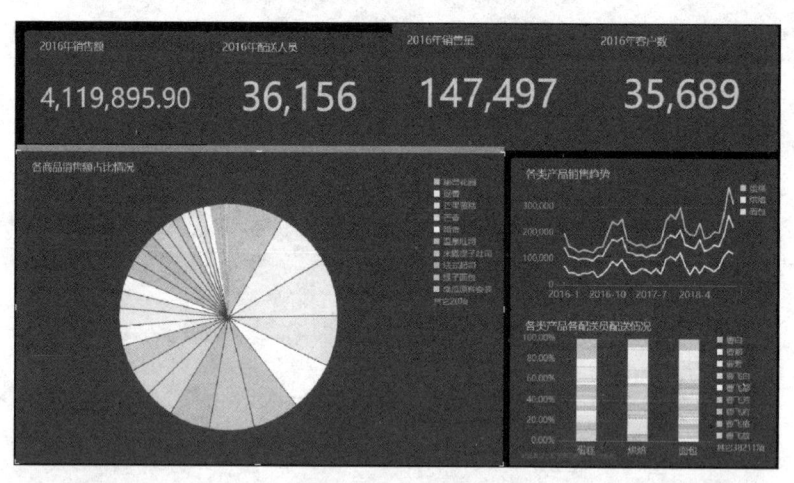

图6-113 仪表板

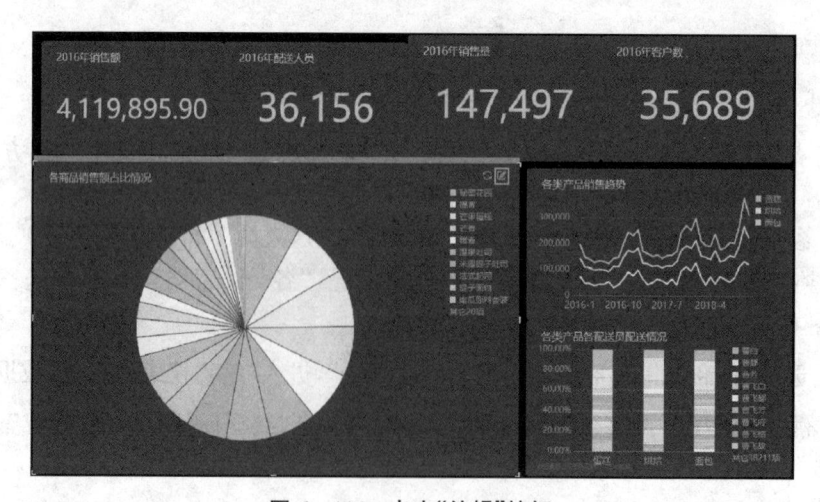

图6-114 点击"编辑"按钮

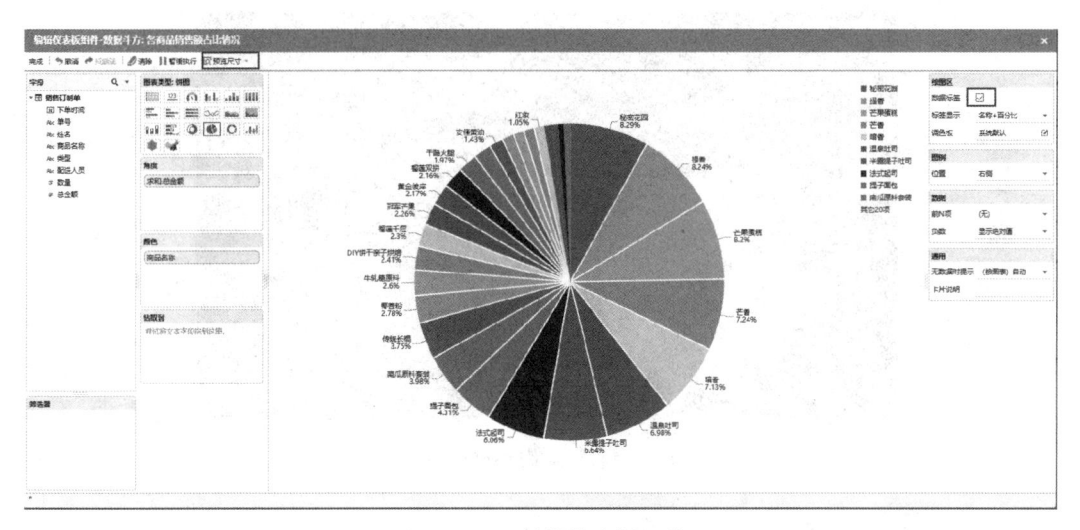

图 6-115 编辑仪表板组件

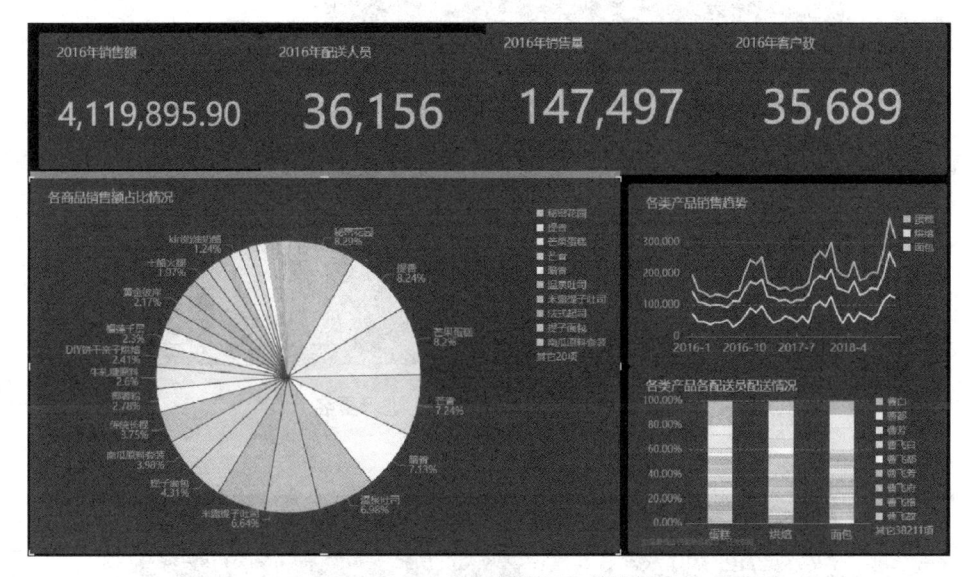

图 6-116 编辑仪表板组件效果

【注意】该操作是在仪表板的基础上对组件进行编辑,点击"完成"后,仅影响仪表板的数据斗方图表,并未影响原数据斗方相关图表。

(21) 在左侧下方"大纲"中选中"数据斗方1",点击右侧属性"名称"旁的"✎",对数据斗方1进行名称编辑(见图6-117～图6-119)。

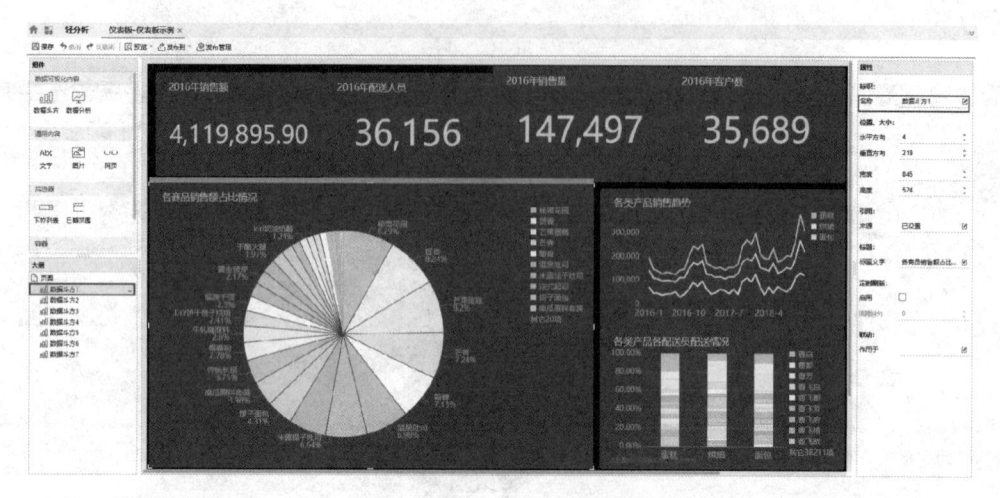

图 6-117　对组件进行更名

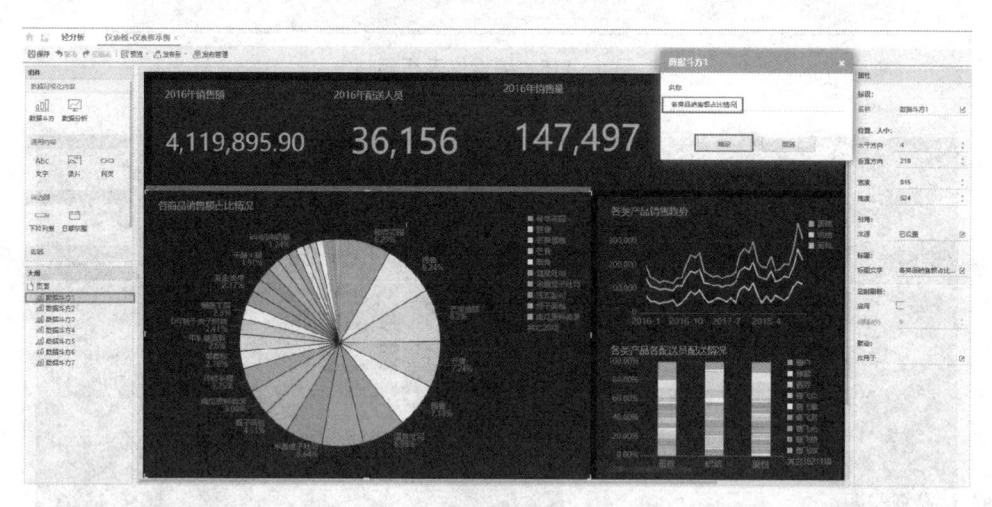

图 6-118　对数据斗方 1 进行更名

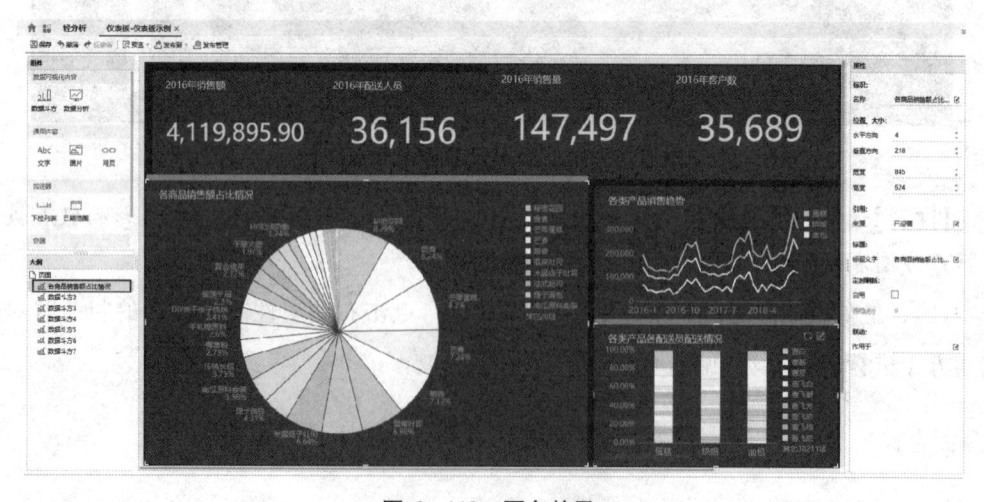

图 6-119　更名效果

【注意】

① 仪表板中，右侧属性区域显示的仅为当前光标所在的组件要素的属性，即选中"数据斗方1"，才可对其名称进行更改。后续对数据斗方2~7进行名称更改时，需依次选中相应数据斗方，才能进行名称更改的编辑。

② 按照此方法，对数据斗方2~7进行名称编辑，名称同步为数据斗方分析方案名称（见图6-120）。

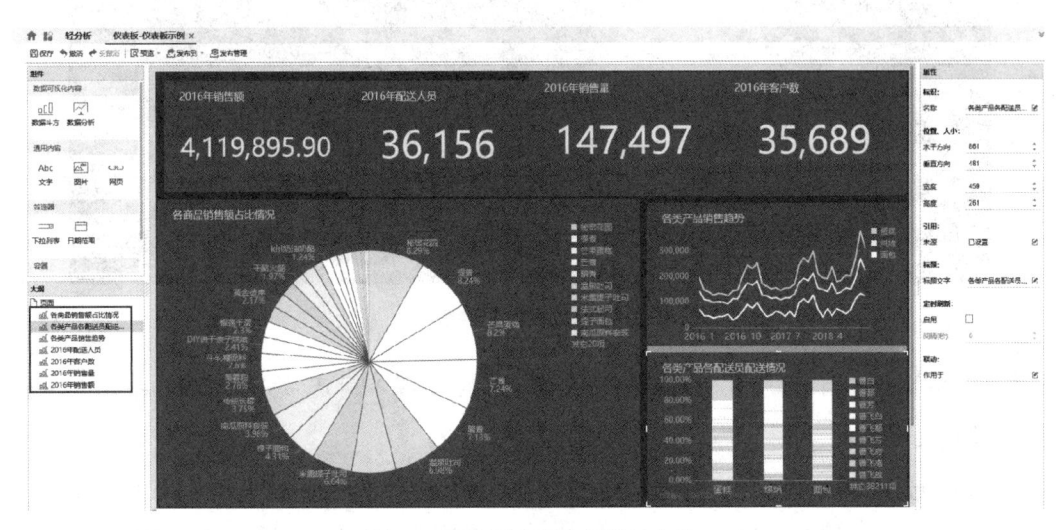

图6-120　更改所有组件的名称

（22）选择左侧组件中"下拉列表"，将其拖至仪表板，进入"下拉列表1的备选值"界面，组件项选择"2016年配送人员"、字段项选择"类型"，点击"确定"（见图6-121和图6-122）。

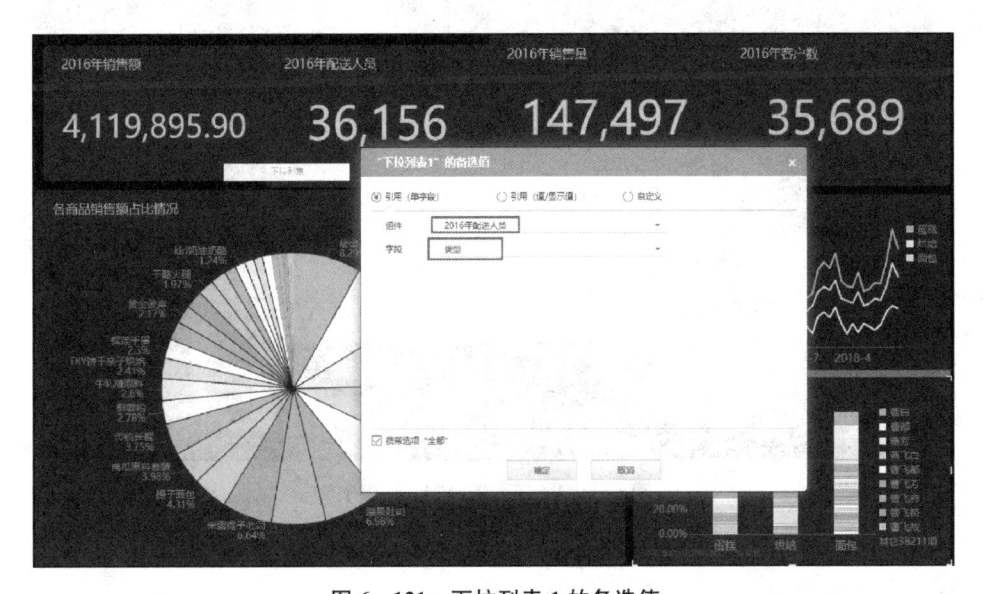

图6-121　下拉列表1的备选值

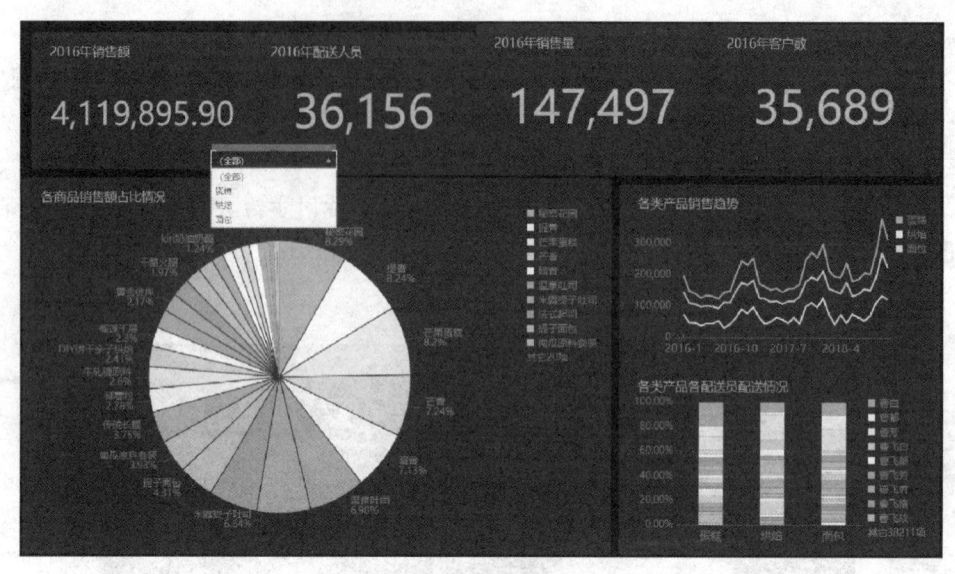

图 6-122 下拉列表 1

【注意】点击下拉列表右侧的"▼",可根据需要选择不同产品类型,2016 年配送人员数据随之发生变化。

(23) 选中下拉列表 1,点击"数据-作用于"右侧的"✎",进入"下拉列表 1-作用于"界面,点击"添加目标组件",组件项选择"2016 年客户数"、字段项选择"类型",点击"确定"(见图 6-123)。

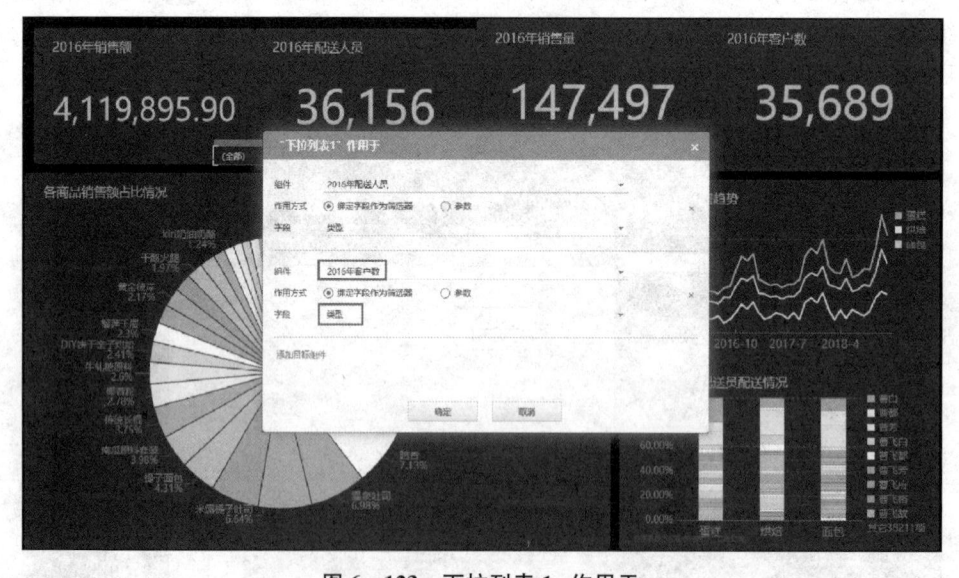

图 6-123 下拉列表 1-作用于

【注意】

① 点击下拉列表右侧的"▼",可根据需要选择不同产品类型,2016 年配送人员、

2016年客户数会随之发生改变；

② 在"下拉列表1-作用于"界面，实现作用于不同数据斗方的前提是，各数据斗方必须具有相同字段，将该字段作为"字段项"填入，如2016年配送人员和2016年客户数的相同字段可为"类型"；

③ 按照此方法，根据"数据-作用于"，可将下拉列表1作用于其他组件。

（24）可根据左侧的通用内容，在仪表板中引入文字、图片、网页等，可根据自己的喜好进行相应的设置（见图6-124）。

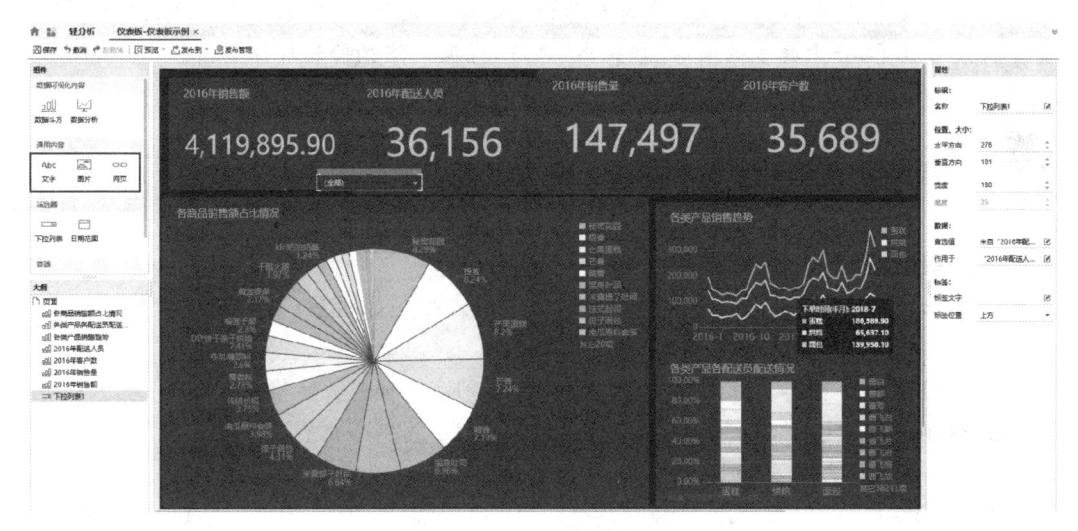

图6-124 仪表板其他组件

6. 任务作业

（1）梳理并总结数据仪表板可视化分析的步骤；

（2）总结仪表板可视化分析中各环节的难点及重点。

环境监测数据弄虚作假，相关公司及法人承担刑事责任

基本案情：被告单位泉州某科技发展公司受市重点排污单位委托对重点排污单位的排污自动监测设备进行运行维护。在2023年的2月至4月期间，有四个时段的在线监控数据表明，某重点排污单位COD（化学需氧量）排放数值超标。而在2023年5月，有两个时段的数据显示，另一个重点排污单位的COD排放数值同样超标。被告单位泉州某科技发展公司的法定代表人即被告人郑某在明知上述六个时段COD排放数值超标是因两家重点排污单位污水水质超标的情况下，仍在重点排污单位及有关人员的要求和干预下，弄虚作假，以在线监测设备故障为由向环保监测平台进行虚假报备，将超标数据删除。

裁判结果：晋江法院经审理认为，被告单位泉州某科技发展公司受委托为重点排污单位排污自动监测设备运行维护，被告人郑某作为该公司的法定代表人，全面负责生产、运营工作，系直接负责的主管人员，结伙重点排污单位篡改、伪造自动监测数据，排放化学需氧量、氨氮等污染物，严重污染环境，被告单位泉州某科技发展公司、被告人郑某均已构成污染环境罪，被判处刑罚。

典型意义：该案系泉州市首起第三方运维单位"环境监测数据弄虚作假"入刑典型案例，被告单位及被告人因存侥幸心理与重点排污单位结伙虚假报备标记在线监测数据。办理该案件过程中，晋江法院联合生态局"请进来"晋江范围内40余家重点排污单位相关负责人旁听庭审，并于庭审结束后"零距离"普法，开展司法预警及环保宣讲。

练习题

一、单选题

1. 数据斗方中，多系列柱形图需对数据进行两位数小数设置，同时进行千分位显示，请问应该点击（　　）进行设置。
   A. 绘图区—数据标签　　　　　　B. 纵轴—数字格式
   C. 横轴—数字格式　　　　　　　D. 图例—位置
2. 多系列柱形图中，下列（　　）区域的字段需要手动移除。
   A. 横轴　　　　B. 纵轴　　　　C. 系列　　　　D. 筛选器
3. 仪表板中，如果想更改外观风格，应点击（　　）。
   A. 背景—背景图片　　　　　　　B. 展示模式—充满
   C. 外观—外观风格　　　　　　　D. 展示模式—外观风格
4. 在数据建模中，字段的数据类型不包括（　　）。
   A. 整数　　　　B. 集合　　　　C. 日期　　　　D. 布尔
5. 不同数据表之间，在金蝶云·星空建模中不可建立（　　）关系。
   A. 一对一　　　B. 一对多　　　C. 多对一　　　D. 多对多

二、多选题

1. 下列关于建立数据表关系的描述，正确的有（　　）。
   A. 数据关系通过数据表之间的关键词建立
   B. 在金蝶云·星空中，数据关系的类型存在"一对多""多对一"，以及"一对一"三种
   C. 数据关系建立的上限为 $N-1$，N 为数据表的数量
   D. 数据表之间建立关系之后，在进行数据分析、数据斗方处理时，可随意进行跨表数据的选取和分析
2. 五个数据表进行关系建立时，可以建立（　　）个关系。
   A. 3　　　　　　B. 5　　　　　　C. 2　　　　　　D. 7
3. 一个业务主题包含（　　）。
   A. 数据建模　　B. 数据分析　　C. 数据斗方　　D. 仪表板

4. 仪表板支持( )界面元素。
A. 文字　　　　　　B. 数据斗方　　　　　C. 图片　　　　　　D. 网页链接
5. 以下关于"下拉列表"的说法中,正确的有( )。
A. 下拉列表可同时作用于多个组件
B. 下拉列表同时作用于多个组件时,作用字段可以不同
C. 下拉列表同时作用于多个组件时,作用字段必须相同
D. 对下拉列表进行属性设置的前提是已选中该下拉列表

三、判断题

1. 数据斗方中,"饼图"中面积最大的部分占比最大。　　　　　　　　　　( )
2. 仪表板中拖入的网页链接可实现动态化展示。　　　　　　　　　　　　( )
3. 字段"员工ID"的数据类型一般为文本。　　　　　　　　　　　　　　( )
4. 六个数据表之间,最多可以建立6种关系。　　　　　　　　　　　　　( )
5. 首次保存分析方案时,"保存"与"另存为"的效果是相同的。　　　　　( )

四、简答题

1. 数据的可视化分析的作用是什么?
2. 仪表板支持哪些功能?

五、业务操作题

1. 通过数据库 business_data 新建数据表"库存表"和"库存总表",并通过关键词"日期"建立一对多的关系。

2. 通过数据库 business_data 新建数据表"库存表",在数据分析中运用柱形图展示不同商品名称的报损数。

3. 通过数据库 test_data 新建数据表"订单"和"订单明细",在数据斗方中运用多系列柱形图展示各个送货国家的(年)销售额,按销售额由高到低排序,且各年的颜色分别为红、蓝、绿。

第 7 章　SQL 简介及基本语法

7.1　SQL 简介

　　结构化查询语言(Structured Query Language，SQL)，是一种特殊目的的编程语言，是一种数据库查询和程序设计语言，用于存取数据以及查询、更新和管理关系数据库系统，支持的数据库包括 MySQL、SQL Server、Access、Oracle、Sybase、DB2 等。
　　SQL 语言于 1974 年由 Boyce 和 Chamberlin 提出，并首次在 IBM 公司研制的关系数据库系统 System R 上得以实现。由于其功能全面、使用便捷灵活、语言简洁易懂等突出优点，SQL 深受计算机用户的欢迎。

7.2　SQL 的应用

　　(1) SQL 面向数据库执行查询；
　　(2) SQL 可从数据库取回数据；
　　(3) SQL 可在数据库中插入新的记录；
　　(4) SQL 可更新数据库中的数据；
　　(5) SQL 可从数据库删除记录；
　　(6) SQL 可创建新数据库；
　　(7) SQL 可在数据库中创建新表；
　　(8) SQL 可在数据库中创建存储过程；
　　(9) SQL 可在数据库中创建视图；
　　(10) SQL 可以设置表、存储过程和视图的权限。

7.3　主要的 SQL 命令

　　(1) "select"从数据库中选取数据；
　　(2) "update"更新数据库中的数据；
　　(3) "delete"从数据库中删除数据；
　　(4) "insert into"向数据库中插入新数据；

(5) "create database"创建新数据库；

(6) "alter database"修改数据库；

(7) "create table"创建新表；

(8) "alter table"变更(改变)数据库表；

(9) "drop table"删除表；

(10) "create index"创建索引(搜索键)；

(11) "drop index"删除索引。

7.4 SQL 基本语法

(1) select 语句。

select 语句用于从数据库中选取数据。结果被存储在一个结果表中,成为结果集。

select distinct 语句用于返回唯一不同的值。在表中,一个列可能会包含多个重复值,distinct 关键词用于返回唯一不同的值。

select where 子句用于提取那些满足条件的记录。

(2) and & or 运算符。

and & or 运算符用于基于一个以上的条件对记录进行过滤。

(3) order by 关键字。

order by 关键字用于对结果集按照一个列或者多个列进行排序。order by 关键字默认按照升序对记录进行排序,使用 desc 关键字可按降序对记录进行排序。

(4) group by 函数。

group by 函数用于结合聚合函数,根据一个或多个列对结果集进行分组。

(5) like 操作符。

like 操作符用于在 where 子句中搜索列中的指定模式。

(6) sum()函数。

sum()函数返回数值列的总数。

(7) date_format()函数。

date_format()函数用于以不同的格式显示日期/时间数据。format 参数格式及描述见表 7-1。

表 7-1 format 参数格式及描述

格 式	描 述
%D	带有英文后缀的天
%d	天,数值(00—31)
%M	月名
%m	月,数值(00—12)
%Y	年,4 位
%y	年,2 位

【注意】date 参数是合法的日期。format 规定日期/时间的输出格式。

任务五　SQL 简介及基本语法

1. 任务目的

（1）了解 SQL 的概念及基本应用场景；

（2）掌握 SQL 的基本语法；

（3）了解 SQL 在大数据中的作用；

（4）能够对数据库进行数据处理。

2. 任务内容

（1）如何使用 select 语句？

（2）如何使用 and & or 运算符？

（3）如何使用 order by 关键字？

（4）如何使用 group by 函数？

（5）如何使用 like 操作符？

（6）如何使用 sum()函数？

（7）如何使用 date_format()函数？

3. 任务准备

（1）在"轻分析"|"分析入门"中，新建"SQL 入门"业务主题；

（2）进入"轻分析"|"分析入门"|"SQL 入门"|"数据建模"。

4. 任务要求

（1）运用 select 语句全查门店信息表；

（2）运用 select 语句查询门店信息表中的门店类型；

（3）运用 and & or 运算符查询门店属性为商务且门店为瑞宝店的门店；

（4）运用 order by 关键字按门店类型升序；

（5）运用 group by 函数按门店类型聚合门店属性为商务或亲子的门店；

（6）运用 like 操作符查询门店类型以中心结尾的门店信息；

（7）运用 sum()函数统计各类商品的销售总金额；

（8）运用 date_format()函数查询下单时间。

5. 任务操作指导

（1）在数据建模界面，点击"新建数据表"，进入"新建数据表-选择数据源"界面，数据库选择"MySQL"，点击"下一步"（见图 7-1）。

（2）在"新建数据表-连接数据库服务器"界面左侧，输入服务器、端口、用户名、密码等信息，点击"连接"，显示"连接成功"后，在"新建数据表-连接数据库服务器"界面右侧，数据库选择"business_data"，类型选择"自定义 SQL"，点击"下一步"（见图 7-2）。

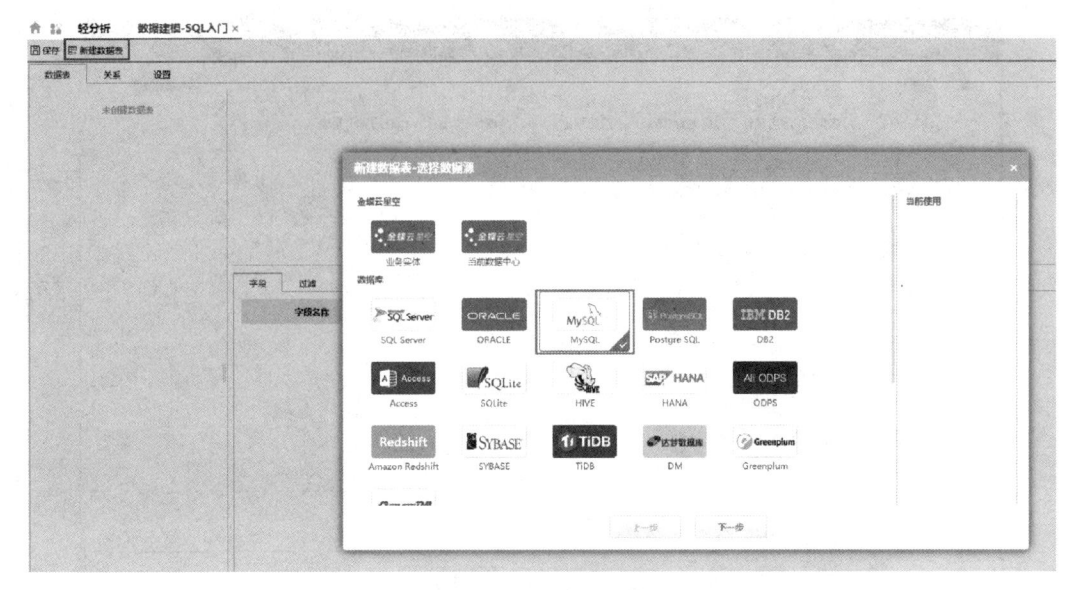

图 7-1 新建数据表

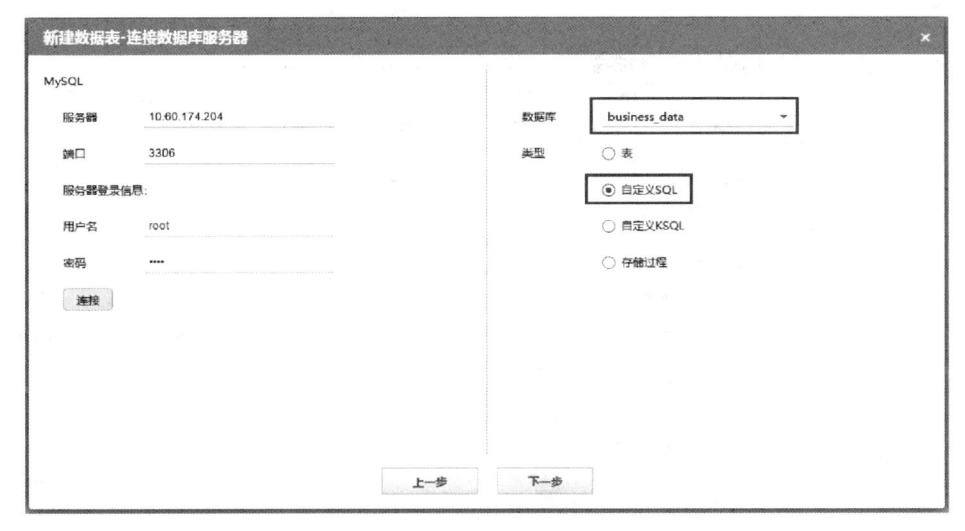

图 7-2 连接数据库服务器

(3) select 语句。

① select 语法-全查。

语法一：select column_name1,column_name2 from table_name

示例：select 门店,门店类型,门店属性,'门店地址(市级)','门店地址(区级)','地址(街道)' from 门店信息表

接前述步骤,进入"新建数据表-自定义 SQL"界面,名称输入"全查1",SQL 框输入示例的语法,点击"完成",实现门店信息表的全查(见图 7-3 和图 7-4)。

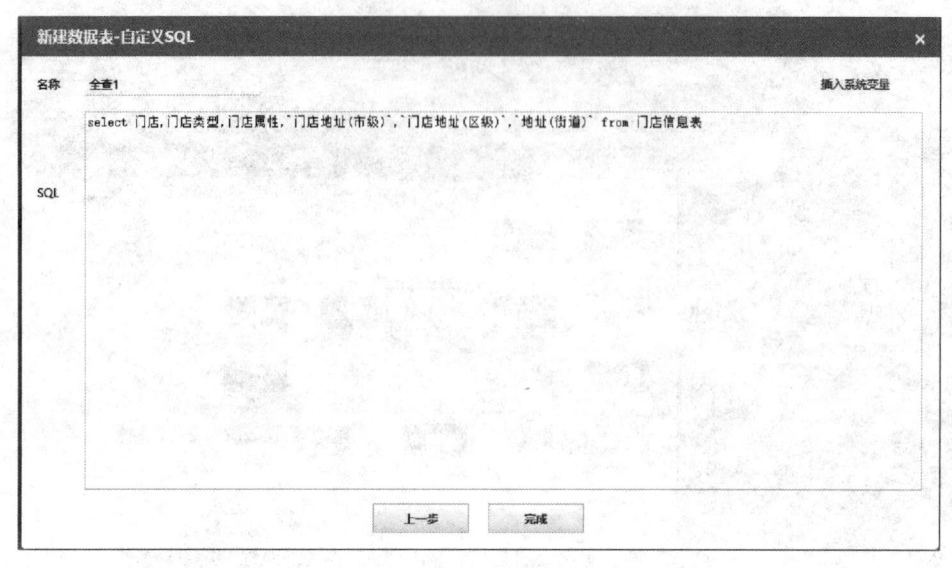

图 7-3 编辑 SQL

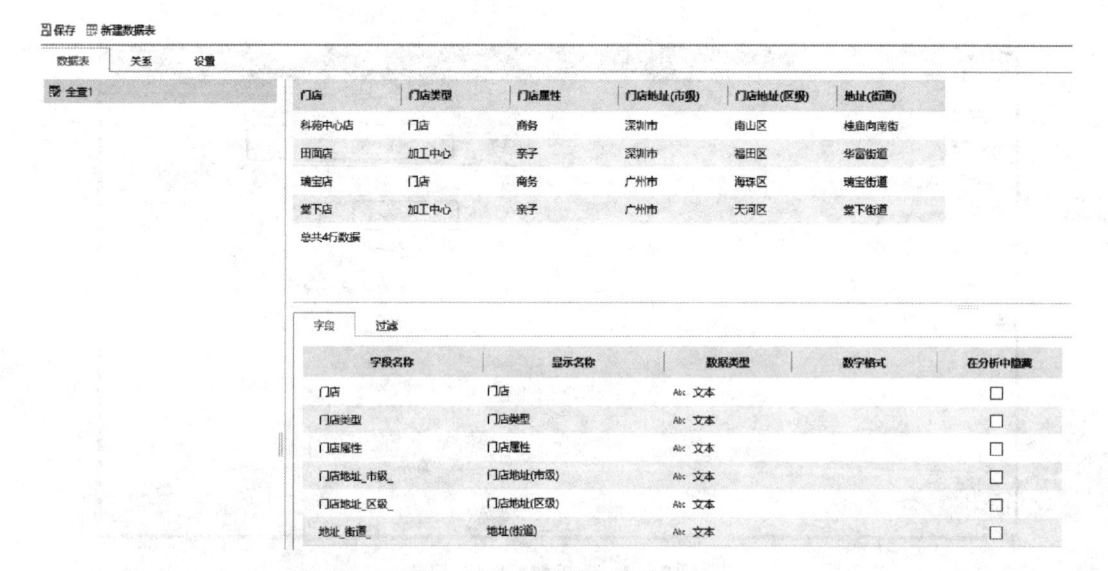

图 7-4 SQL 全查门店信息表

【注意】
- 语法中所有标点符号均为英文状态下输入;
- "column_name",即字段名,在字段名有括号等特殊符号时,必须加上英文状态下的反单引号;
- "table_name",即表名;
- 字段名、函数之间需间隔 1 空格,如有标点符号可不间隔 1 空格;
- 关于语法中的英文单词,大写、小写均可,教材统一为小写。

语法二:select * from table_name

示例:select * from 门店信息表

按照前述步骤,进入"新建数据表-自定义 SQL"界面,名称输入"全查 2",SQL 框输入示例的语法,点击"完成",实现门店信息表的全查(见图 7-5 和图 7-6)。

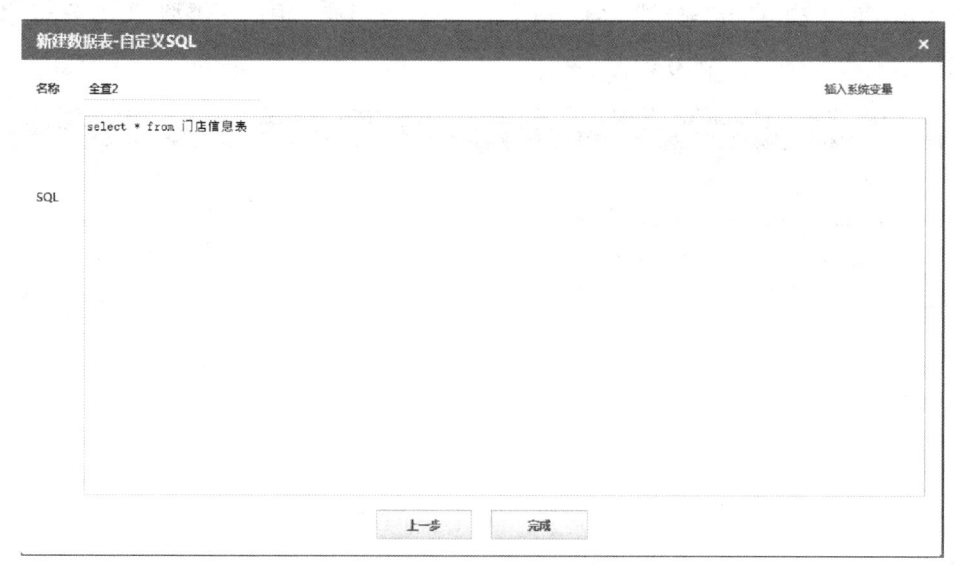

图 7-5　编辑 SQL

图 7-6　SQL 全查门店信息表

【注意】
- "*",即全部信息;
- 语法一和语法二均可实现对门店信息表的全查。如已知数据表的所有字段名,则语法一和语法二均可使用;如仅知数据表表名,则语法二更合适。

② select distinct 语句(查询唯一值)。

语法：select distinct column_name1,column_name2 from table_name

示例：select distinct 门店类型 from 门店信息表

按照前述步骤，进入"新建数据表-自定义SQL"界面，名称输入"查询门店类型"，SQL框输入示例的语法，点击"完成"，实现从门店信息表查询唯一值门店类型（见图7-7和图7-8）。

图 7-7　编辑 SQL

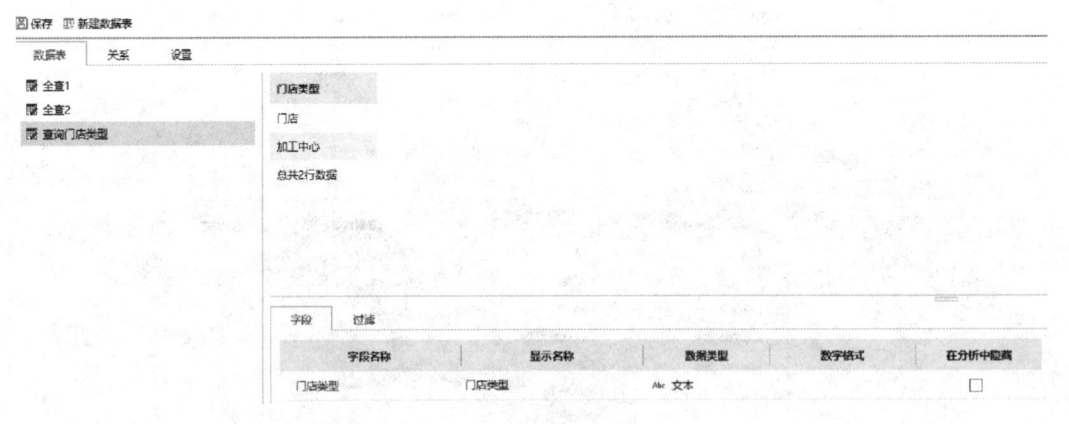

图 7-8　查询门店类型

【注意】

• "distinct"，即唯一，门店信息表中"门店类型"有四行值，使用"distinct"，则不会输出重复的门店类型值；

• 使用"distinct"时，字段值排列在先的优先输出，适用于了解某个字段值类型有哪些。

③ select where 条件查询。

语法：select column_name1,column_name2 from table_name where column_name3 operator value

示例：select * from 门店信息表 where 门店属性＝"商务"

按照前述步骤，进入"新建数据表-自定义SQL"界面，名称输入"门店属性为商务的门店"，SQL框输入示例的语法，点击"完成"，实现从门店信息表查询门店属性为商务的门店（见图7-9和图7-10）。

图 7-9　编辑 SQL

图 7-10　门店属性为商务的门店输出值

【注意】
- 条件值需加英文状态下的双引号,如"商务"。
- where 为条件开启函数,多位于表名之后。

(4) and & or 运算符。

① and。

示例:select * from 门店信息表 where 门店属性="商务" and 门店="瑞宝店"

按照前述步骤,进入"新建数据表-自定义SQL"界面,名称输入"门店属性为商务且门店为瑞宝店",SQL框输入示例的语法,点击"完成",实现从门店信息表查询门店属性为商务且门店为瑞宝店的门店(见图7-11和图7-12)。

图 7-11 编辑 SQL

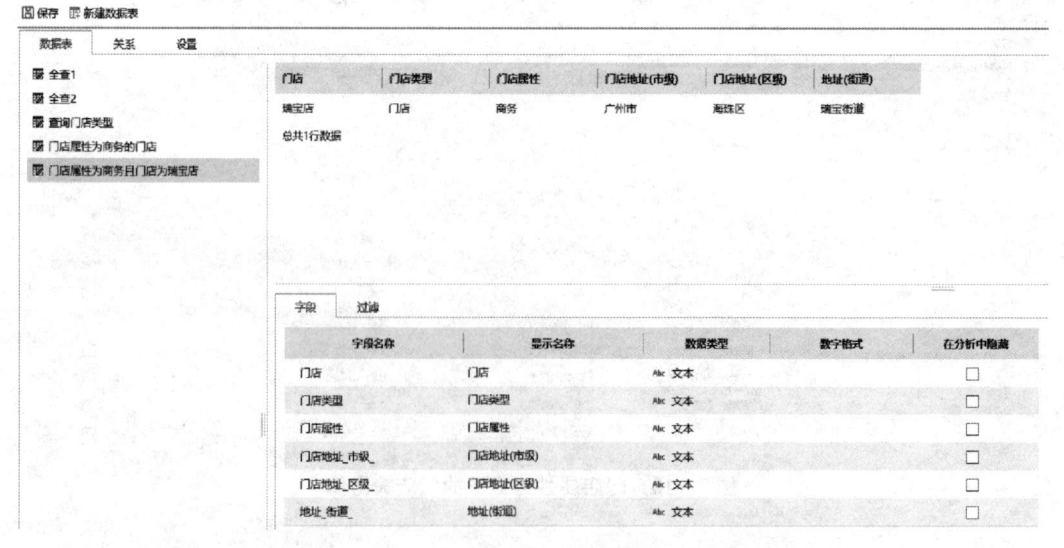

图 7-12 门店属性为商务且门店为瑞宝店输出值

【注意】"and",即"且",适用于同时满足两个及以上条件的情况。

② or。

示例:select * from 门店信息表 where 门店属性＝"商务" or 门店＝"瑞宝店"

按照前述步骤,进入"新建数据表-自定义SQL"界面,名称输入"门店属性为商务或门店为瑞宝店",SQL框输入示例的语法,点击"完成",实现从门店信息表查询门店属性为商务或门店为瑞宝店的门店(见图7-13和图7-14)。

图 7-13 编辑 SQL

图 7-14 门店属性为商务或门店为瑞宝店输出值

【注意】"or",即"或",适用于满足两个及以上条件其一的情况。

(5) order by 关键字。

语法:select column_name1,column_name2 from table_name order by column_name3,column_name4 asc|desc

① 示例升序 asc:select * from 原材料信息表 order by 市场平均价格 asc

按照前述步骤,进入"新建数据表-自定义 SQL"界面,名称输入"原材料按市场平均价格升序列示",SQL 框输入示例的语法,点击"完成",实现将原材料信息表按市场平均价格进行升序排列(见图 7-15 和图 7-16)。

图 7-15 编辑 SQL

图 7-16 原材料按市场平均价格升序列示输出值

② 示例降序 desc：select * from 原材料信息表 order by 市场平均价格 desc

按照前述步骤，进入"新建数据表-自定义SQL"界面，名称输入"原材料按市场平均价格降序列示"，SQL框输入示例的语法，点击"完成"，实现将原材料信息表按市场平均价格进行降序排列（见图7-17和图7-18）。

图7-17 编辑SQL

图7-18 原材料按市场平均价格降序列示输出值

【注意】
- "order by…asc"，为升序语法，如仅为"order by…"，则默认为升序列示。
- "order by…desc"，为降序语法。

(6) group by 函数。

语法：select column_name1,aggregate_function(column_name2) from table_name group by column_name

示例：select * from 原材料信息表 group by 重要程度

按照前述步骤，进入"新建数据表-自定义 SQL"界面，名称输入"按重要程度聚合"，SQL 框输入示例的语法，点击"完成"，实现将原材料信息表按照重要程度进行聚合（见图 7-19 和图 7-20）。

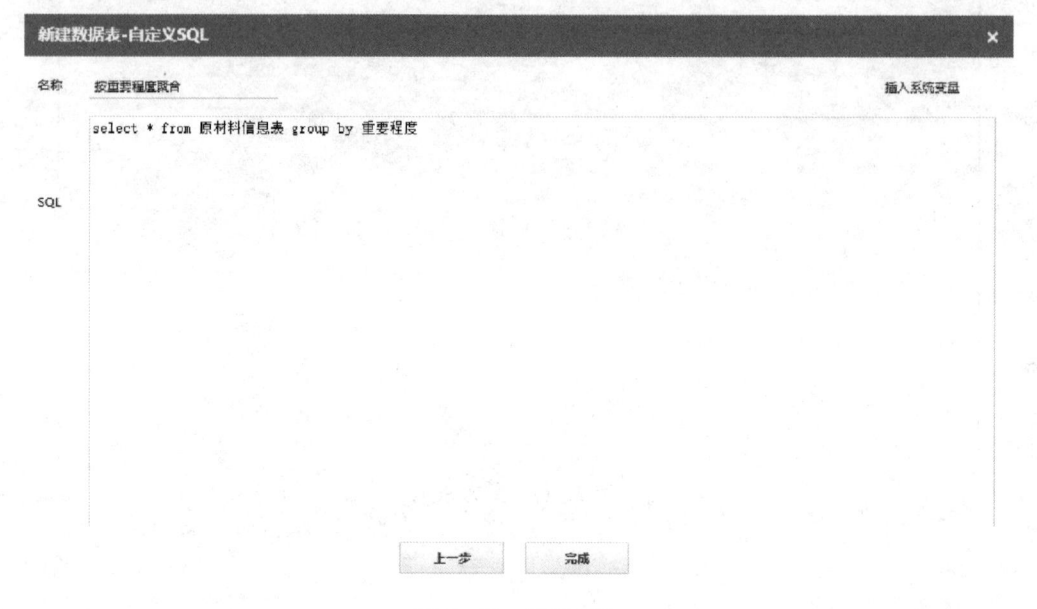

图 7-19　编辑 SQL

图 7-20　按重要程度聚合输出值

【注意】"group by"，聚合函数，即对数据表信息进行分类聚合，如原材料信息表，根据字段"重要程度"进行分类聚合,输出 5 行值,即 5 个重要程度的类别,默认输出每个类别的第一行值。该函数适用于查看数据表相关字段的类型、种类等信息。

(7) like 操作符。

语法:select column_name1 from table_name where column_name2 like pattern

① 示例:select * from 原材料信息表 where 名称 like "奶%"

按照前述步骤,进入"新建数据表-自定义 SQL"界面,名称输入"名称以奶开始",SQL 框输入示例的语法,点击"完成",查询名称以奶开始的原材料信息(见图 7 - 21 和图 7 - 22)。

图 7 - 21　编辑 SQL

图 7 - 22　名称以奶开始输出值

② 示例：select * from 原材料信息表 where 名称 like "％粉"

按照前述步骤，进入"新建数据表-自定义SQL"界面，名称输入"名称以粉结尾"，SQL框输入示例的语法，点击"完成"，查询名称以粉结尾的原材料信息（见图7-23和图7-24）。

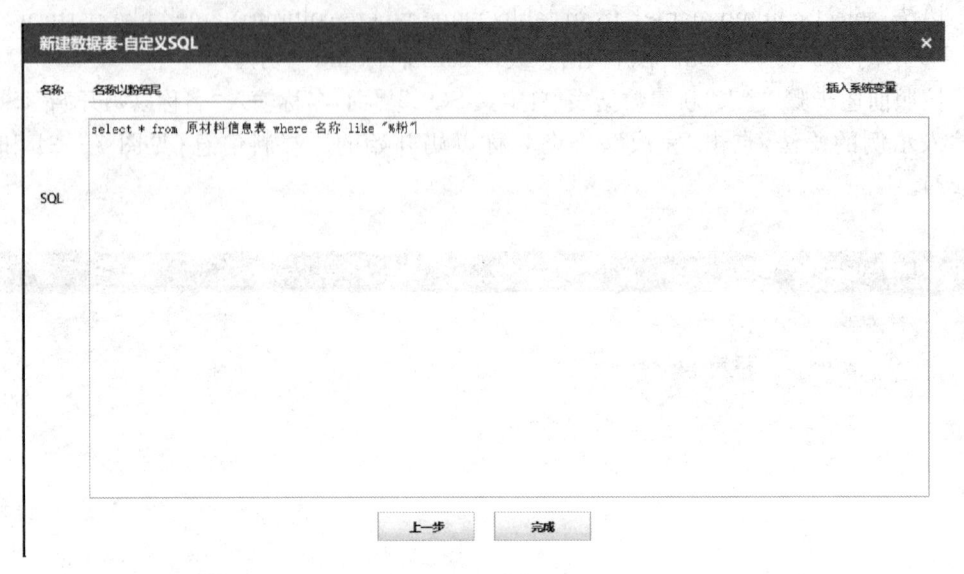

图7-23　编辑SQL

图7-24　名称以粉结尾输出值

③ 示例：select * from 原材料信息表 where 名称 like "％蛋％"

按照前述步骤，进入"新建数据表-自定义SQL"界面，名称输入"名称包含蛋"，SQL框输入示例的语法，点击"完成"，查询名称包含蛋的原材料信息（见图7-25和图7-26）。

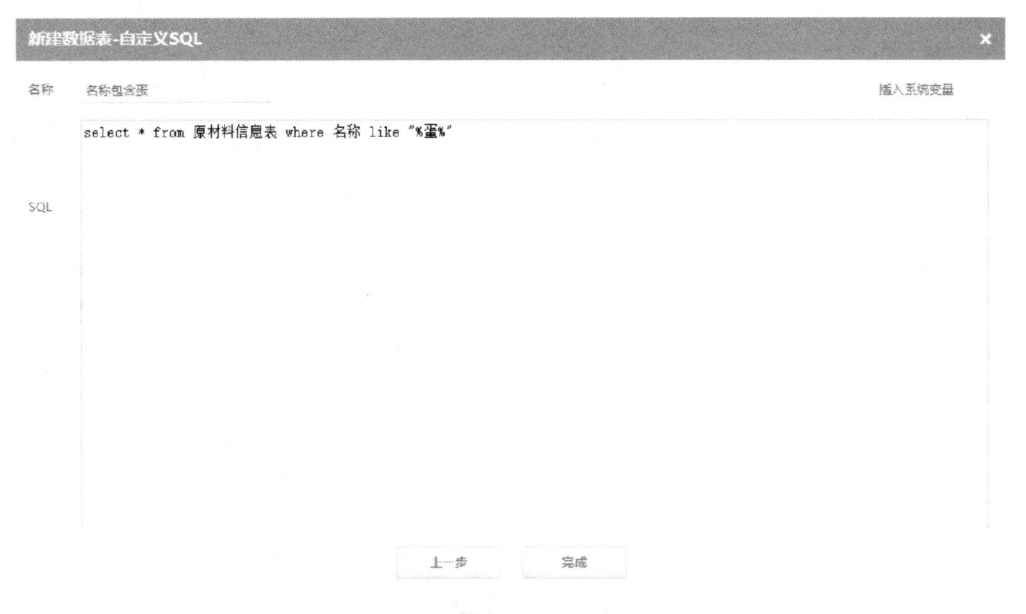

图 7‑25　编辑 SQL

图 7‑26　名称包含蛋输出值

【注意】
- "%"左侧字段,为开始字段,"%"右侧字段,为结尾字段;
- 被"%"包围的字段,如"%蛋%",表示包含"蛋"字的值。

(8) sum()函数。

语法:select sum(column_name) from table_name

① 示例:select 门店,sum(总金额) from 销售订制单 group by 门店

按照前述步骤,进入"新建数据表‑自定义 SQL"界面,名称输入"各门店销售额汇总",SQL 框输入示例的语法,点击"完成",统计各门店的销售总金额(见图 7‑27 和图 7‑28)。

图 7-27 编辑 SQL

图 7-28 统计各门店的销售总金额

【注意】
 • sum()函数为求和函数,一般与 group by 函数结合使用,即按某标准进行汇总;
 • "sum()"为一个整体,中间不能添加空格,且括号必须为英文状态下输入。
②示例:select 商品名称,sum(总金额) as 总金额 from 销售订制单 group by 商品名称

按照前述步骤,进入"新建数据表-自定义 SQL"界面,名称输入"各商品销售额汇总",SQL 框输入示例的语法,点击"完成",统计出各类商品的销售总金额(见图 7-29 和图 7-30)。

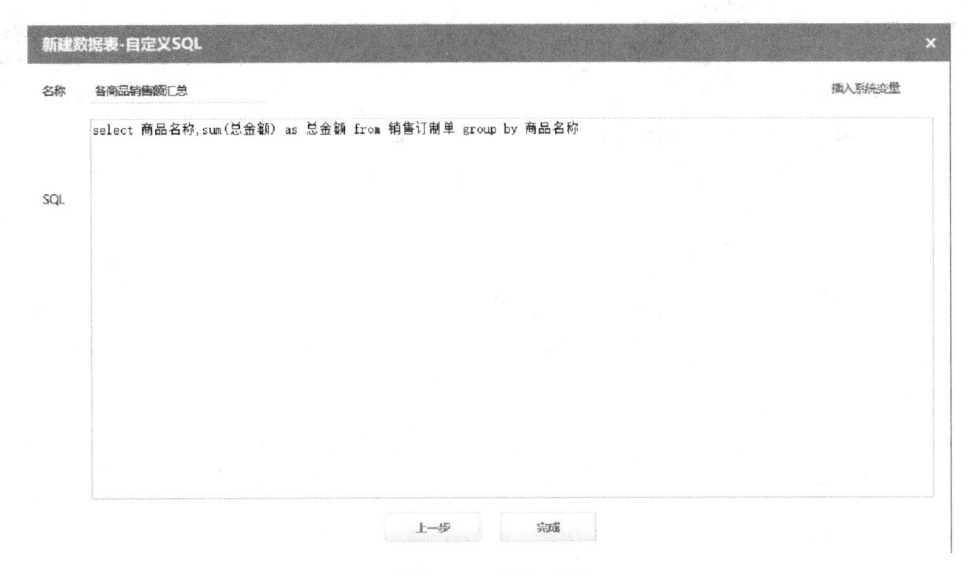

图 7-29 编辑 SQL

图 7-30 各商品销售额汇总输出值

【注意】as 为重命名函数,适用于字段的重命名。

③ 示例:select 商品名称,sum(总金额) as 销售额,sum(数量) as 销售量 from 销售订制单 where 类型="蛋糕" group by 商品名称

按照前述步骤,进入"新建数据表-自定义 SQL"界面,名称输入"蛋糕类商品销售额与销售量汇总",SQL 框输入示例的语法,点击"完成",统计出蛋糕类商品的销售额与销售量(见图 7-31 和图 7-32)。

图 7-31 编辑 SQL

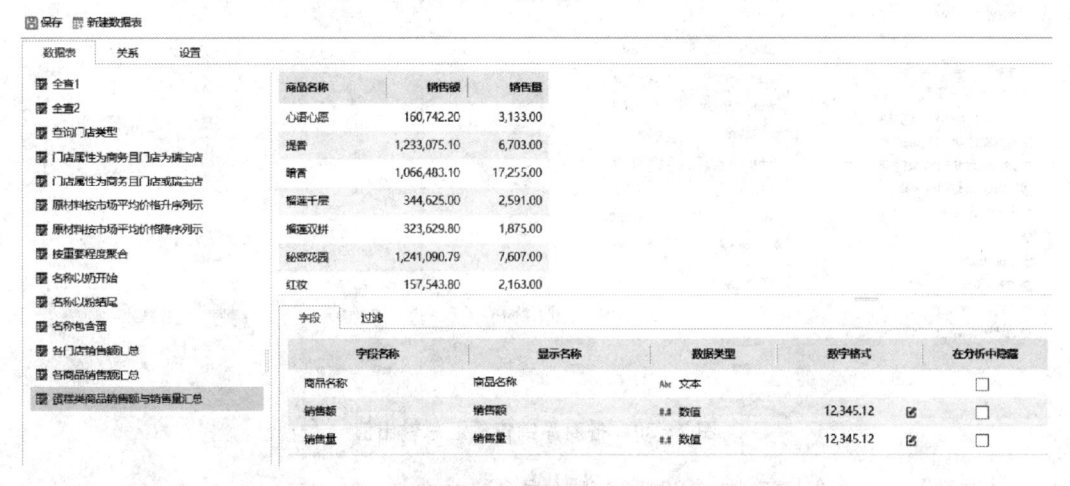

图 7-32 蛋糕类商品销售额与销售量汇总输出值

(9) date_format()函数。

示例:select date_format(下单时间,"%Y -%m -%d ") as 下单时间 from 销售订制单

按照前述步骤,进入"新建数据表-自定义 SQL"界面,名称输入"查询下单时间",SQL 框输入示例的语法,点击"完成",实现从销售订制单查询下单时间(见图 7-33 和图 7-34)。

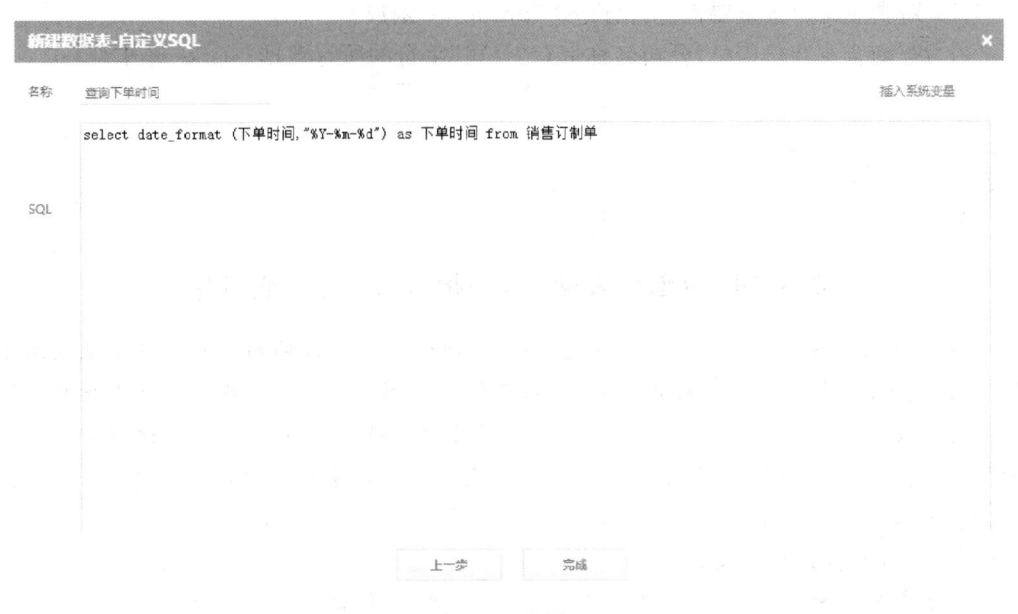

图7‑33　编辑SQL

图7‑34　查询下单时间输出值

6.任务作业(数据源:企业客户信息表)

(1)了解所有的企业客户详细信息。(select 语法-全查)

(2)企业客户信息表中的客户类型有几种?(select distinct 语句)

(3)了解企业客户信息表中,重要性为"2"的详细客户信息。(select where 条件查询)

(4)了解客户信息表中,类型为"合作企业"并且重要性为"3"的详细客户信息。(and & or 运算符)

(5)对企业客户按重要性进行降序排列。(order by 关键字)

（6）对企业客户按重要性进行分组。（group by 函数）

（7）查询企业客户信息，公司名称带有"公司"字符的所有数据。（like 操作符）

思政小课堂

深入理解 SQL 注入攻击与防护：sqli-labs 实战指南

SQL 注入攻击是一种常见的网络攻击手段，通过在应用程序的输入字段中注入恶意的 SQL 代码，攻击者可以操纵数据库查询，获取敏感数据、篡改数据或执行其他恶意操作。简单来说，当应用程序没有正确地验证或转义用户输入时，攻击者可以通过输入特定的 SQL 代码来操纵数据库查询。例如，如果应用程序在构建查询时直接将用户输入拼接到 SQL 语句中，而没有使用参数化查询或预编译语句，那么攻击者就可以注入恶意的 SQL 代码，导致查询被篡改。

对于基本的 SQL 注入，常见的技巧包括盲注、联合查询和基于时间的盲注。在这些技巧中，可以通过观察应用程序的响应时间、错误消息或特定的标志来判断数据库中的信息。例如，如果应用程序在某个查询上花费的时间明显长于预期，这可能意味着该查询正在受到盲注攻击。高级 SQL 注入涉及更复杂的技巧和更深入的知识。例如，可以利用存储过程来绕过应用程序的安全措施，或者利用触发器来自动执行恶意代码。

sqli-labs 是一个开源的 Web 应用程序，旨在提供一个安全的环境，让安全的专业人员和开发人员学习和实践 SQL 注入攻击与防护。在 sqli-labs 中，可以尝试各种防御措施，如参数化查询、预编译语句、输入验证和错误处理等。通过测试这些防御措施的有效性，可以更好地理解如何在实际应用程序中实施这些措施来防止 SQL 注入攻击，维护 SQL 代码环境的安全。

练习题

一、单选题

1. 以下（　　）可以实现返回唯一不同的值。

A. select B. select distinct

C. select where D. group by

2. 以下（　　）是聚合函数。

A. group by B. select

C. sum() D. order by

3. 下列 SQL 语法中，错误的是（　　）。

A. select * from 门店信息表 where 门店属性＝"商务"

B. select * from 门店信息表 where 门店属性＝"亲子"

C. select 瑞宝店，from 门店信息表 where 门店属性="商务"

D. select 瑞宝店 from 门店信息表 where 门店属性="商务"

4. 通过"select date_format(下单时间,"%Y -%m -%d ") from 销售订制单"语法查找到的年、月、日，格式不正确的是（　　）。

A. 年:2016　　　B. 月:03　　　C. 日:01　　　D. 日:1st

5. 可实现对门店属性进行降序排列的是（　　）。

A. select * from 门店信息表 order 门店属性 desc

B. select * from 门店信息表 order 门店属性 asc

C. select * from 门店信息表 order by 门店属性 desc

D. select * from 门店信息表 order by 门店属性 asc

二、多选题

1. 下列关于SQL语法的描述，错误的有（　　）。

A. 语法中所有标点符号均为英文状态下输入

B. "column_name"，即字段名，在字段名有括号等特殊符号时，不用加上英文状态下的反单引号

C. 关于语法中的英文单词，大写、小写均可

D. 英文单词可直接接后续语句

2. SQL的功能包括（　　）。

A. 查询　　　B. 删除　　　C. 插入　　　D. 更新

3. 下列说法正确的有（　　）。

A. sum(总金额)，可实现对"总金额"字段进行求和

B. sum(总金额)，可实现对"总金额"字段进行计数

C. count(单号)，可实现对"单号"字段进行求和

D. count(单号)，可实现对"单号"字段进行计数

三、判断题

1. SQL是非结构化查询语言。　　　　　　　　　　　　　　　　（　　）

2. like字符中，"％"左侧字段，为结束字段。　　　　　　　　　　（　　）

3. order by 字符中，asc 表示升序。　　　　　　　　　　　　　（　　）

4. SQL语法中的英文单词，大写、小写均可。　　　　　　　　　　（　　）

四、业务综合题

数据表"销售收款单"具体信息如下表：

单号	对应单号	门店	姓名	日期	总金额	优惠金额	应收金额	实收金额	税率	税额	发票号	收款方式	应收日期	实收日期	超期天数	超期原因	备注
XSSK00000000	XSDZ00000013	科苑中心店	姜丰公司	2016-01-01	17.00	0.00	17.00	17.00	16%	2.35	85175304	银行卡收款	2016-01-31	2016-02-07	7天	无	无
XSSK00000001	XSDZ00000016	科苑中心店	姜丰公司	2016-01-01	18.90	0.00	18.90	18.90	16%	2.61	49411547	现金收款	2016-01-31	2016-02-02	2天	无	无
XSSK00000002	XSDZ00000019	科苑中心店	欣鑫公司	2016-01-01	7.60	0.00	7.60	7.60	16%	1.05	30039873	现金收款	2016-01-31	2016-02-05	5天	无	无
XSSK00000003	XSDZ00000024	科苑中心店	百银公司	2016-01-01	8.50	0.00	8.50	8.50	16%	1.17	36358838	支付宝收款	2016-01-31	2016-02-04	4天	无	无
XSSK00000004	XSDZ00000050	科苑中心店	富泰公司	2016-01-01	9.50	0.00	9.50	9.50	16%	1.31	18819140	现金收款	2016-01-31	2016-02-07	7天	无	无
XSSK00000005	XSDZ00000053	科苑中心店	盛聚公司	2016-01-01	9.50	0.00	9.50	9.50	16%	1.31	19905236	银行卡收款	2016-01-31	2016-02-04	4天	无	无
XSSK00000006	XSDZ00000060	科苑中心店	盛聚公司	2016-01-01	168.30	0.00	168.30	168.30	16%	23.21	41125761	银行卡收款	2016-01-31	2016-02-01	1天	无	无

要求：结合数据表"销售收款单"，编辑 SQL 代码完成下列操作。
(1) 了解所有的订单详细信息。
(2) 数据表"销售收款单"中有哪些（不重名）客户？
(3) 了解科苑中心店的订单详细信息。
(4) 在销售收款单中查找科苑中心店现金收款的订单详细信息。
(5) 在销售收款单中，根据总金额进行降序排列。
(6) 在销售收款单中，查询"姓名"以"贵"开始的订单详细信息。

第 8 章 SQL 应用

SQL 语言作为一种访问和操作数据库的计算机语言,可以协同数据库程序一起工作。在数据库的应用过程中,数据库的查询工作是不可避免的,也是数据库应用中很重要的一个方面。

金蝶云·星空-轻分析中,SQL 应用主要体现在快速地为数据可视化分析准备合适的数据源,进行数据斗方、数据分析模块的图表分析。

任务六 SQL 应用

1. 任务目的

(1) 理解 SQL 语言在数据源准备中的作用;
(2) 掌握 SQL 语言在数据分析中的应用。

2. 任务内容

(1) 如何使用 SQL 语言在数据建模中新建数据分析所需的数据表?
(2) 如何对使用 SQL 语言新建的数据表进行数据斗方图表分析?
(3) 如何对使用 SQL 语言新建的数据表进行数据分析图表分析?

3. 任务准备

(1) 在"轻分析"|"分析入门"中,新建"SQL 应用"业务主题(见图 8-1);

图 8-1 新建 SQL 应用业务主题

(2) 进入"轻分析"|"分析入门"|"SQL 应用"|"数据建模"(见图 8-2);

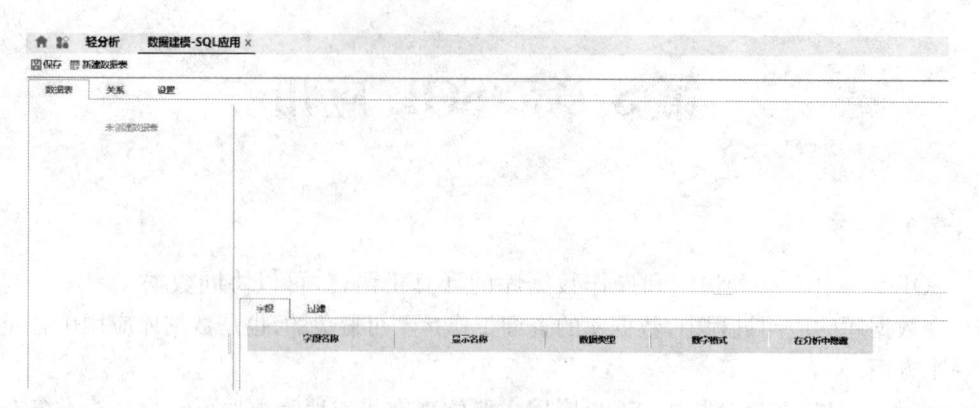

图 8-2 进入数据建模

4. 任务要求

(1) 使用 SQL 语言在数据建模中新建数据表；

(2) 对数据建模中使用 SQL 语言新建的数据表进行数据斗方图表分析；

(3) 对数据建模中使用 SQL 语言新建的数据表进行数据分析图表分析。

5. 任务操作指导

(1) 在数据建模中，点击"新建数据表"，进入"新建数据表-选择数据源"界面，数据库选择"MySQL"，点击"下一步"（见图 8-3）。

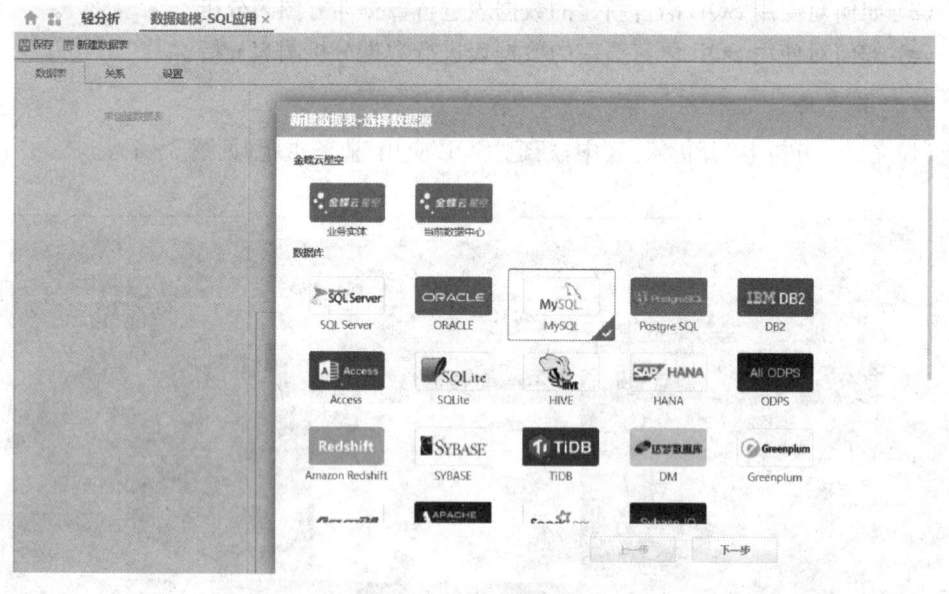

图 8-3 新建数据表

(2) 在"新建数据表-连接数据库服务器"界面左侧，输入服务器、端口、用户名、密码等信息，点击"连接"；显示"连接成功"后，在"新建数据表-连接数据库服务器"界面右侧，数据库选择"business_data"，类型选择"自定义 SQL"，点击"下一步"（见图 8-4）。

图 8-4　连接数据库服务器

（3）示例：select date_format(下单时间,"20％y -％m -01 ") as 日期,sum(总金额) as 实际销售额 from 销售订制单 group by date_format(下单时间,"20％y -％m -01 ")

接前述步骤，进入"新建数据表-自定义 SQL"界面，名称输入"各月销售额汇总"，SQL 框输入示例的语法，点击"完成"，实现按月汇总销售额，并汇总到每月 1 日（见图 8-5 和图 8-6）。

图 8-5　编辑 SQL

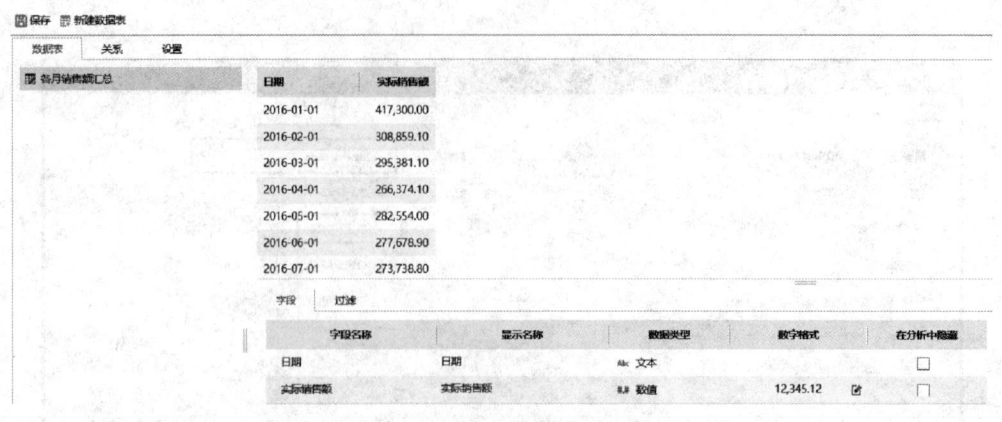

图 8-6　各月销售额汇总输出值

（4）更改"日期"字段数据类型为"日期"（见图 8-7）。

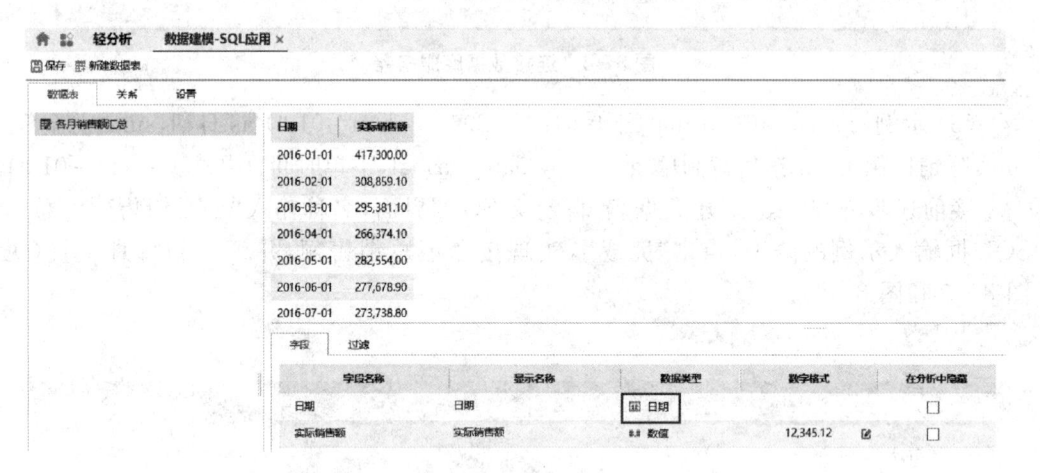

图 8-7　更改数据类型

（5）点击"保存"按钮，退出数据建模界面（图 8-8）。

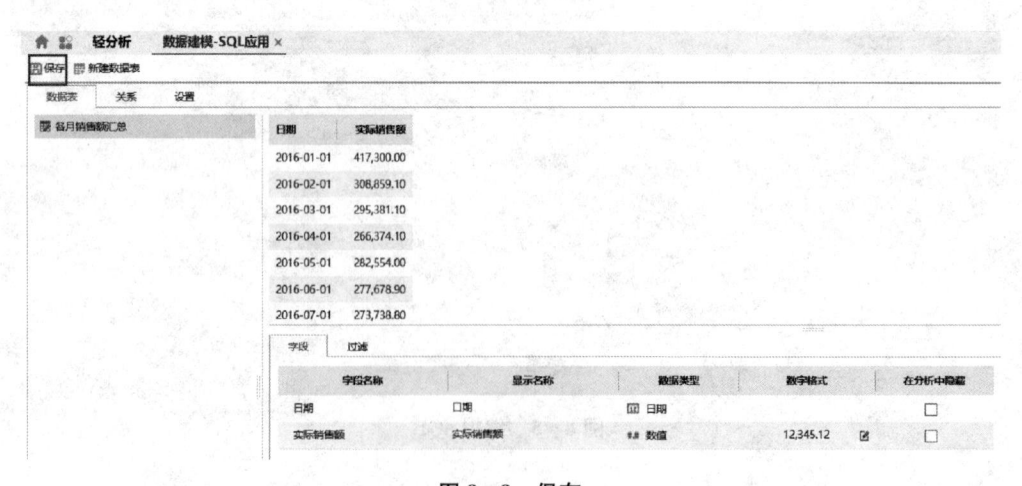

图 8-8　保存

(6) 点击"数据斗方",进入数据斗方界面(见图 8-9)。

图 8-9　点击"数据斗方"

(7) 以"各月销售额汇总"数据表为数据源,选择"折线图"。在"横轴"中拖入"日期",维度选择"月";在"纵轴"中拖入"实际销售额",度量为"求和";预览尺寸选择"全画面"。得出各月销售额趋势图(见图 8-10)。

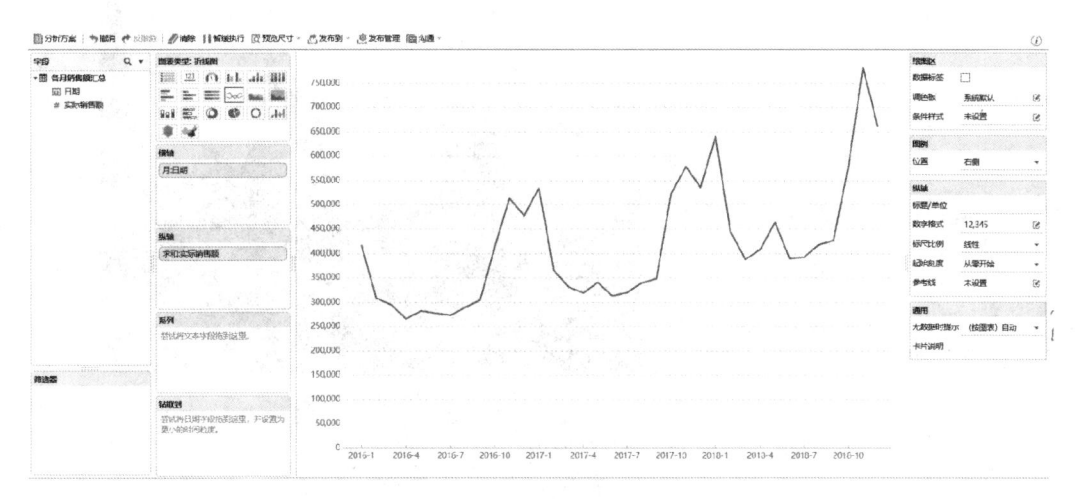

图 8-10　各月销售额趋势图

图表解读:图 8-10 为各月销售额趋势图,图表类型为折线图。折线图多适用于分析数据的发展趋势。从图中可知,案例企业各月销售额总体呈上升趋势,即案例企业的销售额在逐月上升,销售额提升明显。进一步观察折线图可知,案例企业各月销售额趋势呈明显的周期波动,存在销售淡旺季,其中,销售旺季集中于当年 11 月至次年 1 月,销售淡季则基本集中于每年 4—6 月。

(8) 点击左侧"分析方案",选择"另存为",分析方案命名为"各月销售额趋势图",点击"确定"(见图 8-11)。

(9) 点击"数据分析",进入数据分析(见图 8-12)。

(10) 以"各月销售额汇总"数据表为数据源,选择"面积图"。在"列"中拖入"日期",维度为"月";在"行"中拖入"实际销售额",度量为"求和"。得出各月销售额情况图(见图 8-13)。

图 8-11　保存分析方案　　　　　　　图 8-12　点击数据分析

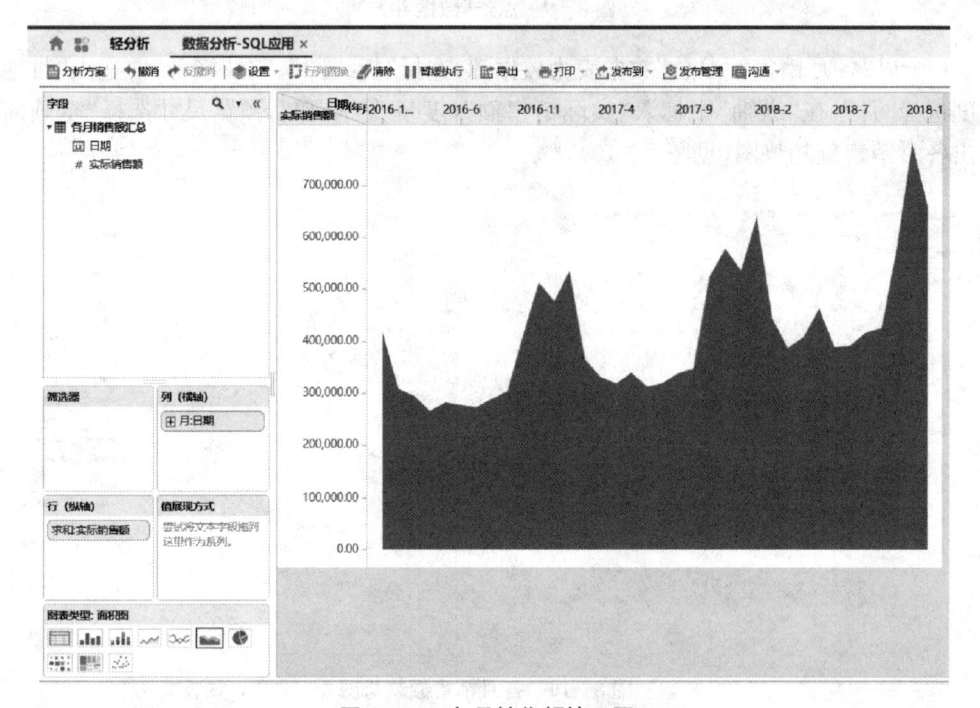

图 8-13　各月销售额情况图

图表解读：图 8-13 为各月销售额情况图，图表类型为面积图，面积图中面积越大，则数值越大。从图中可知，该面积图的顶端趋势与图 8-10 各月销售额趋势图一致，即案例企业各月销售额总体呈上升趋势，销售额提升明显，且案例企业各月销售额趋势呈明显的周期波动，存在销售淡旺季，其中，销售旺季集中于当年 11 月至次年 1 月，销售淡季则基本集中于每年 4—6 月。

（11）点击左侧"分析方案"，选择"另存为"，分析方案命名为"各月销售额情况图"，点击"确定"。

6. 任务作业（数据源为门店销售计划）

（1）按月汇总计划销售额，并在数据斗方中绘制环形图；

（2）按月汇总计划销售额，并在数据分析中绘制饼图。

思政小课堂

开源软件侵权纠纷案

2021年9月29日,广州知识产权法院就罗盒网络科技有限公司诉玩友网络科技有限公司等侵害开源软件著作权纠纷一案作出一审判决,认定被告的侵权行为成立,被告须立即停止通过互联网平台提供含有被侵权开源代码的相关软件,并赔偿原告经济损失及维权合理开支共计50万元。

该案判决与2021年4月深圳中级人民法院就罗盒网络科技有限公司诉风灵科技有限公司侵害开源软件著作权纠纷案的判决类似,均承认GPL3.0开源许可协议的合同性质,并认定违反该协议的行为构成侵权,但本案的判决书更为全面、详细地阐述了法院对GPL3.0开源许可协议性质及其若干条款的理解,深入剖析了开源软件的著作权归属与行使、开源软件侵权行为的认定以及开源软件侵权行为的法律后果等在开源软件法律纠纷中可能涉及的若干核心法律问题,对把握开源软件法律纠纷案件的审理思路甚至理解开源软件合规治理的关键点都有重要的指导意义。

典型意义:罗盒公司提起的系列开源软件侵权诉讼案件可谓中国法院审理开源软件法律纠纷案件中的里程碑式的案例。本案与2021年4月深圳中院对罗盒公司诉风灵公司案的判决,均明确承认了在中国法律框架下开源许可协议的合同属性及其合法性,并明确指出对于违反开源许可协议的行为,著作权人有权在违约救济和侵权救济之间自行选择维权方式。相较于以往中国法院在处理涉及开源软件法律纠纷案件时对开源协议持有的模糊态度,广州知识产权法院和深圳中级人民法院的明确表态无疑是对开源许可规则的认同和支持。

案件启示:随着开源代码在软件开发中的广泛应用以及我国产业开源生态的逐步建立,未来几年,中国面临的开源法律纠纷很可能呈现上升趋势。这些纠纷因涉及合同与侵权问题的竞合、众多开源协议及其附加条款的解读,以及对软件开发应用场景的技术分析,注定具有高度的复杂性。因此,在开源代码的开发过程中,必须时刻关注并严格遵守相关的法律法规和合同协议条款,避免引发不必要的法律诉讼。

练习题

一、单选题

1. 以下( )可实现对字段的重命名。
A. asc   B. order by   C. as   D. where

2. 语法"select sum(总金额) as 实际销售额 from 销售订制单"查找出来的字段名称显示的是( )。

A. sum(总金额) B. 总金额

C. 销售订制单 D. 实际销售额

3. 语法"sum(总金额) as 实际销售额"可实现将字段重命名为(   )。

A. sum(总金额) B. 实际销售额

C. 总金额 D. as

二、多选题

1. 函数 date_format(下单时间,"20％y -％m -01")显示的结果中,错误的是(   )。

A. 2016 - 02 - 01 B. 2016 - 02 - 03

C. 2016 - February - 01 D. 2016 - February - 03

2. 语法"select date_format(下单时间,"20％y -％m -01"),sum(总金额) as 实际销售额 from 销售订制单"所查找到的字段名称为(   )。

A. date_format(下单时间,"20％y -％m -01")

B. 下单时间

C. sum(总金额)

D. 实际销售额

3. 以下语法结构正确的有(   )。

A. select…from… B. select…where…

C. select…from…where… D. select…from…where…group by…

三、判断题

1. 运用 SQL 语言,可以在数据建模中新建数据分析所需要的数据表,再进入数据斗方中根据需要进行不同的图表分析。   (   )

2. 通过 SQL 语言创建的数据表,也可实现数据斗方的分析。   (   )

3. 函数"date_format(下单时间,"％Y -％m -％d")"与"date_format(下单时间,"20％y -％m -％d")"显示的结果是不一样的。   (   )

第 9 章　财务大数据分析综合实训——业务环节

9.1　销售主题

9.1.1　销售的定义

销售是企业或个人以出售、租赁或其他任何方式向第三方提供产品或服务的行为,旨在以满足顾客需求为前提,通过市场交换实现潜在交换,最终实现营销计划目标的过程。简而言之,销售就是介绍商品提供的利益,以满足客户特定需求的过程。销售活动通常涉及市场分析、客户识别、产品展示、谈判、交易达成以及后续的客户服务和关系维护。

9.1.2　销售分析的作用

销售分析有助于企业挖掘潜在商机、优化销售策略、提升销售绩效等。销售分析的作用主要体现在以下几个方面:

(1) 挖掘潜在商机。销售分析可以帮助企业深入了解客户的购买偏好、消费习惯以及需求变化,通过分析不同客户群体的需求差异,从而有针对性地开展市场推广活动,挖掘潜在商机。

(2) 优化销售策略。通过对销售数据的深入分析,企业可以识别最有效的销售渠道、产品组合和定价策略,帮助企业调整销售策略,制订更具针对性和效果的销售计划,提高销售绩效。

(3) 优化库存管理。通过对销售数据的分析,企业可以预测产品的需求量,避免库存积压或缺货现象的发生。通过合理的库存规划,企业可以降低库存成本,提高资金利用效率。

(4) 实时监控销售绩效。通过销售数据分析工具,企业可以实时监控销售绩效指标,如销售额、销售量、客户转化率等,这有助于企业及时发现问题和机会,并做出及时调整和优化,确保销售目标的实现。

(5) 预测市场趋势。通过对历史销售数据的分析,企业可以发现市场变化的规律,预测未来的市场趋势,这可为企业的市场营销和产品开发提供参考依据,降低市场风险,提高市场竞争力。

9.1.3　销售分析的 SQL 代码应用与可视化分析

销售作为企业生产运营过程的主要环节之一,在新零售模式下,拥有海量的数据,如何在如此庞大的数据量中分析月销售情况、各产品销售占比,以及各分子公司、门店的总体销售额和销售完成率,成为挖掘数据价值,提升企业竞争力的关键问题。

以下依托金蝶云•星空平台,运用数据可视化分析和 SQL 语言,分别从月销售情况、销售结构、销售完成情况等角度,对销售数据进行可视化分析,进而挖掘销售数据的价值,优化销售策略,预测市场趋势,提升企业销售决策能力。

任务七 月销售情况分析

1. 任务目的

(1) 利用案例企业的相关资料,通过可视化分析,对月销售情况进行系统的研究,优化库存管理,实时监控销售情况,预测未来的月销售趋势;

(2) 通过对总体月销售额进行分析,掌握数据可视化-月销售额情况分析中的应用;

(3) 通过对总体月订单量进行分析,掌握数据可视化-月订单量情况分析中的应用;

(4) 通过可视化分析,掌握对月销售额和月订单量图表分析的设计与解读,利用月销售额情况分析和月订单量情况分析,挖掘潜在商机,提高各月的销售水平。

2. 任务内容

(1) 企业销售主管为预测未来各月的销售额,想要了解过去各月的销售额,应该如何去分析?

(2) 企业销售主管为预测未来各月的订单量,想要了解过去各月的订单量,应该如何去分析?

3. 任务准备

(1) 新建一个业务主题,命名为"销售主题",点击"确定",完成创建;

(2) 进入"数据建模"。

4. 任务要求

(1) 对总体月销售额进行可视化分析,并对图表进行解读与汇报;

(2) 对总体月订单量进行可视化分析,并对图表进行解读与汇报。

5. 任务操作指导

(1) 在数据建模中,点击"新建数据表",进入"新建数据表-选择数据源"界面,数据库选择"MySQL",点击"下一步";在"新建数据表-连接数据库服务器"界面左侧,输入服务器、端口、用户名和密码后,点击"连接";显示连接成功后,在"新建数据表-连接数据库服务器"界面右侧,数据库选择"business_data",类型选择"表",点击"下一步"(见图 9-1);进入"新建数据表-选择表"界面后,选择"销售订制单",然后点击"下一步"(见图 9-2);在"新建数据表-选择字段"界面直接选择"完成",销售订制单的数据表建立完成,点击左上角的"保存"按钮,实现销售订制单数据表的保存(见图 9-3)。

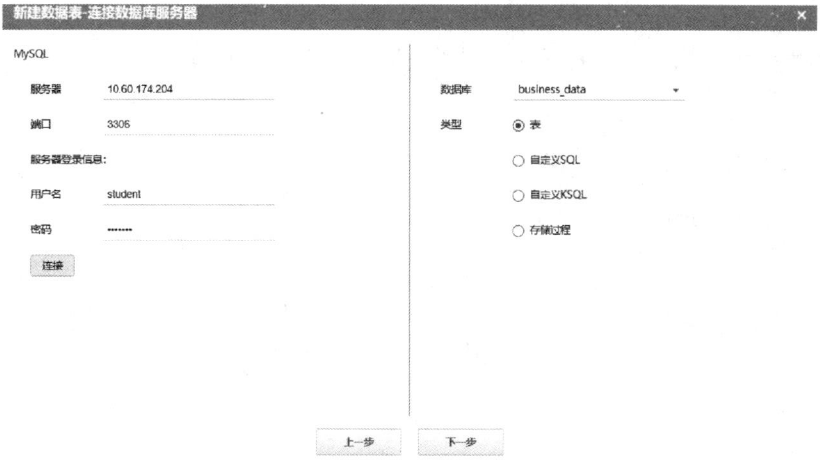

图 9-1 连接数据库服务器

【注意】在输入服务器 IP 地址时，请使用本机 IP 地址。

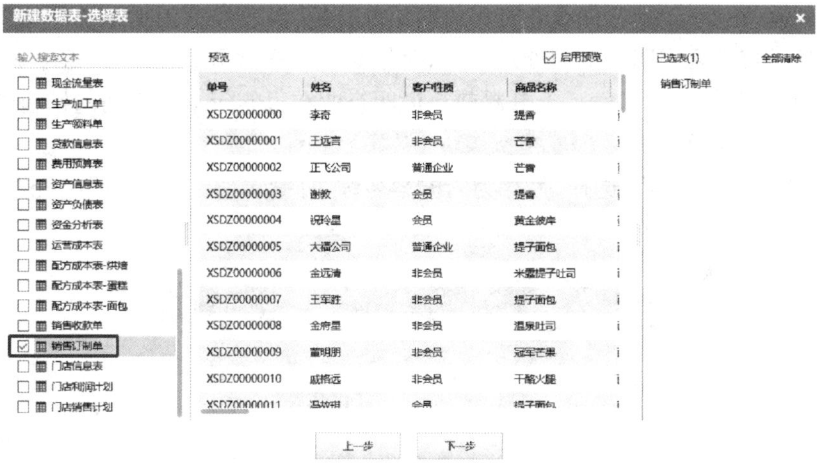

图 9-2 选择"销售订制单"

图 9-3 保存"销售订制单"数据表

(2) 进入"数据斗方",选择"折线图",横轴拖入"下单时间",维度为"年月";纵轴拖入"总金额",度量为"求和"。选择预览尺寸为"全画面"(见图9-4)。

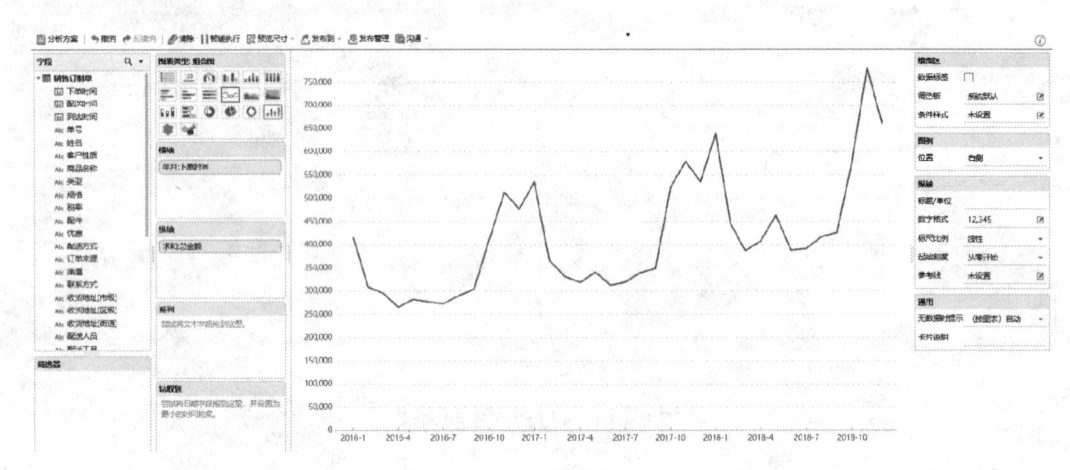

图9-4 月销售额情况分析

图表解读:图9-4是案例企业月销售额情况分析,图表类型为折线图。从图中可知,企业各月的销售额具有明显的周期性变化,每年9月份开始呈上升趋势,每年2月份开始呈下降趋势,且各年的销售额呈上升趋势。说明企业在每年年末和年初的销售情况较好,每年年中的销售情况一般。

(3) 点击"分析方案",选择"另存为",方案名称"月销售额情况分析",点击"确定"(见图9-5)。

图9-5 另存为"月销售额情况分析"方案

(4) 进入"数据斗方",选择"折线图",横轴拖入"下单时间",维度为"年月";纵轴拖入"单号",度量为"计数"。选择预览尺寸为"全画面"(见图9-6)。

图表解读:图9-6是案例企业月订单量情况分析,图表类型为折线图。从图中可知,企业各月的订单量具有明显的周期性变化,每年的10月至次年的2月,订单量处于较高水平;每年的3月至9月,订单量处于较低水平。说明企业在每年年末和年初的销售情况比较理想,每年年中的销售情况有待改善,但各年的订单量呈上升趋势。

(5) 点击"分析方案",选择"另存为",方案名称"月订单量情况分析",点击"确定"(见图9-7)。

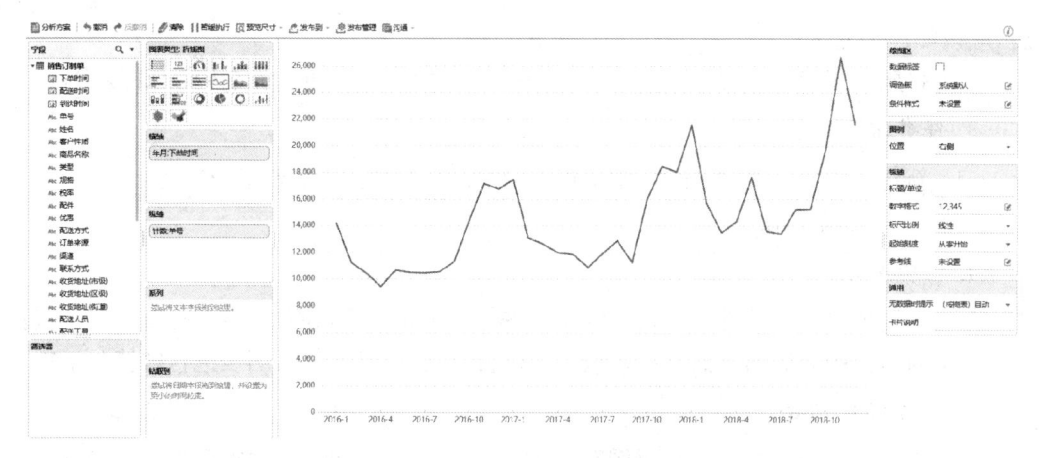

图9-6 月订单量情况分析

图9-7 另存为"月订单量情况分析"方案

6. 任务作业

(1) 自行根据数据分析需要,进行某门店销售额趋势分析;

(2) 自行根据数据分析需要,进行某门店销售量趋势分析;

(3) 自行根据数据分析需要,计算总体某月实际销售额。

任务八 销售结构分析

1. 任务目的

(1) 利用案例企业的相关资料,通过可视化分析,对科苑中心店的销售结构进行系统的研究,优化销售策略;

(2) 通过对科苑中心店各商品销售额占比进行分析,掌握数据可视化-各商品销售额占比分析中的应用;

(3) 通过对科苑中心店各商品销售量占比进行分析,掌握数据可视化-各商品销售量占比分析中的应用;

(4) 通过可视化分析,掌握对科苑中心店各商品销售额占比和各商品销售量占比图表分析的设计与解读,为科苑中心店挖掘潜在商机,优化商品结构。

2. 任务内容

(1) 科苑中心店店长为了解近几个月各商品的销售额,掌握不同商品销售额的贡献度,应该如何去分析?

(2)科苑中心店店长为了解近几个月各商品的销售量,优化各商品结构,应该如何去分析?

3. 任务准备

(1)新建一个业务主题,命名为"销售主题",点击"确定",完成创建;

(2)进入"数据建模"。

4. 任务要求

(1)对科苑中心店的各商品销售额占比进行可视化分析,并对图表进行解读与汇报;

(2)对科苑中心店的各商品销售量占比进行可视化分析,并对图表进行解读与汇报。

5. 任务操作指导

(1)进入"数据斗方",选择"饼图",角度拖入"总金额",度量为"求和";颜色拖入"商品名称";筛选器拖入"门店",选择门店类型"科苑中心店"。选择预览尺寸为"全画面",选中"数据标签"(见图9-8)。

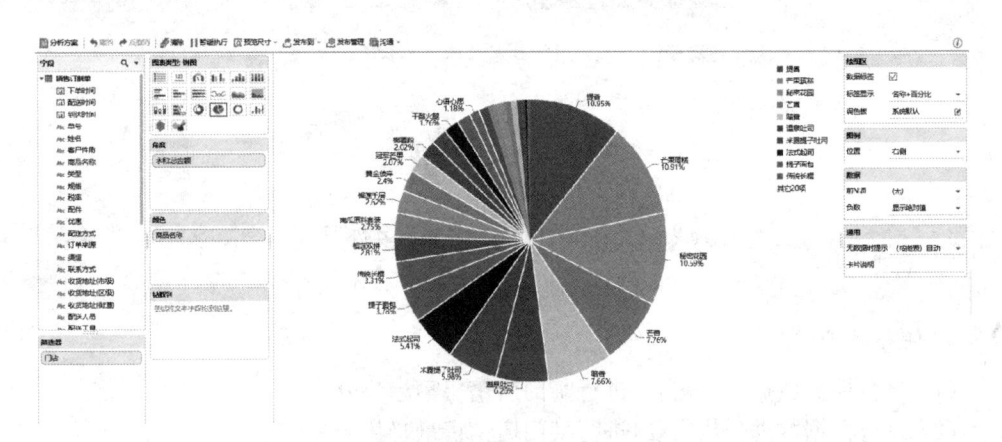

图9-8 科苑中心店各商品销售额占比分析

图表解读:图9-8是案例企业中的科苑中心店各商品销售额占比分析,图表类型为饼图。从图上可知,科苑中心店的销售额由本店各商品的销售额组成,各商品销售额的占比各有不同,其中,提香占比最大,为10.95%,表明提香的销售额最多,对科苑中心店销售额的贡献度最大。

(2)点击"分析方案",选择"另存为",方案名称输入"科苑中心店各商品销售额占比分析",点击"确定"(见图9-9)。

图9-9 另存为"科苑中心店各商品销售额占比分析"方案

(3) 进入"数据斗方",选择"饼图",角度拖入"数量",度量为"求和";颜色拖入"商品名称";筛选器拖入"门店",选择门店类型"科苑中心店"。选择预览尺寸为"全画面",选中"数据标签"(见图9-10)。

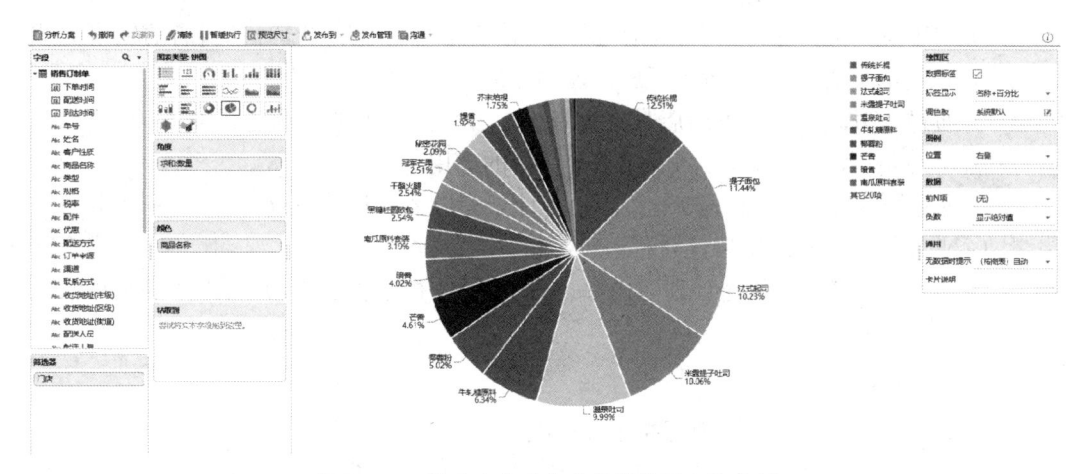

图9-10 科苑中心店各商品销售量占比分析

图表解读:图9-10是案例企业中的科苑中心店各商品销售量占比分析,图表类型为饼图。从图上可知,科苑中心店的销售量由本店各商品的销售量组成,各商品销售量的占比各有不同,其中,传统长棍占比最大,为12.51%,表明传统长棍的销售量最多,对科苑中心店销售量的贡献度最大。

(4) 点击"分析方案",选择"另存为",方案名称输入"科苑中心店各商品销售量占比分析",点击"确定"(见图9-11)。

图9-11 另存为"科苑中心店各商品销售量占比分析"方案

6. 任务作业

(1) 自行根据数据分析需要,计算各商品销售额占比;
(2) 自行根据数据分析需要,计算各商品销售量占比;
(3) 自行根据数据分析需要,计算蛋糕类商品销售额占比;
(4) 自行根据数据分析需要,计算面包类商品销售量占比。

任务九　销售完成情况分析

1. 任务目的

（1）利用案例企业的相关资料，通过 SQL 语言与可视化分析，对各门店的销售完成情况进行系统的分析，帮助管理者了解当期销售的完成情况；

（2）通过 SQL 语言，对各门店月度销售汇总分析所需的数据源进行准备，掌握 SQL 语言在业务分析-各门店销售计划完成率分析中的应用；

（3）通过可视化分析，掌握对各门店销售计划完成率分析的设计与解读，利用分析结果帮助企业制订下一期的销售计划和销售策略；

（4）通过分析各门店销售计划完成率，可以实时监控销售绩效，并对未来的销售情况进行预测。

2. 任务内容

（1）完成 SQL 代码编写，为可视化分析准备数据源；

（2）企业管理人员为了解各门店的销售完成情况，并决定是否调整销售计划或销售策略，应该如何去分析？

3. 任务准备

（1）新建一个业务主题，命名为"销售主题"，点击"确定"，完成创建；

（2）进入"数据建模"。

4. 任务要求

（1）完成 SQL 代码在各门店月度销售汇总分析中的应用；

（2）完成数据斗方中各门店销售计划完成率的图表设计与解读；

（3）将 SQL 语言、可视化分析，与各门店月度销售汇总分析相结合，用新技术、新方法对各门店的销售情况进行深入分析。

5. 任务操作指导

（1）在数据建模中，点击"新建数据表"，进入"新建数据表-选择数据源"界面，数据库选择"MySQL"，点击"下一步"；在"新建数据表-连接数据库服务器"界面左侧，输入服务器、端口、用户名和密码后，点击"连接"；显示连接成功后，在"新建数据表-连接数据库服务器"界面右侧，数据库选择"business_data"，类型选择"自定义 SQL"，点击"下一步"；在"新建数据表-自定义 SQL"界面，将名称命名为"门店月度销售汇总分析"，编辑以下 SQL 代码，点击"完成"（见图 9-12～图 9-14）。

"门店月度销售汇总分析"SQL 代码如下：

select a.日期,a.门店,a.计划销售额,b.实际销售额
from (select date_format(日期,"20%y-%m-01") as 日期,门店,sum(计划销售额) as 计划销售额 from 门店销售计划 where 日期>="2018-01-01" group by 日期,门店)a,
(select date_format(下单时间,"20%y-%m-01") as 日期,门店,sum(总金额) as

实际销售额 from 销售订制单 group by 日期,门店)b
　　where a.日期=b.日期 and a.门店=b.门店
　　group by a.日期,a.门店

图 9-12　连接数据库服务器

【注意】在输入服务器 IP 地址时,请使用本机 IP 地址。

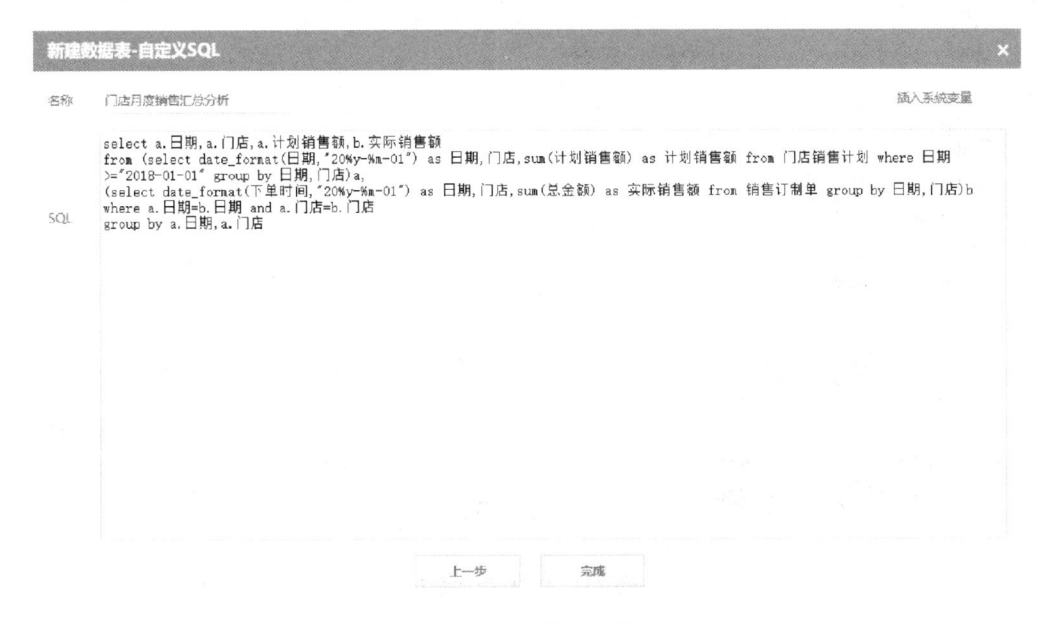

图 9-13　编辑 SQL 代码

【注意】
① a、b 是给数据表重命名用的,在该语法中,新形成了 a 数据表和 b 数据表。
② 字段前面加 a 或者 b,是为了说明该字段取自哪张数据表,如"a.日期",即"日期"

字段取自 a 数据表。

③ SQL 语句中的标点符号,存在采用不同的输入法时英文状态下的标点符号不同的情况,但只要语法能顺利运行出结果即可。

④ group by 后续的字段名可以是重命名前或重命名后的字段名,即可将重命名前的"date_format(日期,"20%y -%m -01")"作为聚合字段,也可将重命名后的"日期"作为聚合字段。

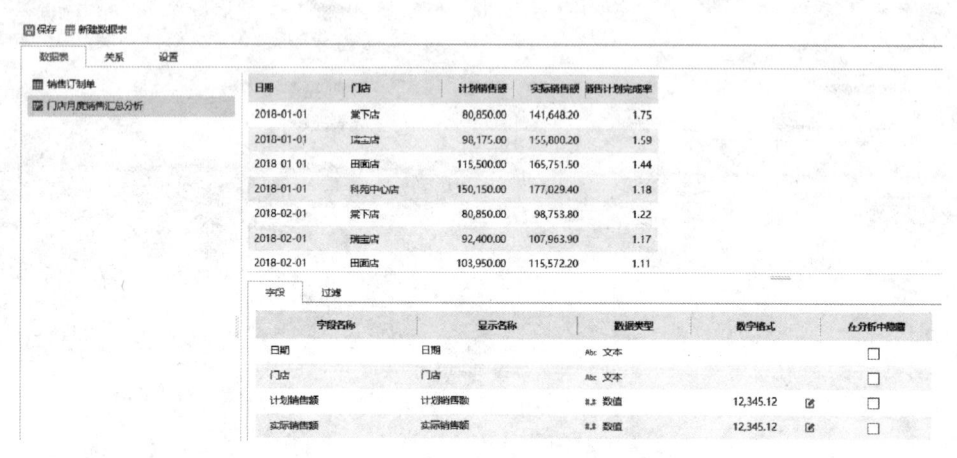

图 9-14 门店月度销售汇总分析输出值

(2) 更改"日期"字段数据类型为"日期"(见图 9-15)。

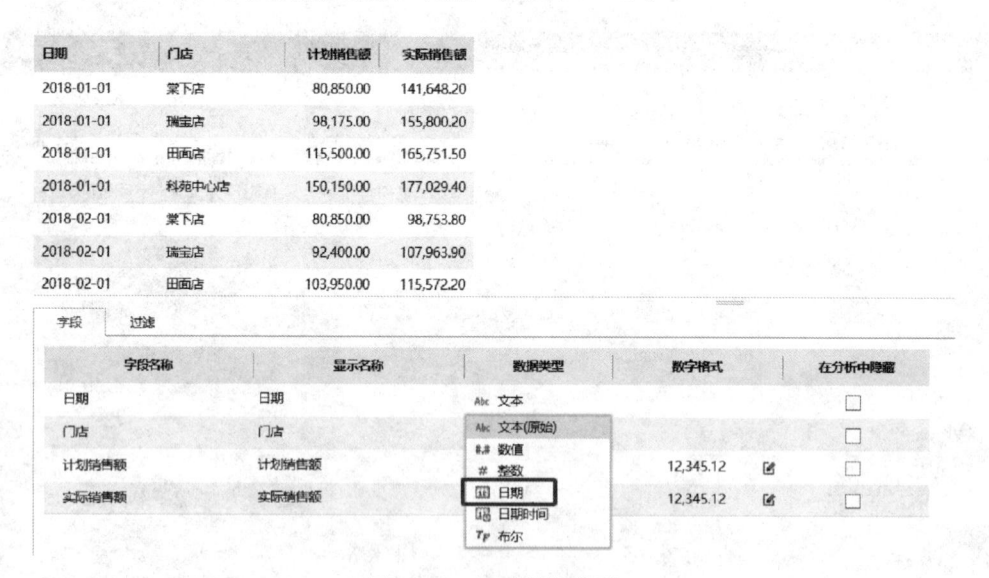

图 9-15 更改数据类型

(3) 创建计算字段。在门店月度销售汇总分析下新建计算字段,进入"新建计算字段"界面,名称输入:销售计划完成率,表达式输入:[实际销售额]/[计划销售额],输入完后点击"确定",并点击"保存"(见图 9-16~图 9-18)。

图 9-16 选择"新建计算字段"

图 9-17 输入名称和表达式

【注意】双击"字段"栏中所需的字段,即可在表达式中自动输入该字段。

图 9-18 新建"销售计划完成率"字段

(4) 进入"数据斗方",指针值拖入"销售计划完成率",度量为"平均";筛选器拖入"门店",全选所有门店。同时,右上角的属性设置区域中的"分段"设置为三个分段,选择不同的颜色,标签分别为预警、合格和优秀。由于销售计划完成率在财务指标中采用%表示,所以"数值格式"设置是:小数位数为2,数量单位为百分之一(%)。"销售计划完成率"和"门店"字段均选自"门店月度销售汇总分析"。选择预览尺寸为"全画面",选中"数据标签"(见图9-19和图9-20)。

图9-19 仪表盘分段设置

【注意】分段中的刻度值只能是数字,不能是百分数;预警、合格和优秀的分段范围由自己根据具体情况确定,非固定值。

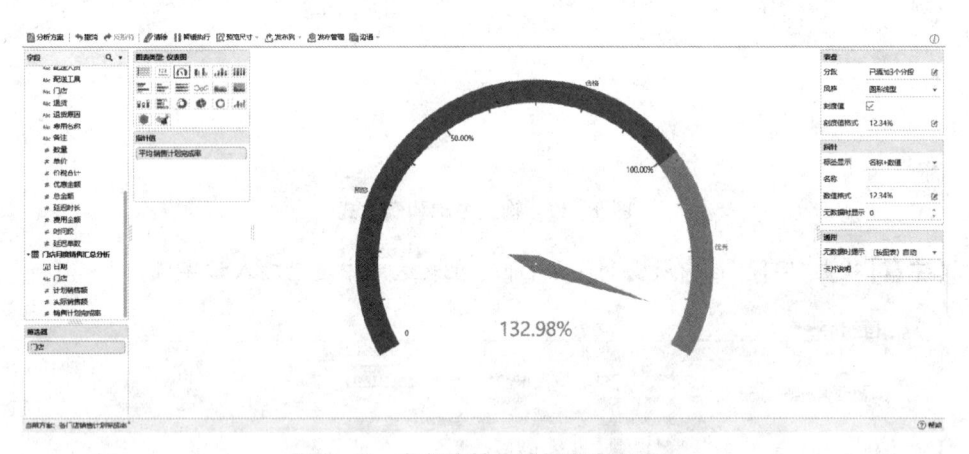

图9-20 各门店销售计划完成率分析

图表解读:图9-20是案例企业的各门店销售计划完成率,图表类型为仪表图。从图上可知,各门店销售计划完成率大于1,达到了132.98%的优秀水平,说明各门店的实际销售额大于计划销售额,超额完成了任务。但是,如果要分析单个门店的销售计划完成率,还需单独筛选出相应的门店。

(5) 点击"分析方案",选择"另存为",方案名称输入"各门店销售计划完成率",点击"确定"(见图9-21)。

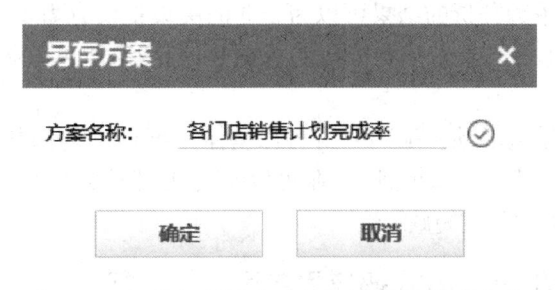

图 9‑21　另存为"各门店销售计划完成率"方案

6. 任务作业

（1）根据数据源：销售订制单，通过编辑 SQL 代码，计算各门店的销售额，且按升序排列；

（2）根据数据源：门店销售计划、销售订制单，通过编辑 SQL 代码，查找各区域的计划销售额和实际销售额，并计算各区域的销售计划完成率。

9.2　采购主题

9.2.1　采购的定义

从广义上来说，采购是指企业在一定的条件下从供应市场获取产品或服务作为企业资源，以保证企业生产及经营活动正常开展的一项企业经营活动。从狭义上来说，采购是指买东西，是企业根据需求提出采购计划、审核计划、选好供应商，经过商务谈判确定价格、交货及相关条件，最终签订合同并按要求收货付款的过程。

采购是企业价值链管理的核心环节，它不仅是企业获取物资、维持正常运营的必要手段，也是企业降低成本、提高效益的重要途径。

9.2.2　采购分析的作用

通过采购分析，企业可以深入了解采购活动的成本构成和效益，进而评估采购成本的控制和优化。采购分析的作用主要有以下几个方面：

（1）提高采购效率和效益。采购分析可以帮助企业识别采购过程中的浪费和低效环节，从而制定改进措施。通过优化采购流程、选择合适的供应商、提高采购效率等措施，企业可以降低采购成本，提高采购效益。

（2）优化采购流程。采购分析可以识别采购流程中的问题和瓶颈，如烦琐的流程、部门间的沟通不畅等。通过对采购流程的优化，企业可以提高采购效率和质量，降低采购成本。

（3）提高供应商管理水平。采购分析可以评估和比较不同供应商的质量、价格、交货时间等关键指标，从而筛选出最优质的供应商。通过与优质供应商建立长期合作关系，企业可以获得更稳定、可靠的供应，提高供应链的可靠性和韧性。

（4）辅助决策。采购分析的结果可以为企业的决策提供有力支持，如供应商选择、采购价格谈判、库存管理等。基于采购分析的数据和信息，企业可以制定更加科学、合理的采购策略和计划。

（5）预测和规划采购活动。采购分析可以揭示采购活动的趋势和变化，如季节性变化、市场需求波动等。基于这些信息，企业可以预测和规划未来的采购活动，以更好地满足业务需求，避免库存过剩或短缺。

9.2.3 采购分析的 SQL 代码应用与可视化分析

采购是指企业为了正常开展经营活动，从供应市场获取产品或服务的过程。它作为企业生产运营过程的主要环节之一，在新零售模式下，拥有海量的数据，如何在如此庞大的数据量中分析每月的重点采购物料种类、采购的质量和及时到货情况，以便更好地去制订采购计划和确定供应商等，成为企业在生产运营中需要解决的重要问题。

以下依托金蝶云·星空平台，运用数据可视化分析和 SQL 语言，分别从采购情况、采购质量、采购比例等角度，对采购数据进行可视化分析，进而挖掘采购数据的价值，提高采购效率和效益，提高供应商管理水平，提升企业采购决策能力。

任务十　采购情况分析

1. 任务目的

（1）利用案例企业的相关资料，通过可视化分析，对采购金额和重要物料占比进行系统的研究，分析采购变化趋势和物料的重要程度，帮助企业预测和规划采购活动；

（2）通过对采购金额进行分析，掌握数据可视化-采购金额分析中的应用；

（3）通过对重要物料占比进行分析，掌握数据可视化-重要物料占比分析中的应用；

（4）通过可视化分析，掌握对采购金额和重要物料占比图表分析的设计与解读，利用采购金额分析和重要物料占比分析，为企业提供采购决策依据，合理配置库存物料，提高采购效率和效益。

2. 任务内容

（1）采购主管为控制采购成本，想要了解每月采购金额的变动趋势，应该如何去分析？

（2）采购主管为合理配置库存物料，避免因过多库存物料而占用大量资金，应该如何去分析？

3. 任务准备

（1）新建一个业务主题，命名为"采购主题"，点击"确定"，完成创建；

（2）进入"数据建模"。

4. 任务要求

（1）对采购金额进行可视化分析，并对图表进行解读与汇报；

（2）对重要物料占比进行可视化分析，并对图表进行解读与汇报。

5. 任务操作指导

（1）在数据建模中，点击"新建数据表"，进入"新建数据表-选择数据源"界面，数据库选择"MySQL",点击"下一步";在"新建数据表-连接数据库服务器"界面左侧,输入服务器、端口、用户名和密码后,点击"连接",显示连接成功后,在"新建数据表-连接数据库服务器"界面右侧,数据库选择"business_data",类型选择"表",点击"下一步"(见图9-22);进入"新建数据表-选择表"界面后,选择"商品订货单",然后点击"下一步"(见图9-23);在"新建数据表-选择字段"界面直接选择"完成",商品订货单的数据表建立完成,点击左上角的"保存"按钮,实现商品订货单数据表的保存(见图9-24)。

图 9‑22　连接数据库服务器

【注意】在输入服务器 IP 地址时,请使用本机 IP 地址。

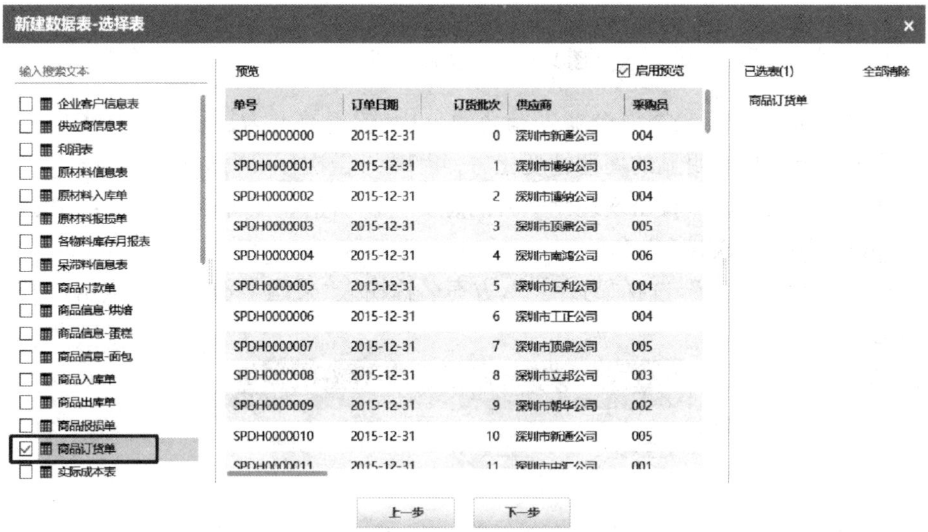

图 9‑23　选择"商品订货单"

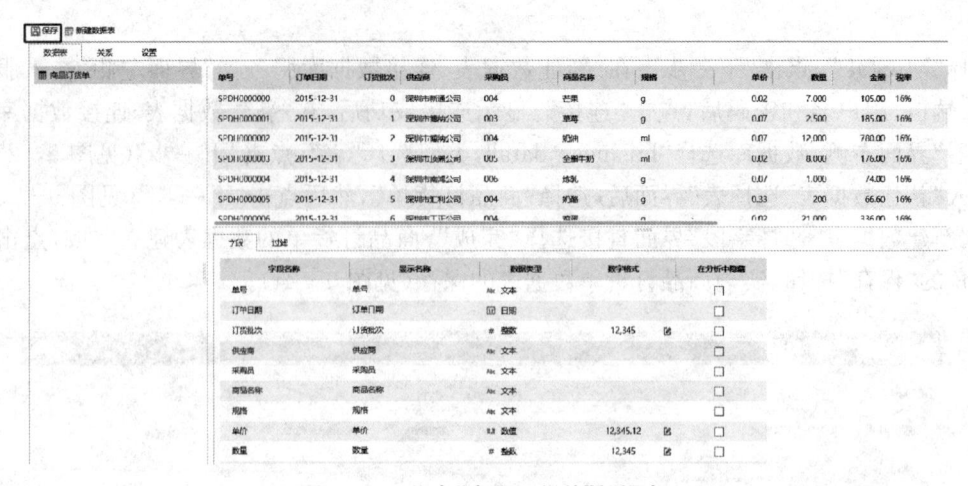

图 9‑24　保存"商品订货单"数据表

（2）进入"数据斗方"，选择"折线图"，横轴拖入"订单日期"，维度为"年月"；纵轴拖入"合计"，度量为"求和"。选择预览尺寸为"全画面"（见图 9‑25）。

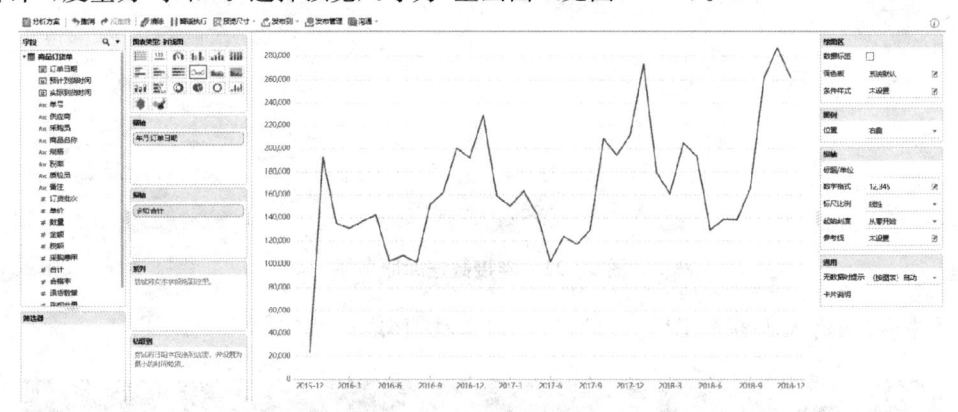

图 9‑25　采购金额分析

图表解读：图 9‑25 是案例企业采购金额分析，图表类型为折线图。从图中可知，企业各月的采购金额具有明显的周期性变化，每年 10 月至次年 2 月，处于较高水平；每年 3 月至 9 月，处于较低水平，且出现逐年上升的趋势。说明企业在每年年末和年初的采购需求较大，每年年中的采购需求较小。

（3）点击"分析方案"，选择"另存为"，方案名称输入"采购金额分析"，点击"确定"（见图 9‑26）。

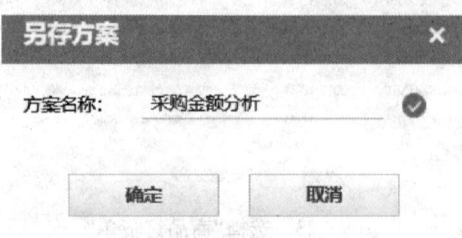

图 9‑26　另存为"采购金额分析"方案

第9章 财务大数据分析综合实训——业务环节

(4) 在数据建模中,点击"新建数据表",进入"新建数据表-选择数据源"界面,数据库选择"MySQL",点击"下一步";在"新建数据表-连接数据库服务器"界面左侧,输入服务器、端口、用户名和密码后,点击"连接";显示连接成功后,在"新建数据表-连接数据库服务器"界面右侧,数据库选择"business_data",类型选择"表",点击"下一步";进入"新建数据表-选择表"界面后,选择"原材料信息表",然后点击"下一步"(见图9-27);在"新建数据表-选择字段"界面直接选择"完成",原材料信息表的数据表建立完成,点击左上角的"保存"按钮,实现原材料信息表的保存(见图9-28)。

图9-27 选择"原材料信息表"

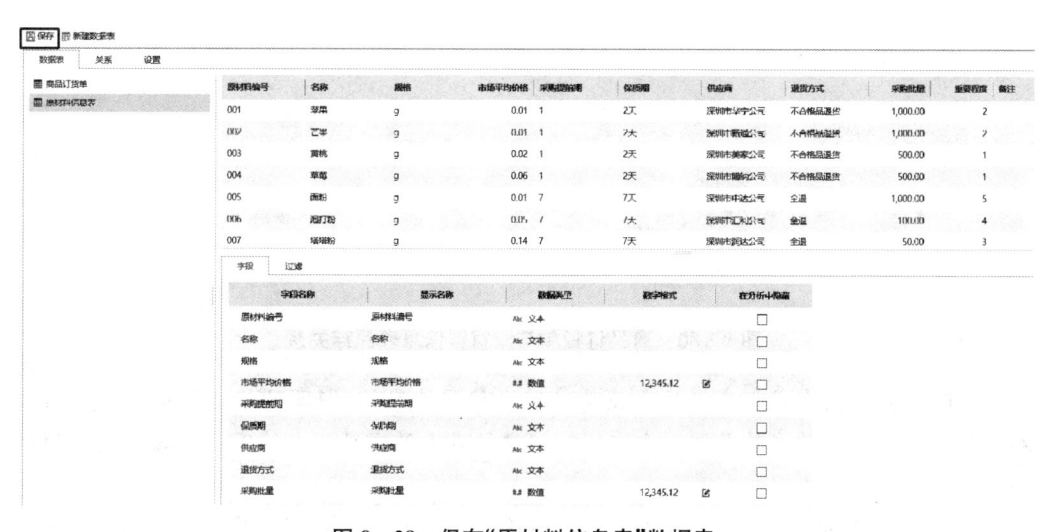

图9-28 保存"原材料信息表"数据表

(5) 通过商品订货单的"商品名称"与原材料信息表的"名称",建立多对一的关系,将两个数据表格联系起来(见图9-29和图9-30)。

167

图9-29 商品订货单与原材料信息表建立关系

图9-30 商品订货单与原材料信息表保存关系

【注意】此处两个数据表在建立关系时需用相同的字段,即商品订货单中的商品名称和原材料信息表中的名称是同一个内容。可通过查看两个数据表的字段内容来判断两个字段是否为同一个内容。

(6)进入"数据斗方",选择"饼图",角度拖入"合计",度量为"求和";颜色拖入"重要程度",选"维度"。其中,"合计"字段选自"商品订货单","重要程度"字段选自"原材料信息表"。选择预览尺寸为"全画面",选中"数据标签"(见图9-31)。

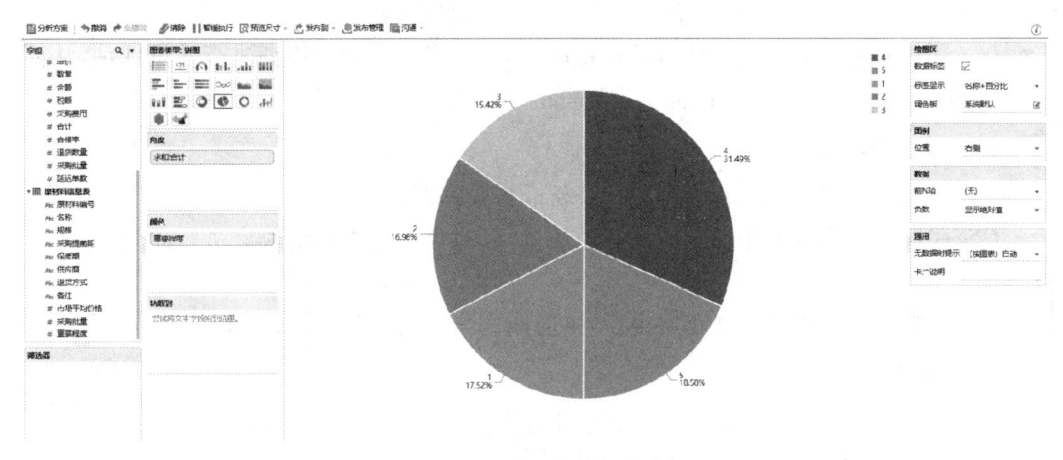

图 9-31 重要物料占比分析

图表解读:图 9-31 是案例企业的重要物料占比分析,图表类型为饼图。从图上可知,案例企业重要程度为 4 的重要物料占比最高,达到了 31.49%,其余重要物料的占比均处于 15.42%~18.58%。说明重要程度为 4 的重要物料采购金额明显高于其他重要物料的采购金额,且其他重要物料的采购金额相差不大。

(7) 点击"分析方案",选择"另存为",方案名称输入"重要物料占比分析",点击"确定"(见图 9-32)。

图 9-32 另存为"重要物料占比分析"方案

6. 任务作业

根据数据源:商品订货单、销售订制单,通过编辑 SQL 代码,各门店(按每个月的 1 日)汇总本月的销售额和采购金额,并计算各门店的采购金额占销售额的比重。

任务十一 采购质量分析

1. 任务目的

(1) 利用案例企业的相关资料,通过 SQL 语言与可视化分析,对采购质量和及时交付情况进行系统的研究,以提高采购质量和及时交付水平;

(2) 通过 SQL 语言,对各供应商采购质量月趋势分析的数据源进行准备,掌握 SQL 语言在业务分析-各供应商采购质量分析中的应用;

(3) 通过可视化分析,掌握及时交付率图表分析的设计与解读,利用各供应商及时交付率月趋势分析,对供应商进行分类管理,有效提高各供应商的及时交付水平。

(4) 通过对各供应商采购质量月趋势进行分析,可对不同供应商进行质量评估,从而建立采购管理质量保证体系,保证供应物资的质量水平。

2. 任务内容

(1) 完成 SQL 代码编写,为可视化分析准备数据源;

(2) 采购主管为保证企业生产产品的质量,要对供应商提供的物资进行质量评估,应该如何去分析?

(3) 采购主管为保证企业正常生产,供应商的物资能及时交付,应该如何去分析?

3. 任务准备

(1) 新建一个业务主题,命名为"采购主题",点击"确定",完成创建;

(2) 进入"数据建模"。

4. 任务要求

(1) 对各供应商采购质量(合格率)进行可视化分析,并对图表进行解读与汇报;

(2) 对各供应商及时交付率进行可视化分析,并对图表进行解读与汇报。

5. 任务操作指导

(1) 进入"数据斗方",选择"折线图",横轴拖入"订单日期",维度为"年月";纵轴拖入"合格率",度量为"平均";系列拖入"供应商",选"维度";筛选器拖入"供应商",选择"深圳市朝华公司"和"深圳市华宁公司";右侧起始刻度调为"允许不从零开始";"数字格式"设置是:小数位数为2,数量单位为百分之一(%)。"订单日期""合格率"和"供应商"字段均选自"商品订货单",选择预览尺寸为"全画面"(见图 9-33)。

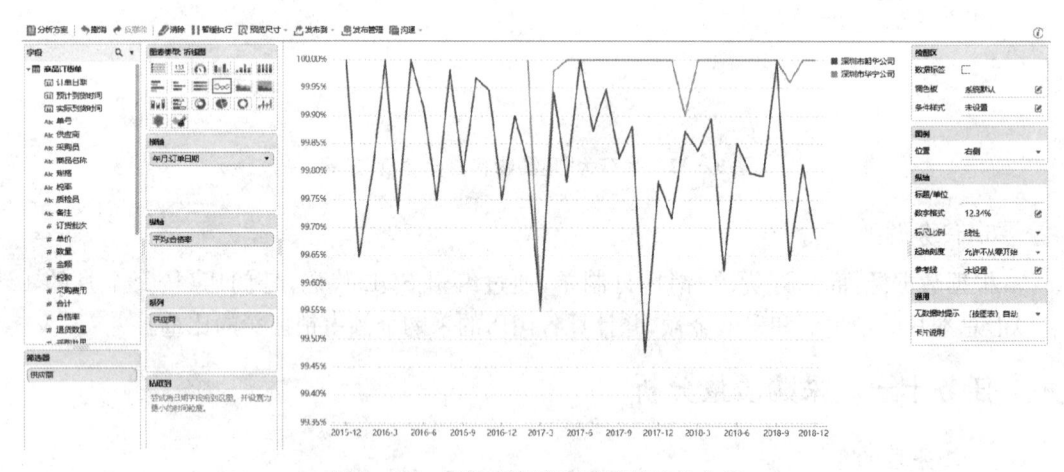

图 9-33 各供应商采购质量月趋势分析

图表解读:图 9-33 是案例企业不同月份从供应商采购的合格率,图表类型为折线图。从图上可知,供应商深圳市朝华公司和深圳市华宁公司的合格率均在 99% 以上,但深圳市华宁公司各月的合格率均未达到 100%,且合格率有所波动。说明企业应重点关注深圳市华宁公司的合格率,以提高该供应商的采购质量。

(2) 点击"分析方案",选择"另存为",方案名称输入"各供应商采购质量月趋势分析",点击"确定"(见图 9-34)。

图 9-34 另存为"各供应商采购质量月趋势分析"方案

(3) 在数据建模中,点击"新建数据表",进入"新建数据表-选择数据源"界面,数据库选择"MySQL",点击"下一步";在"新建数据表-连接数据库服务器"界面左侧,输入服务器、端口、用户名和密码后,点击"连接";显示连接成功之后,在"新建数据表-连接数据库服务器"界面右侧,数据库选择"business_data",类型选择"自定义 SQL",点击"下一步";在"新建数据表-自定义 SQL"界面,将名称命名为"及时交付率分析",编辑以下 SQL 代码,点击"完成",保存"及时交付率分析"数据表(见图 9-35～图 9-37)。

"及时交付率分析"SQL 代码如下:

select date_format(订单日期,"20%y -%m -01 ") as 日期,供应商,sum(延迟单数) as 延迟订单数,count(单号) as 订单量

from 商品订货单

group by date_format(订单日期,"20%y -%m -01 "),供应商

图 9-35 连接数据库服务器

【注意】在输入服务器 IP 地址时,请使用本机 IP 地址。

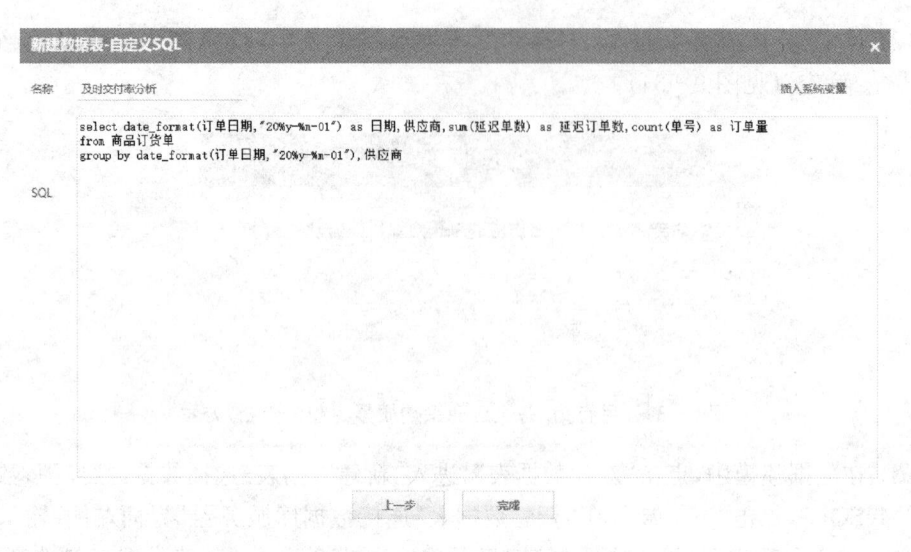

图 9-36 编辑 SQL 代码

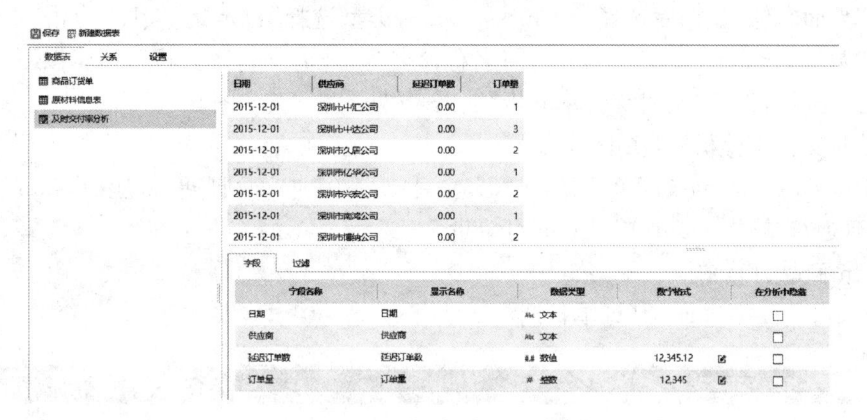

图 9-37 及时交付率分析输出值

(4) 更改"日期"字段数据类型为"日期"(见图 9-38)。

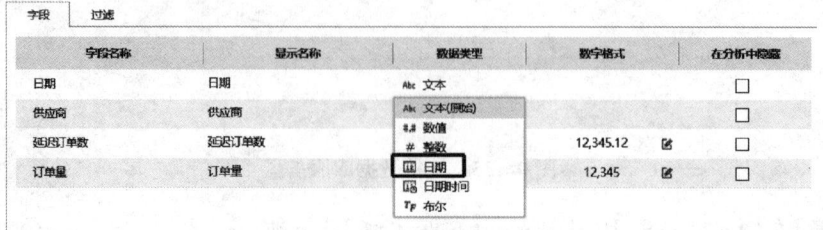

图 9-38 更改数据类型

（5）创建计算字段。在及时交付率分析下新建计算字段，进入"新建计算字段"界面，名称输入：及时交付率，表达式输入：（[订单量]－[延迟订单数]）/[订单量]，输入完后点击"确定"，并点击"保存"（见图 9-39～图 9-41）。

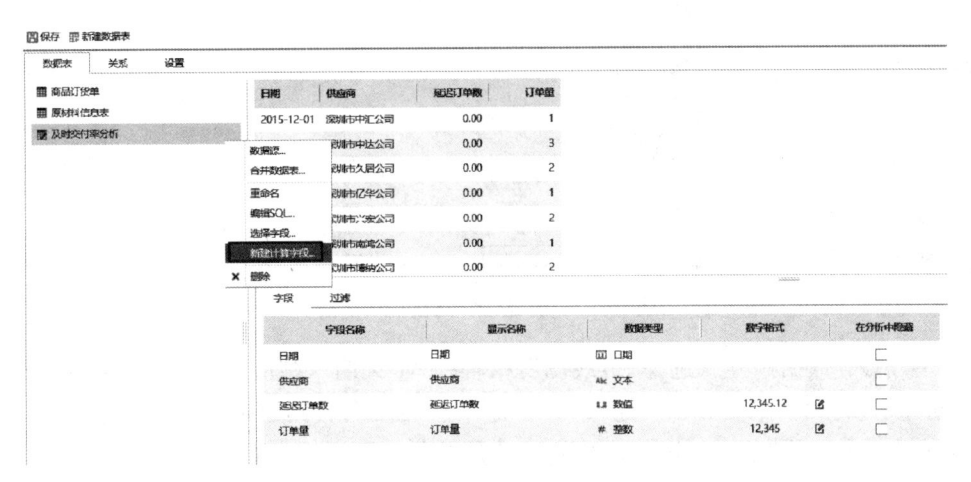

图 9-39　选择"新建计算字段"

图 9-40　输入名称和表达式

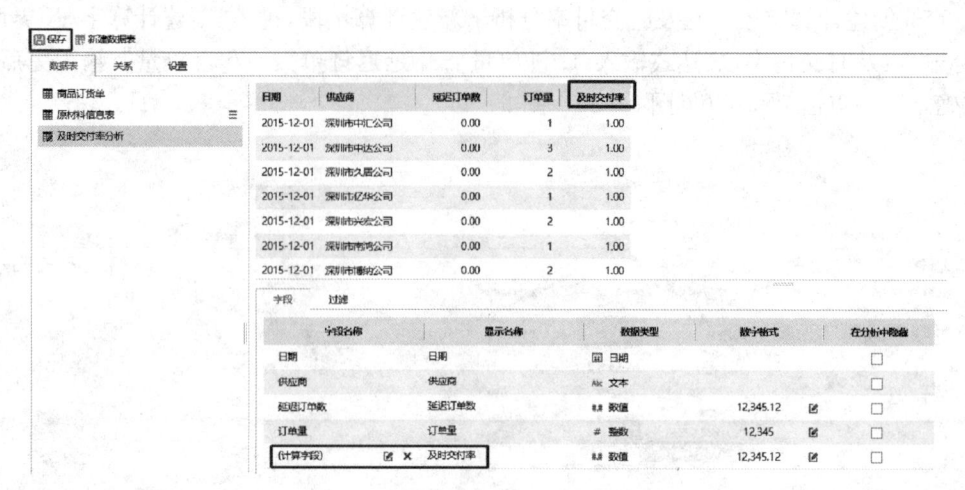

图 9-41 新建"及时交付率"字段

(6) 进入"数据斗方",选择"折线图",横轴拖入"日期",维度为"年月";纵轴拖入"及时交付率",度量为"平均";系列拖入"供应商",选"维度";右侧起始刻度调为"允许不从零开始";"数字格式"设置是:小数位数为 2,数量单位为百分之一(%)。"日期""及时交付率"和"供应商"字段均选自"及时交付率",选择预览尺寸为"全画面",选中"数据标签"(见图 9-42)。

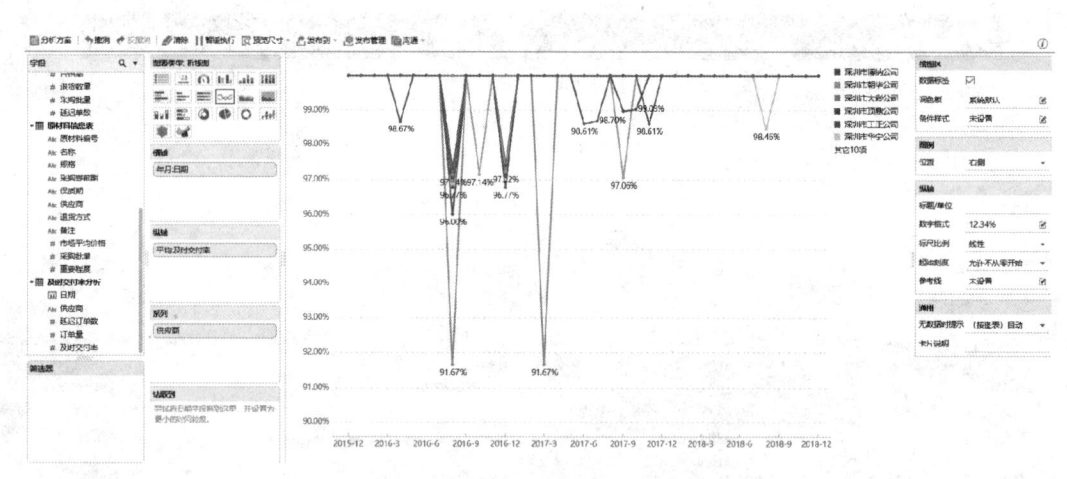

图 9-42 各供应商及时交付率月趋势分析

图表解读:图 9-42 是案例企业各供应商不同月份的及时交付率,图表类型为折线图。从图上可知,全部供应商的及时交付率均在 90% 以上,供应商基本能及时交付,但深圳市大彩公司在 2016 年 8 月和 2017 年 3 月的及时交付率明显低于其他供应商,企业可重点关注深圳市大彩公司后续的及时交付情况。

(7) 点击"分析方案",选择"另存为",方案名称输入"各供应商及时交付率月趋势分析",点击"确定"(见图 9-43)。

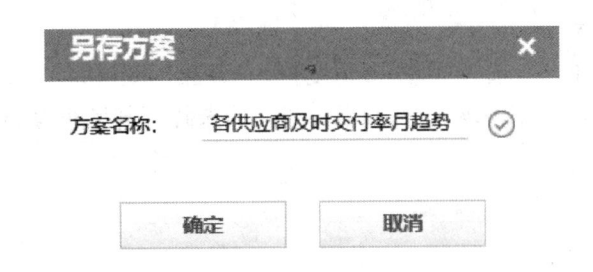

图9-43 另存为"各供应商及时交付率月趋势分析"方案

6. 任务作业

（1）根据数据源：商品订货单，通过编辑 SQL 代码，（按每个月的 1 日）计算各个月度的及时交付率，并在数据斗方中完成月度及时交付率折线图；

（2）根据数据源：商品订货单、原材料信息表，通过编辑 SQL 代码，计算各供应商各重要物料及时交付率，并在数据斗方中完成各供应商各重要物料及时交付率折线图。

任务十二　采购比例分析

1. 任务目的

（1）利用案例企业的相关资料，通过可视化分析，对供应商采购占比进行系统的研究，提高供应商的管理水平，为采购预测和规划提供决策依据；

（2）利用案例企业的相关资料，通过可视化分析，对各重要物料采购质量月趋势进行系统的研究，确保采购物料的质量符合标准，提高采购的效率和效益；

（3）通过对供应商采购占比进行分析，掌握数据可视化-供应商采购占比分析中的应用；

（4）通过对各重要物料采购质量月趋势进行分析，掌握数据可视化-各重要物料采购质量分析中的应用。

2. 任务内容

（1）采购主管为了解采购物料的主要来源，并有针对性地与主要供应商加强合作，应该如何去分析？

（2）采购主管为确保采购的重要物料能及时供应，且质量符合标准，应该如何去分析？

3. 任务准备

（1）新建一个业务主题，命名为"采购主题"，点击"确定"，完成创建；

（2）进入"数据建模"。

4. 任务要求

（1）对供应商采购占比进行可视化分析，并对图表进行解读与汇报；

（2）对各重要物料采购质量月趋势进行可视化分析，并对图表进行解读与汇报。

5. 任务操作指导

(1) 进入"数据斗方",选择"饼图",角度拖入"金额",度量为"求和";颜色拖入"供应商"。"金额"和"供应商"字段均选自"商品订货单",选择预览尺寸为"全画面",选中"数据标签"(见图9-44)。

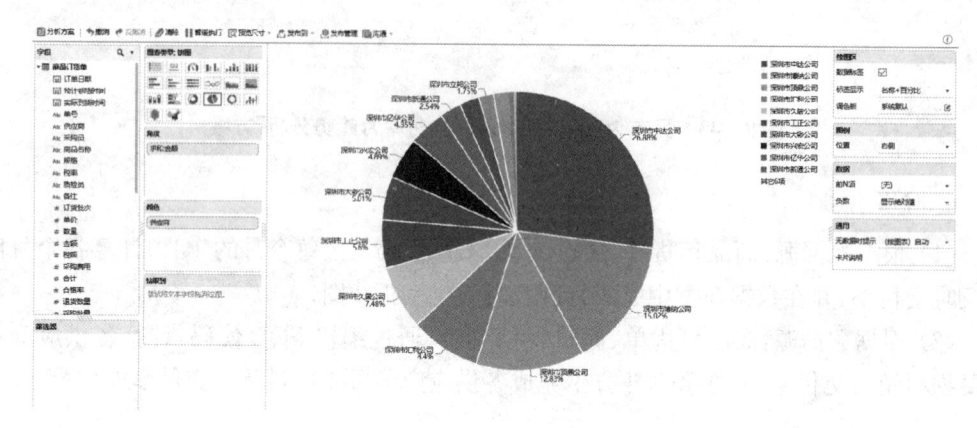

图9-44 供应商采购占比分析

图表解读:图9-44是案例企业向供应商采购的占比分析,图表类型为饼图。从图上可知,在向企业提供物资的供应商中,深圳市中达公司的占比最大,达到了26.88%,且明显高于其他供应商;紧随其后的是深圳市博纳公司、深圳市顶鼎公司等。企业后续应加强与深圳市中达公司等重点供应商的沟通合作,对不同的供应商进行分类管理。

(2) 点击"分析方案",选择"另存为",方案名称输入"供应商采购占比分析",点击"确定"(见图9-45)。

图9-45 另存为"供应商采购占比分析"方案

(3) 进入"数据斗方",选择"折线图",横轴拖入"订单日期",维度为"年月";纵轴拖入"合格率",度量为"平均";系列拖入"重要程度",选"维度";右边属性设置区域的"数字格式"设置为:小数位数为2,数量单位为百分之一(%)。"订单日期"和"合格率"字段均选自"商品订货单","重要程度"字段选自"原材料信息表",选择预览尺寸为"全画面",选中"数据标签"(见图9-46)。

图表解读:图9-46是案例企业各重要物料的采购质量月趋势分析,图表类型为折线图。从图上可知,企业所采购的五种重要物料各月的合格率均达到了99%以上,说明企业对各重要物料的采购质量把关严格,采购管理流程规范。

图 9-46 各重要物料采购质量月趋势分析

【注意】由于任务十已经对商品订货单的"商品名称"与原材料信息表的"名称"建立了多对一的关系,所以此处可直接选用商品订货单和原材料信息表的字段。

(4) 点击"分析方案",选择"另存为",方案名称输入"各重要物料采购质量月趋势分析",点击"确定"(见图 9-47)。

图 9-47 另存为"各重要物料采购质量月趋势分析"方案

6. 任务作业

自行根据数据分析需要,计算总体采购质量月趋势。

9.3 存货主题

9.3.1 存货的定义

存货是指企业在日常活动中持有以备出售的产成品或商品、处在生产过程中的在产品、在生产过程或提供劳务过程中耗用的材料或物料等,包括各类材料、在产品、半成品、产成品或库存商品以及包装物、低值易耗品、委托加工物资等。

9.3.2 存货分析的作用

存货的管理和控制对企业的经营具有重要影响,科学合理地管理存货,可以帮助企业降低成本,提高盈利能力。存货分析的作用主要有以下几点:

(1) 了解存货现状和趋势。通过对存货进行全面的分析,企业可以清晰地了解存货的当前状态以及未来的变化趋势,具体可包括存货的数量、结构、成本等方面的信息,有助于企业把握存货的整体情况。

(2) 及时发现存货管理问题。存货分析可以揭示存货管理中存在的问题,如存货积压、缺货、成本过高等,这些问题如果不及时解决,将影响企业的正常运营和盈利能力。

(3) 制定改进存货管理问题的措施。基于存货分析中发现的管理问题,企业可以制定针对性的改进措施,如优化存货结构、提高存货周转速度、降低存货成本等,这些措施有助于提升企业的存货管理水平,降低存货成本,提高企业的盈利能力。

(4) 优化资金运作。存货分析有助于企业了解存货的占用资金情况,从而减少不必要的资金占用,优化资金运作。通过减少不必要的库存积压,企业可以释放更多的资金用于其他经营活动,提高资金的使用效率和效果。

(5) 降低存货风险。存货分析可以帮助企业识别存货面临的风险,如存货丢失、损坏、变质等风险,并制定相应的风险防范措施;有助于企业降低存货风险,减少潜在损失。

(6) 提高市场竞争力。存货分析有助于企业更好地把握市场需求和供应情况,从而制定更加合理的采购、生产和销售计划;有助于企业提高产品的质量和交货速度,提高市场竞争力。

9.3.3 存货分析的 SQL 代码应用与可视化分析

存货是企业为了正常运营和销售而持有的各种物资,这些物资在企业的生产经营过程中起着重要的作用。存货的持有可以帮助企业满足客户的需求,保证生产的连续性和稳定性,同时也是企业重要的流动资产之一。

以下依托金蝶云·星空平台,运用数据可视化分析和 SQL 语言,分别从存货情况、存货周转等角度,对存货数据进行可视化分析,进而挖掘存货数据的价值,保障企业的生产和供应链安全,降低由于缺货或积压物资带来的潜在损失,确保存货的流动性、安全性和盈利性。

任务十三 存货情况分析

1. 任务目的

(1) 利用案例企业的相关资料,通过可视化分析,对报损原因进行系统的研究,及时发现报损原因并加以改进,以降低损耗,提高存货质量;

(2) 利用案例企业的相关资料,通过可视化分析,对呆滞料比重进行系统的研究,掌握呆滞料的种类、比例等信息,提前预防和发现呆滞料,合理规划原材料采购;

(3) 通过对报损原因进行分析,掌握数据可视化-报损原因分析中的应用;

(4) 通过对呆滞料比重进行分析,掌握数据可视化-呆滞料比重分析中的应用。

2. 任务内容

(1) 仓管人员想要了解商品的报损原因,以便提高商品质量,应该如何去分析?

(2) 仓管人员为降低因呆滞料而造成的损失,要了解呆滞料的种类、比例等信息,应该如何去分析?

3. 任务准备

(1) 新建一个业务主题,命名为"存货主题",点击"确定",完成创建;

(2) 进入"数据建模"。

4. 任务要求

(1) 对报损原因进行可视化分析,并对图表进行解读与汇报;

(2) 对呆滞料比重进行可视化分析,并对图表进行解读与汇报。

5. 任务操作指导

(1) 在数据建模中,点击"新建数据表",进入"新建数据表-选择数据源"界面,数据库选择"MySQL",点击"下一步";在"新建数据表-连接数据库服务器"界面左侧,输入服务器、端口、用户名和密码后,点击"连接";显示连接成功后,在"新建数据表-连接数据库服务器"界面右侧,数据库选择"business_data",类型选择"表",点击"下一步"(见图 9-48);进入"新建数据表-选择表"界面后,选择"呆滞料信息表"和"商品报损单",然后点击"下一步"(见图 9-49);在"新建数据表-选择字段"界面直接选择"完成",呆滞料信息表和商品报损单的数据表建立完成,点击左上角的"保存"按钮,实现呆滞料信息表和商品报损单数据表的保存(见图 9-50)。

图 9-48 连接数据库服务器

【注意】在输入服务器 IP 地址时,请使用本机 IP 地址。

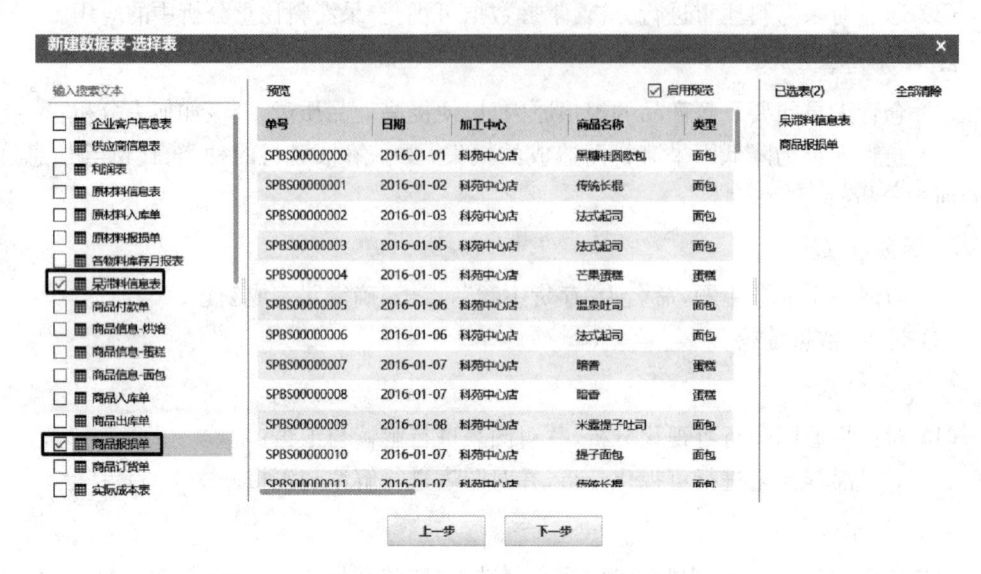

图 9-49　选择"呆滞料信息表"和"商品报损单"

图 9-50　保存"呆滞料信息表"和"商品报损单"数据表

（2）进入"数据斗方"，选择"饼图"，角度拖入"金额"，度量为"求和"；颜色拖入"报损原因"，选"维度"。"金额"和"报损原因"字段均选自"商品报损单"，选择预览尺寸为"全画面"，选中"数据标签"（见图 9-51）。

图表解读：图 9-51 是案例企业的报损原因分析，图表类型为饼图。从图上可知，造成商品报损的主要原因是不符合要求，其占比为 33.86%；但受污染、受潮、变形变质及其他，是造成报损不可忽视的原因，应予以重视，以提高企业的商品质量。

（3）点击"分析方案"，选择"另存为"，方案名称输入"报损原因分析"，点击"确定"（见图 9-52）。

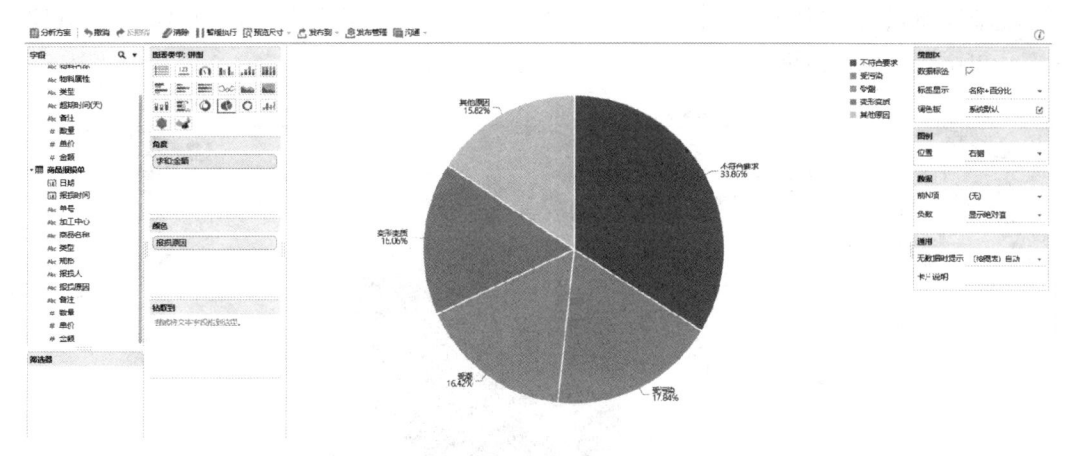

图 9-51 报损原因分析

图 9-52 另存为"报损原因分析"方案

（4）进入"数据斗方"，选择"饼图"，角度拖入"金额"，度量为"求和"；颜色拖入"物料名称"，选"维度"；筛选器拖入"日期"，选择"月"，数据筛选为"1月"。"金额""物料名称"和"日期"字段均选自"呆滞料信息表"，选择预览尺寸为"全画面"，选中"数据标签"（见图 9-53 和图 9-54）。

图 9-53 日期选"月"

图表解读：图 9-54 是案例企业（1月底）呆滞料比重分析，图表类型为饼图。从图上可知，企业在 1 月底的呆滞料有果酱和酵母，分别占 58.73%、41.27%，无其他呆滞料。所以,企业应重点关注果酱和酵母造成呆滞的原因。如果要分析其他月份的呆滞料及其原因,还可筛选其他月份进行分析。

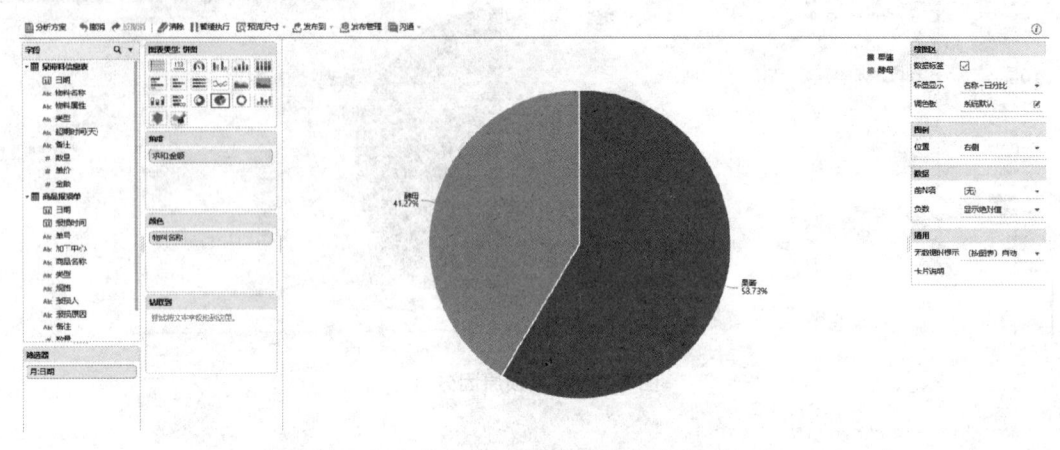

图9-54 (1月底)呆滞料比重分析

【注意】如果要对其他月份的呆滞料比重进行分析,筛选器的"日期"选择相应的月份即可。

(5)点击"分析方案",选择"另存为",方案名称输入"(1月底)呆滞料比重分析",点击"确定"(见图9-55)。

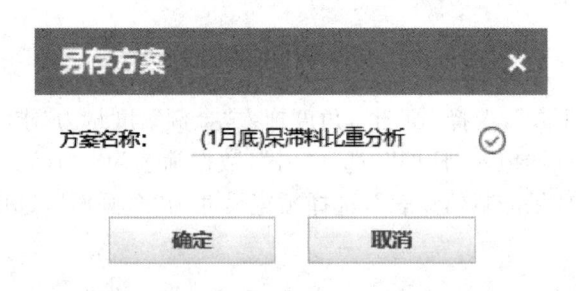

图9-55 另存为"(1月底)呆滞料比重分析"方案

6. 任务作业

(1)根据数据源:呆滞料信息表,通过编辑SQL代码,计算各物料月报损金额,并在数据斗方中完成各物料月报损金额折线图;

(2)根据数据源:商品报损单,通过编辑SQL代码,计算各类型商品月报损金额,并在数据斗方中完成各类型商品月报损金额折线图。

任务十四 存货周转分析

1. 任务目的

(1)利用案例企业的相关资料,通过SQL语言与可视化分析,对存货周转情况进行系统的研究,寻找加快存货周转速度的路径;

(2) 通过 SQL 语言,对存货周转分析所需的数据源进行准备,掌握 SQL 语言在业务分析-存货周转分析中的应用;

(3) 通过可视化分析,评估企业的存货周转速度,发现存货管理中存在的问题,加快存货周转速度,减少因存货积压导致占用资金所带来的成本增加风险。

2. 任务内容

企业管理人员想要了解存货管理是否存在问题,存货周转速度如何,应该如何去分析?

3. 任务准备

(1) 新建一个业务主题,命名为"存货主题",点击"确定",完成创建;

(2) 进入"数据建模"。

4. 任务要求

(1) 完成 SQL 代码在存货周转分析中的应用;

(2) 完成数据斗方中存货周转率的图表设计与解读;

(3) 将 SQL 语言、可视化分析,与存货周转率相结合,用新技术、新方法对存货周转速度进行深入分析。

5. 任务操作指导

(1) 在数据建模中,点击"新建数据表",进入"新建数据表-选择数据源"界面,数据库选择"MySQL",点击"下一步";在"新建数据表-连接数据库服务器"界面左侧,输入服务器、端口、用户名和密码后,点击"连接";显示连接成功后,在"新建数据表-连接数据库服务器"界面右侧,数据库选择"business_data",类型选择"自定义 SQL",点击"下一步";在"新建数据表-自定义 SQL"界面,将名称命名为"存货周转分析",编辑以下 SQL 代码,点击"完成",保存"存货周转分析"数据表(见图 9-56～图 9-58)。

图 9-56 连接数据库服务器

"存货周转分析"SQL 代码如下：

select a.日期,a.营业成本,c.期初余额,d.期末余额,(a.营业成本/((c.期初余额＋d.期末余额)/2)) as 存货周转率

from (select 日期,营业成本 from 利润表)a,

(select date_format((date_sub(b.日期,interval -1 quarter)),"%Y -%m ") as 日期,b.期末余额 as 期初余额 from (select 日期,sum(期初余额) as 期初余额,sum(期末余额) as 期末余额 from 库存总表 where 日期 like "%03 -31 " or 日期 like "%06 -30 " or 日期 like "%09 -30 " or 日期 like "%12 -31 " group by 日期)b)c,

(select 日期,sum(期初余额) as 期初余额,sum(期末余额) as 期末余额 from 库存总表 where 日期 like "%03 -31 " or 日期 like "%06 -30 " or 日期 like "%09 -30 " or 日期 like "%12 -31 " group by 日期)d

where a.日期 like concat("%",c.日期,"%") and a.日期＝d.日期

【注意】在输入服务器 IP 地址时,请使用本机 IP 地址。

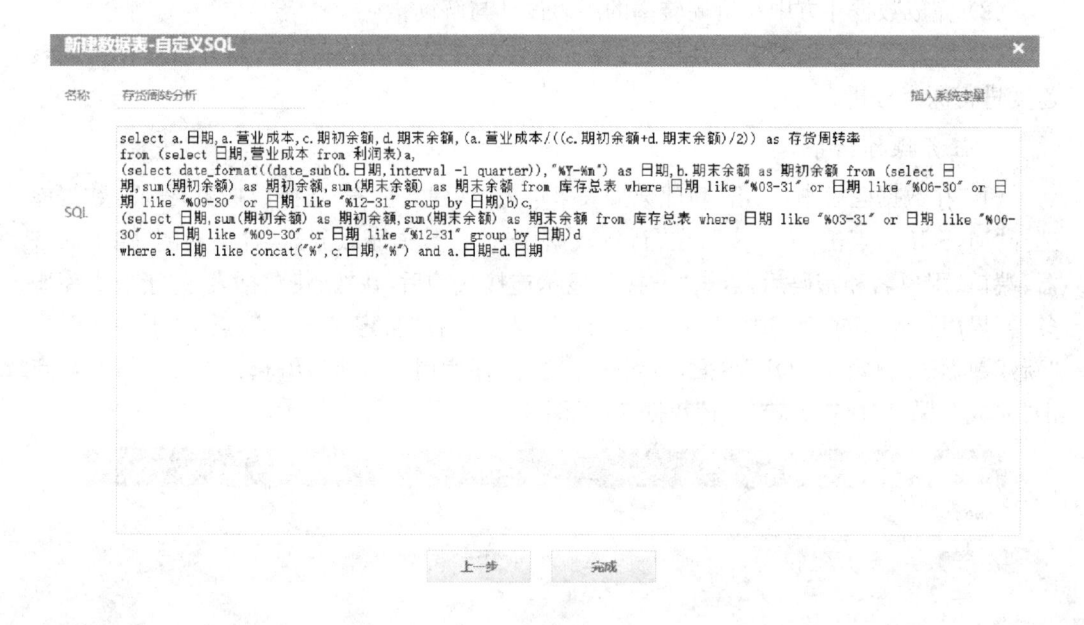

图 9‑57　编辑 SQL 代码

【注意】

① date_sub()函数,即从日期中减去指定的时间间隔;

② "interval -1 month",表示未来的一个月;"interval 1 month",表示过去的一个月;

③ 该语法中,a 表源自利润表,b、c、d 表均源自库存总表。

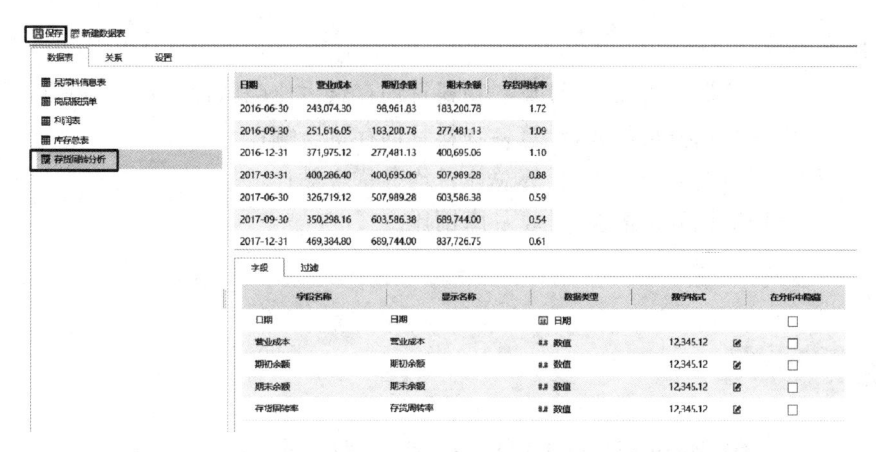

图9-58 存货周转分析输出值

（2）进入"数据斗方"，选择"折线图"，横轴拖入"日期"，维度为"季度"；纵轴拖入"存货周转率"，度量为"平均"；右侧"数字格式"设置是：小数位数为2。"日期"和"存货周转率"字段均选自"存货周转分析"，选择预览尺寸为"全画面"，选中"数据标签"（见图9-59）。

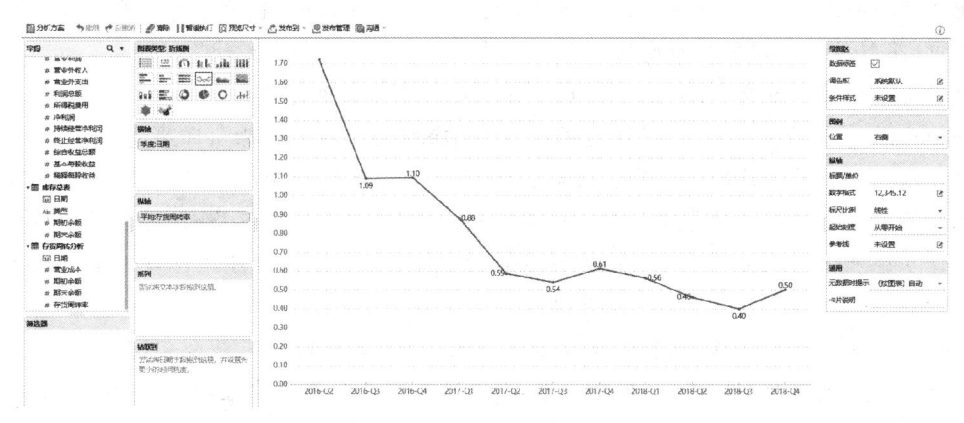

图9-59 各季度存货周转率趋势分析

图表解读：图9-59是案例企业各季度存货周转率的趋势分析，图表类型为折线图。从图上可知，企业的存货周转率在逐季下降，说明存货周转速度在下降，存货有可能存在积压、周转不畅的风险，企业管理层应引起重视，查明具体原因，加快存货周转速度。

（3）点击"分析方案"，选择"另存为"，方案名称输入"各季度存货周转率趋势分析"，点击"确定"（见图9-60）。

图9-60 另存为"各季度存货周转率趋势分析"方案

6. 任务作业

(1) 自行根据数据分析需要,计算各物料月均存货占比(某月底);
(2) 自行根据数据分析需要,计算各物料月均存货金额;
(3) 自行根据数据分析需要,计算总体月均存货金额;
(4) 自行根据数据分析需要,计算月库销比。

中国航油(新加坡)股份公司:生存起点的采购业务

1997年,中国航油(新加坡)股份公司(简称新加坡公司)正陷入休眠亏损的困境。该公司总经理全面审视了公司的内外部环境后,深刻认识到,若继续坚持船运经纪的定位,企业仍将难以维系。鉴于新加坡公司位于全球油料市场的核心地带,且依托中航油在航空燃油领域的深厚底蕴,他决定推动公司转型为专注于航油采购的贸易企业。在此转型战略中,获取航油外国采购额度的批文是关键突破口。此时,航油采购业务不仅承担着企业日常生产经营的重要任务,更是新加坡公司生存与发展的关键。

由于没有足够的资金,公司通过国内有资信的企业帮忙"过账",即事先谈好条件,然后请日本三井公司等外国供油商将油品卖给国内有资信的企业,新加坡公司再从国内这家企业买进并支付一定的费用。新加坡公司通过"过账"打开业务局面,并且在此过程中逐步建立企业资信。由于进口航油采购油价过高,新加坡公司按照国际规范实行公开招标,既拓宽了供应渠道,也大大压低了油价。

针对单船采购计划不合理,以及成本过高的问题,新加坡公司结合实际,按照全国用户一年的航油进口量,科学安排采购计划,按季度或半年批量集中采购,通过规模采购,选择低价的供应商,进一步压低油价,规避采购风险。针对以往采购过程中运输方式不合理、忽视运输过程风险等问题,新加坡公司实行集中运输等方法,既节省了运输成本,也规避了采购物资损失或无法保证供应等风险,并再次掌握了中国进口航空油品市场的运输权。

新加坡公司的努力赢得了国内总公司的信任,开始肩负着为中航油平抑油价、降低采购成本等重任。1997年,中航油将新加坡公司重新定位为以航油采购为主业的石油贸易公司,这意味着新加坡公司真正开始了事业的起步。

从中航油的采购业务可以看出,当企业无法破局时,只有发挥企业优势,集中优质资源,提升核心竞争力,才能让企业摆脱困境。不论是企业,还是个人,抓住主要矛盾(问题),集中优势力量解决主要矛盾,才能让自己在竞争激烈的环境中立于不败之地。

练习题

一、单选题

1. 下列关于在数据建模中新建计算字段的说法中,正确的是( )。

 A. 数据建模中新建计算字段时,可以进行跨表字段的选取

 B. 数据建模中,不能新建计算字段

 C. 数据建模中,新建计算字段时,只能在同一张表格里选取字段

 D. 数据建模中新建的计算字段,在数据斗方中只存在于当前方案,更换分析方案,即不可见

2. 饼图中运用"钻取到"功能时,自上而下的字段依次是:送货国家、送货城市、产品名称,其钻取顺序为( )。

 A. 送货国家→送货城市→产品名称　　B. 产品名称→送货城市→送货国家

 C. 送货城市→送货国家→产品名称　　D. 以上均不正确

3. 在对"合格率"的度量进行选择时,一般选用( )。

 A. 总和　　　　B. 平均　　　　C. 最大　　　　D. 最小

4. 以下关于存货周转率的计算,正确的是( )。

 A. 营业收入/(期初余额+期末余额)/2

 B. 营业收入/((期初余额+期末余额)/2)

 C. 营业成本/(期初余额+期末余额)/2

 D. 营业成本/((期初余额+期末余额)/2)

5. 下列关于date_format函数的使用,正确的是( )。

 A. date_format(下单时间,"20y -m -01 ")

 B. date_format(下单时间,"20%y -m -01 ")

 C. date_format(下单时间,"20y -%m -01 ")

 D. date_format(下单时间,"20%y -%m -01 ")

二、多选题

1. 下列关于字符串的描述中,正确的是( )。

 A. count()是求和函数　　　　　　B. sum()是求和函数

 C. date_format()是日期函数　　　D. as是重命名函数

2. 下列说法中,正确的是( )。

 A. SQL代码里涉及两张数据表时,会以a、b分别表示

 B. "a.日期"表示"日期"字段取自a数据表

 C. SQL代码里涉及两张数据表时,会有2个select语句

 D. SQL代码里涉及两张数据表时,会有3个select语句

3. 以下SQL语句正确的有( )。

 A. select date_format(日期,"20%y -%m -01 ") as 日期,门店,sum(计划销售额)

as 计划销售额 from 门店销售计划

  B. select date_format(日期,"20%y-%m-01") as 日期,门店,sum(计划销售额) from 门店销售计划

  C. select date_format(日期,"20%y-%m-01") as 日期,门店,sum(计划销售额) as 计划销售额 where 门店销售计划

  D. select date_format(日期,"20%y-%m-01") as 日期,门店,sum(计划销售额) where 门店销售计划

  4. 下列关于分析存货报损的作用有(　　)。

  A. 有利于提高企业库房   B. 有利于提高损耗

  C. 有利于控制成本   D. 有利于及时发现呆滞料

  5. 商品订货单与原材料信息表之间,可建立的关系包括(　　)。

  A. 一对一   B. 一对多

  C. 多对一   D. 多对多

三、判断题

1. 对企业的销售计划完成率进行数据斗方图表设计时,可用仪表图进行演示。(　　)

2. SQL 代码中,可通过 where 建立数据表之间的关系。(　　)

3. 仪表图中的刻度值,既可以输入百分数,又可以输入小数。(　　)

4. 数据斗方中通过折线图进行拖曳字段时,"筛选器"区一般只能拖入一个字段。(　　)

5. 字段前面加 a 或者 b,是为了说明该字段取自哪张数据表,如"a.门店",即"门店"字段取自 a 数据表。(　　)

四、简答题

根据图形,回答以下三个问题。

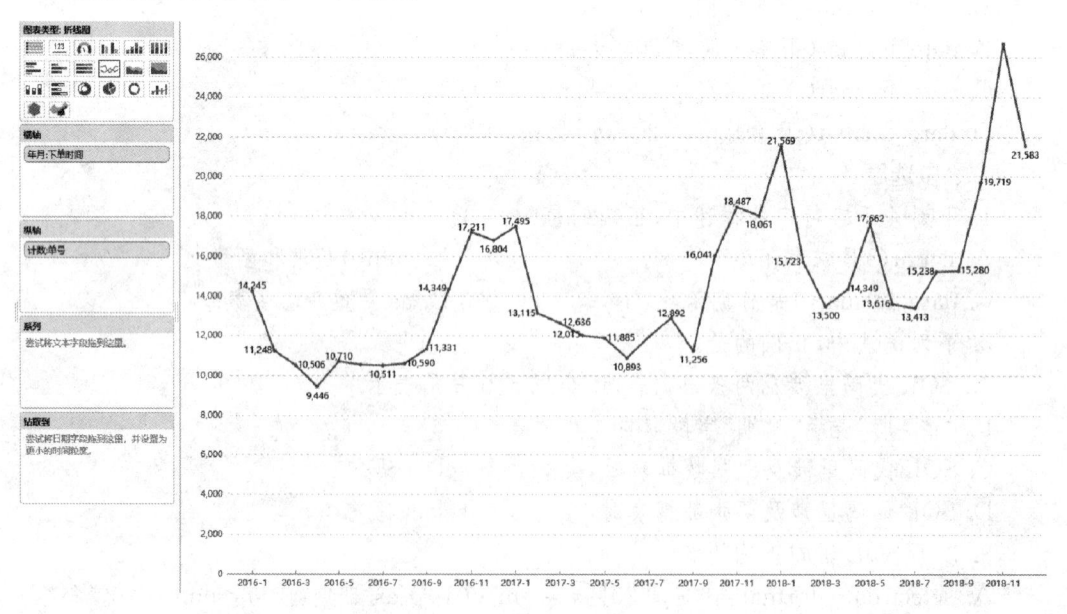

(1) 这是什么图？
(2) 能得出什么结论？
(3) 有何管理建议？

五、业务综合题

1. 资料情况如下：

(1) 数据表"门店销售计划"，其含有如下字段：

日期	门店	计划销售额	门店性质	门店地址(市级)	门店地址(区级)
2016-01-01	科苑中心店	130,000.00	门店	深圳市	南山区
2016-02-01	科苑中心店	100,000.00	门店	深圳市	南山区
2016-03-01	科苑中心店	90,000.00	门店	深圳市	南山区
2016-04-01	科苑中心店	92,000.00	门店	深圳市	南山区
2016-05-01	科苑中心店	89,000.00	门店	深圳市	南山区
2016-06-01	科苑中心店	85,000.00	门店	深圳市	南山区
2016-07-01	科苑中心店	86,000.00	门店	深圳市	南山区

(2) 数据表"门店利润计划"，其含有如下字段：

日期	门店	计划年利润	门店性质	门店地点
2016-12-31	科苑中心店	420,000.00	门店	深圳市南山区
2016-12-31	田面店	360,000.00	加工中心	深圳市罗湖区
2016-12-31	瑞宝店	400,000.00	门店	广州市海珠区
2016-12-31	棠下店	340,000.00	加工中心	广州市天河区
2017-12-31	科苑中心店	460,000.00	门店	深圳市南山区
2017-12-31	田面店	365,000.00	加工中心	深圳市罗湖区
2017-12-31	瑞宝店	440,000.00	门店	广州市海珠区

(3) 最终输出结果如下：

日期	门店	计划年利润	计划销售额
2017	棠下店	363,000.00	852,500.00
2017	瑞宝店	440,000.00	1,004,300.00
2017	田面店	365,000.00	1,078,000.00
2017	科苑中心店	460,000.00	1,384,900.00
2018	棠下店	380,000.00	898,725.00
2018	瑞宝店	460,000.00	1,063,425.00

具体要求如下：

(1) 从门店利润计划表中，调取日期、门店、计划年利润，并对日期输出值仅做4位年份输出，且按日期、门店聚合；

(2) 从门店销售计划表中，调取日期、门店、计划销售额（求和），并对日期输出值仅做4位年份输出，且按日期、门店聚合；

(3) 门店利润计划表和门店销售计划表通过日期、门店两个字段建立关系；

(4) 最终输出值按照日期、门店聚合

2. 在数据表"商品订货单"中，用多系列柱形图找出合格率最低的公司是哪家，该家公司的合格率是多少，在平均合格率以下的公司有几家。

要求：合格率采用百分数，保留两位小数，且按升序排列。

第 10 章 财务大数据分析综合实训——财务环节

10.1 应收账款主题

10.1.1 应收账款的定义

应收账款是指企业在正常的经营过程中,因发生销售商品、产品,提供劳务等业务,应向购买单位收取的款项,包括应由购买单位或接受劳务单位负担的税金、代购买方垫付的各种运杂费等。应收账款表示企业在销售过程中被占用在外的资金。企业应及时收回应收账款以弥补企业在生产经营过程中的各种耗费,保证企业持续经营;对于被拖欠的应收账款应采取措施,组织催收;对于确实无法收回的应收账款,凡符合坏账条件的,应在取得有关证明并按规定程序报批后,做坏账损失处理。

10.1.2 应收账款分析的作用

应收账款分析在企业的财务管理中扮演着至关重要的角色,不仅有助于企业更好地了解和管理应收账款,还能提高企业的信用管理水平,降低财务风险。应收账款分析的作用主要有以下几点:

(1) 了解应收账款的总体状况。通过应收账款分析,企业可以清晰地了解不同时期应收账款的金额和占比,从而掌握应收账款的整体情况。此外,企业还可通过计算应收账款的平均回收期、标准差等指标,进一步了解应收账款的总体状况。

(2) 识别潜在的坏账风险。账龄越长的应收账款,发生坏账的可能性越大。应收账款分析可以识别出那些处于高风险状态的应收账款,根据账龄分析的结果,企业可对潜在的坏账损失进行计提,从而减少企业的意外损失。

(3) 改善企业的信用管理水平。通过应收账款分析,企业可以了解客户的信用水平,并据此制定合理的信用政策。例如,对于信用水平良好的客户,可以适当放宽信用额度;对于信用水平较低的客户,可以采取严格的信用政策。

(4) 指导催收工作。应收账款分析可以帮助企业确定哪些账款需要优先催收,哪些账款可以暂缓催收。账款逾期的时间越长,金额越大,客户信用水平越低,催收难度往往越大。因此,企业可以根据账龄和客户信用水平来制定催收策略,提高催收效率。

(5) 加强企业的财务分析。应收账款是企业流动资产的重要组成部分,通过应收账款分析,企业可以更全面地了解自己的财务状况,评估流动性、盈利能力和财务风险等。

(6) 预测未来现金流情况。通过分析不同账龄段的应收账款金额,企业可以预测未来的收款时间和金额,从而更好地进行资金计划和预算。

10.1.3 应收账款分析的SQL代码应用与可视化分析

应收账款是伴随着企业的销售行为而发生的一项债权。通过赊销方式形成的应收账款,不仅可以增加销售收入,还可以降低由于存货过高带来的压力。在新零售模式下,企业的客户数量较多,客户类型也存在差异,如何对不同客户进行分类,分析其偿债能力,以便对不同的客户进行分类管理,是企业不得不面临的问题。

以下依托金蝶云·星空平台,运用数据可视化分析和SQL语言,分别从应收账款客户、应收账款周转等角度,对应收账款数据进行可视化分析,进而挖掘应收账款数据的价值,识别出潜在的坏账风险,指导企业的催收工作,提升企业应收账款的管理能力。

任务十五　应收账款客户分析

1. 任务目的

(1) 利用案例企业的相关资料,通过可视化分析,对企业对客户的应收金额进行分析;

(2) 利用案例企业的相关资料,通过SQL语言与可视化分析,对各季度应收账款占比的趋势进行分析;

(3) 通过可视化分析,确定不同客户所欠金额的大小,并对客户的信用进行分类管理,帮助企业开展催收工作;

(4) 通过可视化分析,可帮助企业加强应收账款管理,降低坏账风险,预测企业未来的现金流。

2. 任务内容

(1) 财务人员想要了解哪些客户欠企业的款,分别欠多少,应该如何去分析?

(2) 财务人员想要了解企业在哪些季节会出现比较多的应收账款,以便在此期间开展催收工作,应该如何去分析?

3. 任务准备

(1) 新建一个业务主题,命名为"应收账款主题",点击"确定",完成创建;

(2) 进入"数据建模"。

4. 任务要求

(1) 完成数据斗方中对客户的应收金额分析的图表设计与解读;

(2) 完成SQL代码在应收账款占比分析中的应用;

(3) 将SQL语言、可视化分析,与应收账款占比分析相结合,用新技术、新方法对应收账款占比进行深入分析。

5. 任务操作指导

(1) 在数据建模中,点击"新建数据表",进入"新建数据表-选择数据源"界面,数据库选择"MySQL",点击"下一步";在"新建数据表-连接数据库服务器"界面左侧,输入服务器、端口、用户名和密码后,点击"连接";显示连接成功后,在"新建数据表-连接数据库服务器"界面右侧,数据库选择"business_data",类型选择"表",点击"下一步"(见图10-1);进入"新建数据表-选择表"界面后,选择"销售收款单",然后点击"下一步"(见图10-2);在"新建数据表-选择字段"界面直接选择"完成",销售收款单的数据表建立完成,点击左上角的"保存"按钮,实现销售收款单数据表的保存(见图10-3)。

图10-1 连接数据库服务器

【注意】在输入服务器IP地址时,请使用本机IP地址。

图10-2 选择"销售收款单"

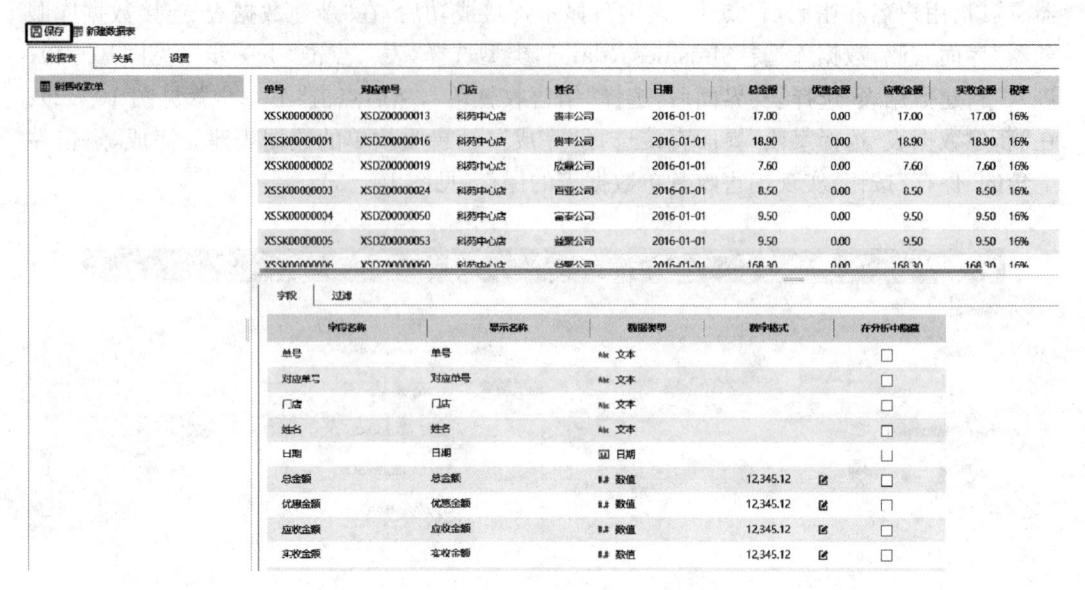

图 10-3 保存"销售收款单"数据表

（2）进入"数据斗方"，选择"饼图"，筛选器拖入"日期"，数据筛选选择"年月"；角度拖入"应收金额"，度量为"求和"；颜色拖入"姓名"。选择预览尺寸为"全画面"，选中"数据标签"（见图 10-4）。

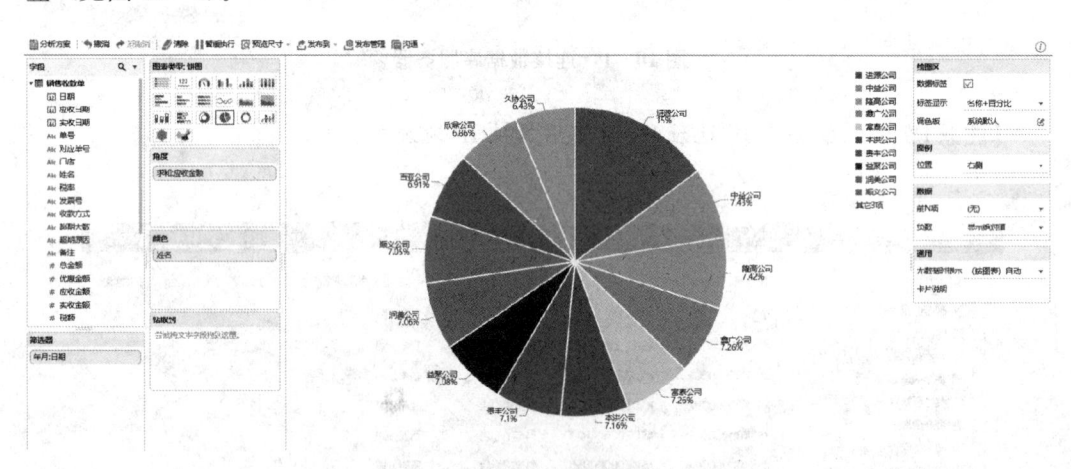

图 10-4 对客户的应收金额分析

图表解读：图 10-4 是案例企业对客户的应收金额分析，图表类型为饼图。从图上可知，企业应收进源公司的金额最大，其占比达到了 15%，应收其他十二家公司的金额占比均在 7% 左右。对此，企业应重点关注进源公司欠款的原因，同时也要对其他公司所欠款进行具体分析，加快客户的回款速度，降低坏账风险。

（3）点击"分析方案"，选择"另存为"，方案名称输入"对客户的应收金额分析"，点击"确定"（见图 10-5）。

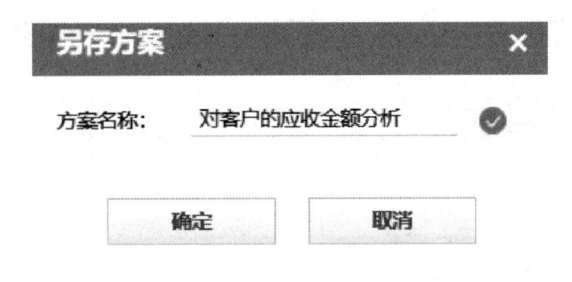

图 10-5 另存为"对客户的应收金额分析"方案

(4) 在数据建模中,点击"新建数据表",进入"新建数据表-选择数据源"界面,数据库选择"MySQL",点击"下一步";在"新建数据表-连接数据库服务器"界面左侧,输入服务器、端口、用户名和密码后,点击"连接";显示连接成功后,在"新建数据表-连接数据库服务器"界面右侧,数据库选择"business_data",类型选择"自定义 SQL",点击"下一步";在"新建数据表-自定义 SQL"界面,将名称命名为"应收账款占比分析",编辑以下 SQL 代码,点击"完成",保存"应收账款占比分析"数据表(见图 10-6～图 10-8)。

"应收账款占比分析"SQL 代码如下:

select a.日期,a.应收金额,b.实际销售额

from (select date_format(日期,"20%y-%m-01") as 日期,sum(应收金额) as 应收金额 from 销售收款单 group by 日期)a,

(select date_format(下单时间,"20%y-%m-01") as 日期,sum(总金额) as 实际销售额 from 销售订制单 group by 日期)b

where a.日期=b.日期

group by a.日期

图 10-6 连接数据库服务器

【注意】在输入服务器 IP 地址时,请使用本机 IP 地址。

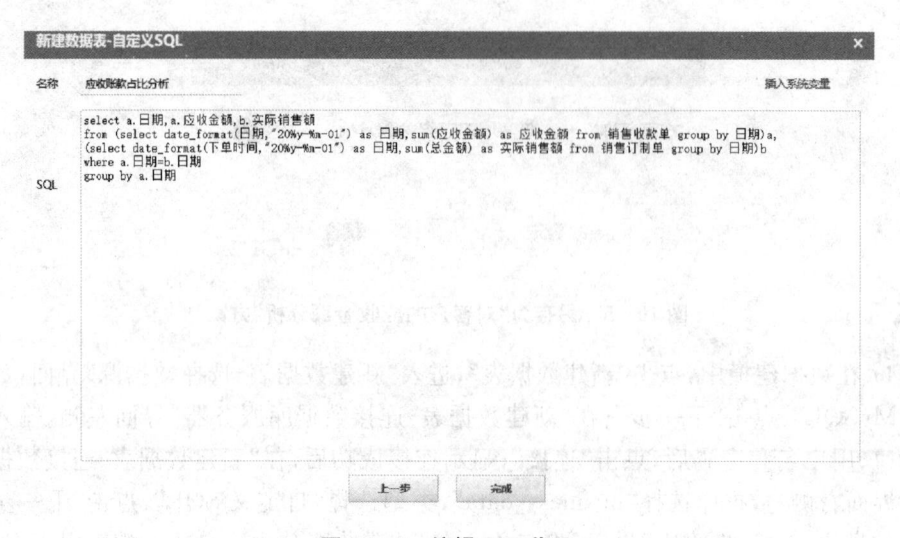

图 10-7　编辑 SQL 代码

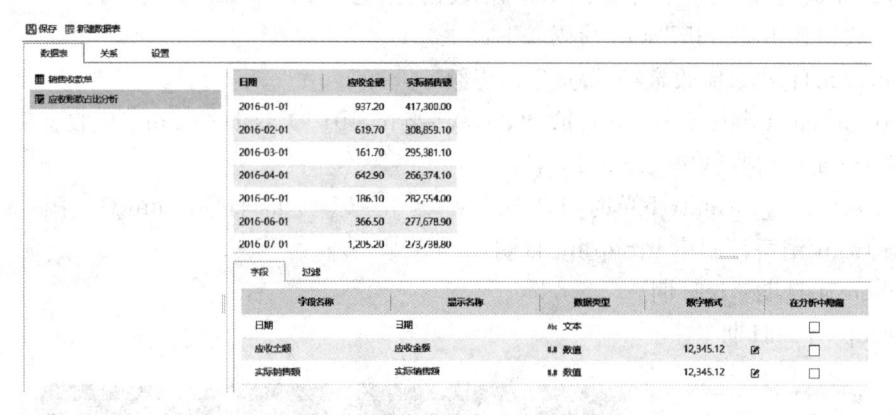

图 10-8　应收账款占比分析输出值

（5）更改"日期"字段数据类型为"日期"（见图 10-9）。

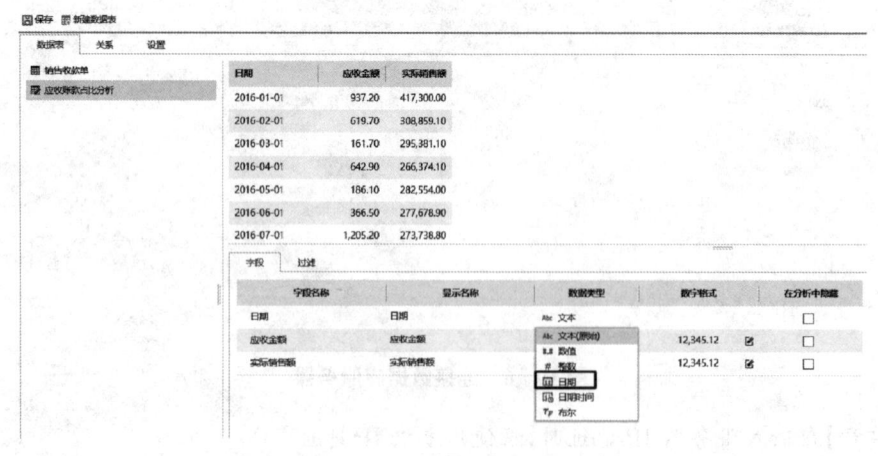

图 10-9　更改数据类型

(6) 创建计算字段。在应收账款占比分析下新建计算字段,进入"新建计算字段"界面,名称输入:应收账款占比,表达式输入:[应收金额]/[实际销售额],输入完后点击"确定",并点击"保存"(见图 10-10~图 10-12)。

图 10-10 选择"新建计算字段"

图 10-11 输入名称和表达式

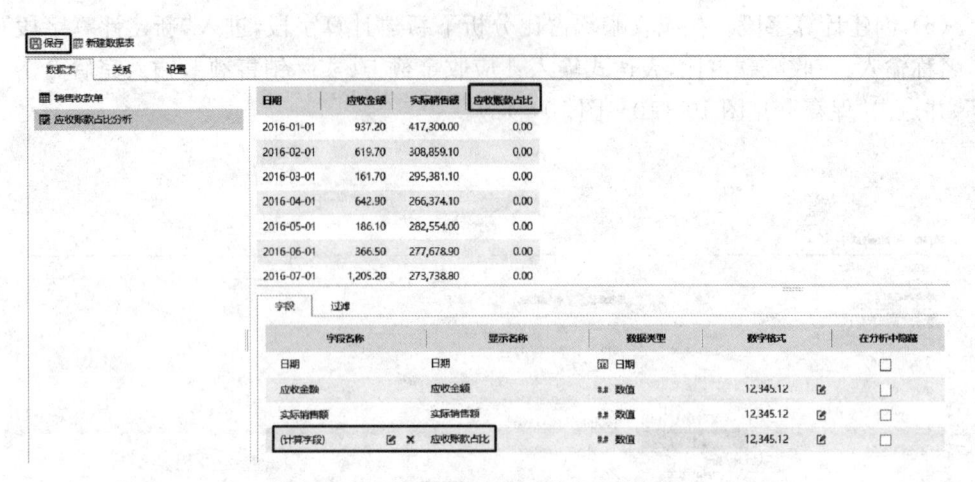

图 10-12　新建"应收账款占比"字段

（7）进入"数据斗方"，选择"折线图"，横轴拖入"日期"，维度为"季度"；纵轴拖入"应收账款占比"，度量为"平均"；右侧"数字格式"设置是：小数位数为2，数量单位为百分之一（％）。"日期"和"应收账款占比"字段均选自"应收账款占比分析"，选择预览尺寸为"全画面"，选中"数据标签"（见图10-13）。

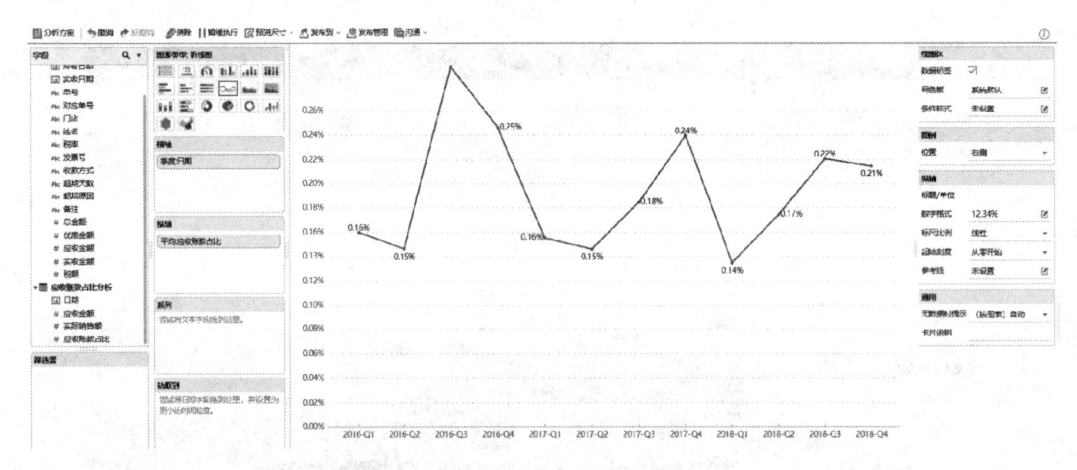

图 10-13　应收账款占比季趋势分析

图表解读：图 10-13 是案例企业各季度应收账款占比的趋势分析，图表类型为折线图。从图上可知，历年的应收账款占比在 0.1％～0.3％，总体比例不大。但是，应收账款占比呈现出季节性的变化，在每年第一、二季度时，应收账款占比较小；在每年第三、四季度时，应收账款占比较大。因此，企业应重点关注第三、四季度造成应收账款增加的原因，并加以合理控制。

（8）点击"分析方案"，选择"另存为"，方案名称输入"应收账款占比季趋势分析"，点击"确定"（见图 10-14）。

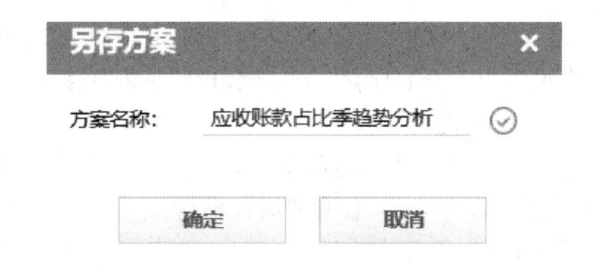

图 10‑14　另存为"应收账款占比季趋势分析"方案

6. 任务作业

（1）自行根据数据分析需要，分析各门店的最大应收金额、最小应收金额；

（2）自行根据数据分析需要，分析不同收款方式下的应收金额；

（3）自行根据数据分析需要，分析不同超期天数的应收账款比例。

任务十六　应收账款周转分析

1. 任务目的

（1）利用案例企业的相关资料，通过 SQL 语言与可视化分析，对应收账款周转情况进行系统的研究，寻找加快应收账款周转速度的路径；

（2）通过 SQL 语言，对应收账款周转分析所需的数据源进行准备，掌握 SQL 语言在财务分析‑应收账款周转分析中的应用；

（3）通过可视化分析，评估企业的应收账款周转速度，发现在应收账款管理中存在的问题，指导催收工作，加快应收账款周转速度，降低因坏账所带来的财务风险。

2. 任务内容

财务人员想了解应收账款的催收情况，看是否要加大催收力度，应该如何去分析？

3. 任务准备

（1）新建一个业务主题，命名为"应收账款主题"，点击"确定"，完成创建；

（2）进入"数据建模"。

4. 任务要求

（1）完成 SQL 代码在应收账款周转分析中的应用；

（2）完成数据斗方中应收账款周转率的图表设计与解读；

（3）将 SQL 语言、可视化分析，与应收账款周转率相结合，用新技术、新方法对应收账款周转速度进行深入分析。

5. 任务操作指导

（1）在数据建模中，点击"新建数据表"，进入"新建数据表-选择数据源"界面，数据库选择"MySQL"，点击"下一步"；在"新建数据表-连接数据库服务器"界面左侧，输入服务器、端口、用户名和密码后，点击"连接"；显示连接成功后，在"新建数据表-连接数据库服务器"界面右侧，数据库选择"business_data"，类型选择"自定义 SQL"，点击"下一步"（见图

10-15);在"新建数据表-自定义 SQL"界面,将名称命名为"应收账款周转分析",编辑以下 SQL 代码,点击"完成"(见图 10-16),保存"应收账款周转分析"数据表(见图 10-17)。

"应收账款周转分析"SQL 代码如下:

select b.日期,b.期初应收款,c.本期应收款额,d.实际销售额,(d.实际销售额/((b.期初应收款+c.本期应收款额)/2)) as 应收账款周转率

from (select date_format((date_sub(a.日期,interval -1 month)),"%Y-%m-01 ") as 日期,a.本期应收款额 as 期初应收款 from (select date_format(日期," 20%y-%m-01 ") as 日期,sum(应收金额) as 本期应收款额 from 销售收款单 group by date_format(日期," 20%y-%m-01 "))a)b,

(select date_format(日期," 20%y-%m-01 ") as 日期,sum(应收金额) as 本期应收款额 from 销售收款单 group by date_format(日期," 20%y-%m-01 "))c,

(select date_format(下单时间," 20%y-%m-01 ") as 日期,(sum(总金额)-sum(费用金额)) as 实际销售额 from 销售订制单 group by date_format(下单时间," 20%y-%m-01 "))d

where b.日期=c.日期 and b.日期=d.日期

图 10-15 连接数据库服务器

【注意】在输入服务器 IP 地址时,请使用本机 IP 地址。

图 10-16 编辑 SQL 代码

图 10-17 应收账款周转分析输出值

(2) 更改"日期"字段数据类型为"日期",并点击"保存"(见图 10-18)。

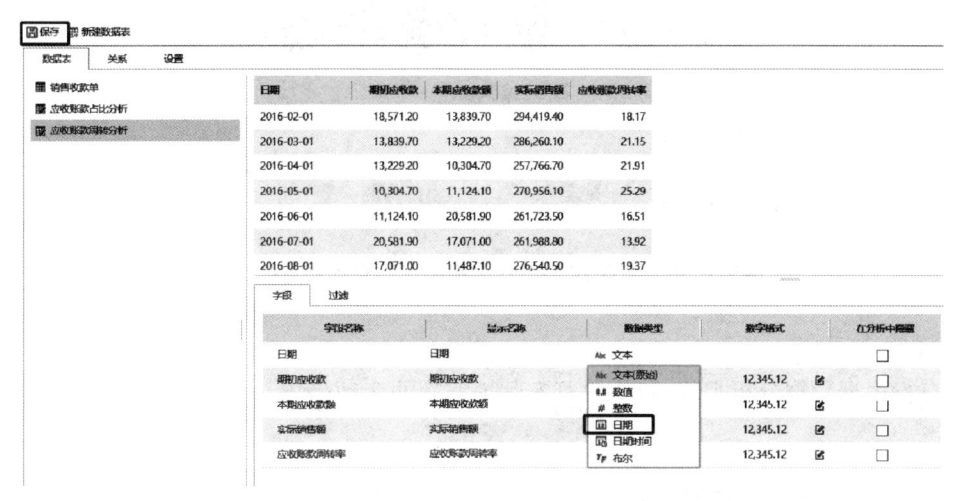

图 10-18 更改数据类型

(3) 进入"数据斗方",选择"折线图",横轴拖入"日期",维度为"月";纵轴拖入"应收账款周转率",度量为"平均";右侧"数字格式"设置是:小数位数为 2。"日期"和"应收账款周转率"字段均选自"应收账款周转分析",选择预览尺寸为"全画面",选中"数据标签"(见图 10-19)。

图表解读:图 10-19 是案例企业各月应收账款周转率的趋势分析,图表类型为折线图。从图上可知,企业的应收账款周转率呈现一定的周期性变动,在每年的 7 月、12 月前后,应收账款周转率较低;在每年的 5 月、10 月前后,应收账款周转率较高。说明企业的应收账款很可能存在周期性的变动,但需结合销售情况来判定这种变动的合理性。此外,企业应加强对应收账款的管理,提前做好催收的准备工作,并预测企业未来现金流的情况。

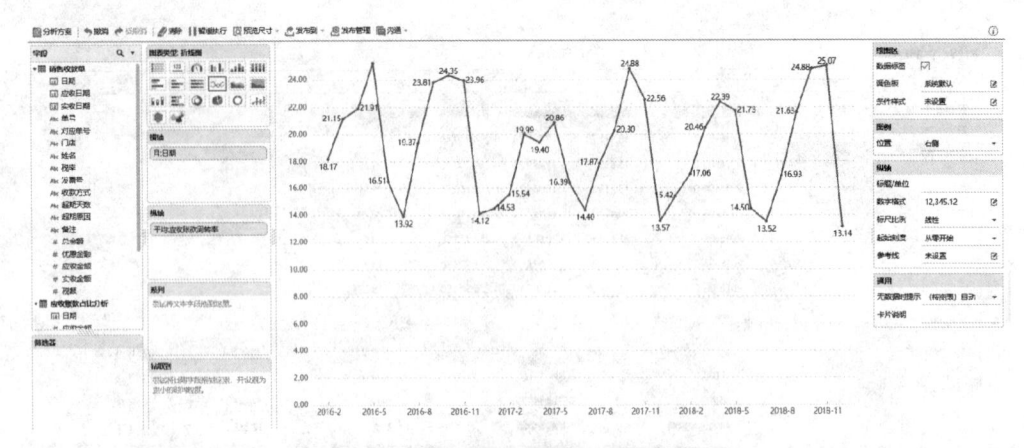

图 10-19　各月应收账款周转率趋势分析

（4）点击"分析方案"，选择"另存为"，方案名称输入"各月应收账款周转率趋势分析"，点击"确定"（见图 10-20）。

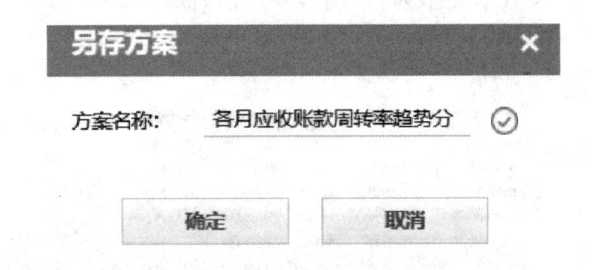

图 10-20　另存为"各月应收账款周转率趋势分析"方案

6. 任务作业

自行根据数据分析需要，分析各月实际销售额的变动趋势。

10.2　应付账款主题

10.2.1　应付账款的定义

应付账款是指企业因购买材料、商品或接受劳务供应等应支付的款项，这是企业在正常经营过程中，因购买材料、商品和接受劳务供应等而发生的债务。这些款项是企业与供应商之间基于购销合同或协议所形成的一种商业信用形式，是买卖双方在购销活动中由于取得物资与支付货款在时间上不一致而产生的负债。

10.2.2　应付账款分析的作用

应付账款分析的作用主要有以下几点：
（1）掌握企业的负债情况。应付账款是企业负债的一部分，通过对应付账款的分析，企业可以清晰地掌握自身的负债情况,从而指导经营计划的制订。

(2) 合理安排付款。应付账款的明细账记录了企业与供应商之间的每一笔交易,包括欠款金额、付款期限等,这有助于企业明确欠款信息,及时向供应商付款,防止因延期付款导致合作伙伴间的信誉下降,有助于维护与供应商的长期合作关系。

(3) 提高资金利用效率。应付账款是企业短期融资的一种形式,在不影响企业信誉的前提下,通过延迟支付供应商款项,企业可以保留更多的现金用于日常运营或投资其他盈利项目,有助于企业更好地管理现金流,提高资金利用效率。

(4) 降低采购成本。在与供应商谈判时,企业可以把应付账款作为筹码,争取更优惠的采购价格或条件,降低采购成本。通过合理的应付账款管理,企业还可以减少因支付延迟而产生的利息支出,进一步降低采购成本。

(5) 提供经营决策支持。通过对应付账款的分析,企业可以了解自身的付款周期、付款习惯等,为制定更合理的采购和付款策略提供支持。此外,合理的应付账款管理,可以帮助企业在面临风险时(如供应商破产、货物质量问题等),最大限度地减少损失。

10.2.3 应付账款分析的 SQL 代码应用与可视化分析

应付账款是企业重要的负债之一,如何管理好应付账款,关系企业的日常经营能否正常运行。通过分析应付账款,企业可以掌握自己的偿债能力,安排不同债务的支付顺序,在合理期间内支付货款,提高企业资金的使用效率。

以下依托金蝶云·星空平台,运用数据可视化分析以及 SQL 语言,分别从应付账款供应商、应付账款周转等角度,对应付账款数据进行可视化分析,进而挖掘应付账款数据的价值,合理安排付款,提升企业应付账款的管理能力。

任务十七　应付账款供应商分析

1. 任务目的

(1) 利用案例企业的相关资料,通过可视化分析,对企业对供应商的应付账款进行分析;

(2) 通过可视化分析,确定应付不同供应商金额的大小,维系与重要供应商的良好关系,保证企业生产所需物资的正常供应;

(3) 通过可视化分析,企业可以掌握负债的情况,根据负债的期限和金额,合理安排支付不同供应商的款项,提高资金的利用效率。

2. 任务内容

财务人员想了解应向哪些供应商支付款项,主要欠哪些供应商的款项,应该如何去分析?

3. 任务准备

(1) 新建一个业务主题,命名为"应付账款主题",点击"确定",完成创建;
(2) 进入"数据建模"。

4. 任务要求

(1) 完成数据斗方中对供应商的应付账款分析的图表设计与解读;

(2) 将可视化分析与对供应商的应付账款分析相结合,用新技术、新方法对应付账款进行深入分析。

5. 任务操作指导

(1) 在数据建模中,点击"新建数据表",进入"新建数据表-选择数据源"界面,数据库选择"MySQL",点击"下一步";在"新建数据表-连接数据库服务器"界面左侧,输入服务器、端口、用户名和密码后,点击"连接",显示连接成功后,在"新建数据表-连接数据库服务器"界面右侧,数据库选择"business_data",类型选择"表",点击"下一步"(见图10-21);进入"新建数据表-选择表"界面后,选择"应付账款月报表",点击"下一步"(见图10-22);在"新建数据表-选择字段"界面直接选择"完成",应付账款月报表的数据表建立完成,点击左上角的"保存"按钮,实现应付账款月报表数据表的保存(见图10-23)。

图 10-21 连接数据库服务器

【注意】在输入服务器 IP 地址时,请使用本机 IP 地址。

图 10-22 选择"应付账款月报表"

图 10‑23　保存"应付账款月报表"数据表

(2) 进入"数据斗方",选择"饼图",筛选器拖入"日期",数据筛选选择"年月";角度拖入"期末余额",度量为"求和";颜色拖入"供应商"。选择预览尺寸为"全画面",选中"数据标签"(见图 10‑24)。

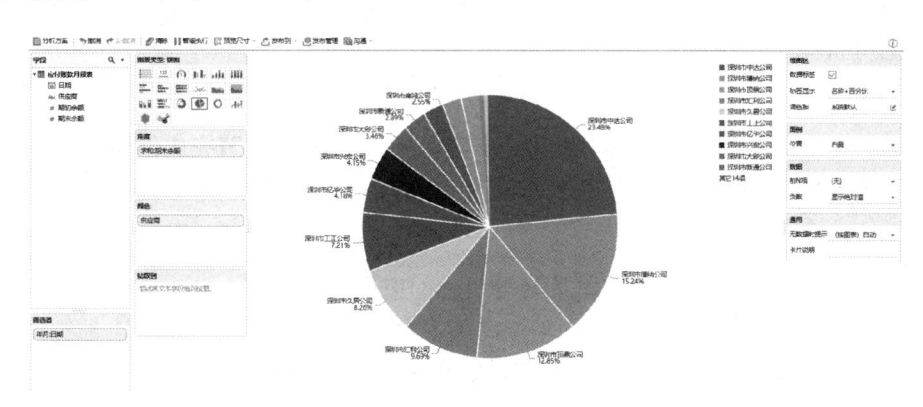

图 10‑24　对供应商的应付账款分析

图表解读:图 10‑24 是案例企业对供应商的应付账款分析,图表类型为饼图。从图上可知,企业应付给深圳市中达公司的款项比例达了 23.84%,紧随其后的是深圳市博纳公司、深圳市顶鼎公司,这三家公司占了企业应付账款总额的 50% 以上。所以,企业可重点关注这三家公司的应付金额、还款时间和还款计划等信息,避免因短期资金压力而无力偿债。尽管所欠其他公司的债务比例不高,但也应引起企业管理层的重视。

(3) 点击"分析方案",选择"另存为",方案名称输入"对供应商的应付账款分析",点击"确定"(见图 10‑25)。

图 10‑25　另存为"对供应商的应付账款分析"方案

6. 任务作业

自行根据数据分析需要,分析 2017 年应付各个供应商的平均余额。

任务十八 应付账款周转分析

1. 任务目的

(1) 利用案例企业的相关资料,通过 SQL 语言与可视化分析,对应付账款周转情况进行系统的研究,为合理安排付款提供依据;

(2) 通过 SQL 语言,对应付账款周转分析所需的数据源进行准备,掌握 SQL 语言在财务分析-应付账款周转分析中的应用;

(3) 通过可视化分析,评估企业的应付账款周转速度,发现在应付账款管理中存在的问题,提高资金利用效率,在一定程度上降低采购成本。

2. 任务内容

财务人员想了解应付账款的总体情况及周转速度,合理安排负债的先后支付顺序,应该如何去分析?

3. 任务准备

(1) 新建一个业务主题,命名为"应付账款主题",点击"确定",完成创建;

(2) 进入"数据建模"。

4. 任务要求

(1) 完成 SQL 代码在应付账款周转分析中的应用;

(2) 完成数据斗方中应付账款周转率的图表设计与解读;

(3) 将 SQL 语言、可视化分析,与应付账款周转率相结合,用新技术、新方法对应付账款周转速度进行深入分析。

5. 任务操作指导

(1) 在数据建模中,点击"新建数据表",进入"新建数据表-选择数据源"界面,数据库选择"MySQL",点击"下一步";在"新建数据表-连接数据库服务器"界面左侧,输入服务器、端口、用户名和密码后,点击"连接";显示连接成功后,在"新建数据表-连接数据库服务器"界面右侧,数据库选择"business_data",类型选择"自定义 SQL",点击"下一步"(见图 10-26);在"新建数据表-自定义 SQL"界面,将名称命名为"应付账款周转分析",编辑以下 SQL 代码,点击"完成",保存"应付账款周转分析"数据表(见图 10-26~图 10-28)。

"应付账款周转分析"SQL 代码如下:

select a.日期,a.营业成本,c.期初余额,d.期末余额,(a.营业成本/((c.期初余额+d.期末余额)/2)) as 应付账款周转率

from (select 日期,营业成本 from 利润表)a,

(select date_format((date_sub(b.日期,interval -1 quarter)),"%Y-%m ") as 日期,b.期末余额 as 期初余额 from (select 日期,sum(期初余额) as 期初余额,sum(期末余额) as 期末余额 from 应付账款月报表 where 日期 like "%03-31 " or 日期 like "%06-

30 " or 日期 like "%09 -30 " or 日期 like "%12 -31 " group by 日期)b)c,

（select 日期,sum（期初余额）as 期初余额,sum（期末余额）as 期末余额 from 应付账款月报表 where 日期 like "%03 -31 " or 日期 like "%06 -30 " or 日期 like "%09 -30 " or 日期 like "%12 -31 " group by 日期)d

where a.日期 like concat("%",c.日期,"%") and a.日期=d.日期

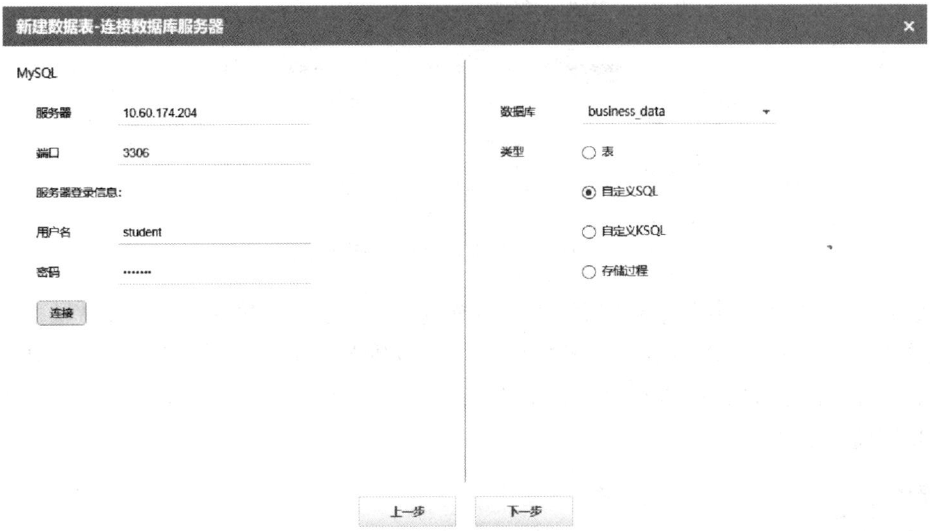

图 10‑26　连接数据库服务器

【注意】在输入服务器 IP 地址时,请使用本机 IP 地址。

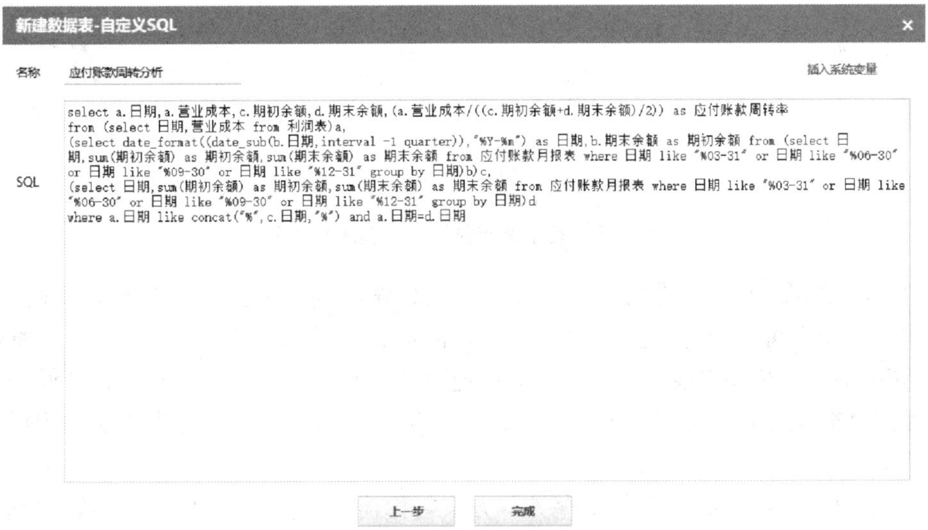

图 10‑27　编辑 SQL 代码

图 10‑28 应付账款周转分析输出值

（2）进入"数据斗方"，选择"折线图"，横轴拖入"日期"，维度为"季度"；纵轴拖入"应付账款周转率"，度量为"平均"；右侧"数字格式"设置是：小数位数为 2。"日期"和"应付账款周转率"字段均选自"应付账款周转分析"，选择预览尺寸为"全画面"，选中"数据标签"（见图 10‑29）。

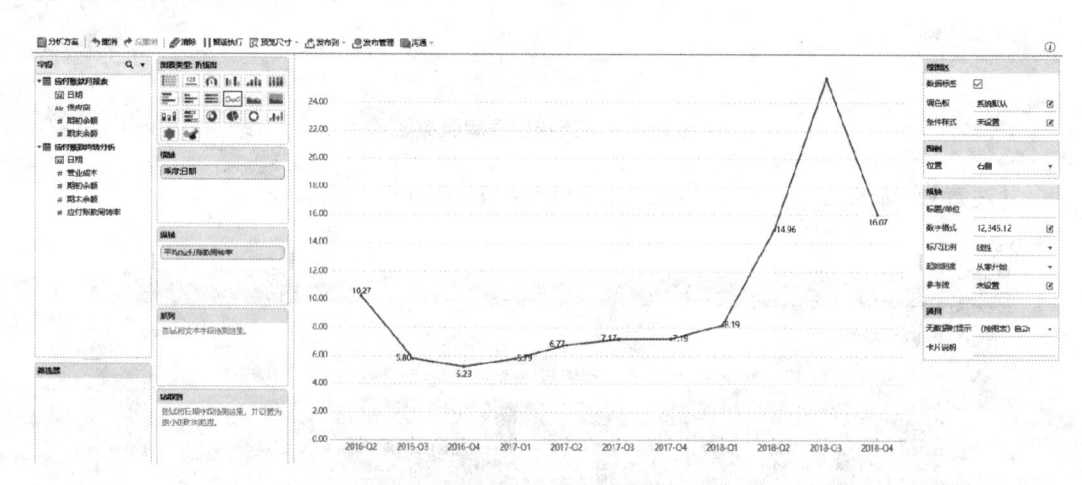

图 10‑29 各季度应付账款周转率趋势分析

图表解读：图 10‑29 是案例企业各季度应付账款周转率的趋势分析，图表类型为折线图。从图上可知，与其他季度相比，企业的应付账款周转率从 2018 年第一季度开始，急速上升，在 2018 年第三季度后，又快速下降。说明企业在 2018 年的应付账款周转速度波动较大，应查明原因，掌握企业的负债情况，合理安排付款，为企业经营提供决策支持。

（3）点击"分析方案"，选择"另存为"，方案名称输入"各季度应付账款周转率趋势分析"，点击"确定"（见图 10‑30）。

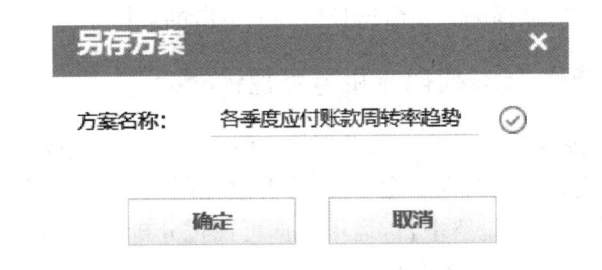

图 10-30　另存为"各季度应付账款周转率趋势分析"方案

6. 任务作业

自行根据数据分析需要,分析各个季度应付账款周转率的变动趋势。

10.3　成本费用主题

10.3.1　成本费用

成本与费用是两个既有相互联系又存在重大区别的会计概念,就一般意义而言,成本费用泛指企业在生产经营中所发生的各种资金耗费。企业的成本费用,用货币形式来表示,是企业在产品经营中所耗费的资金的总和。

成本费用的作用主要有:① 成本费用是反映和监督劳动耗费的工具;② 成本费用是补偿生产耗费的尺度;③ 成本费用可以综合反映企业工作质量,是推动企业提高经营管理水平的重要杠杆;④ 成本费用是定制产品价格的一项重要依据。

10.3.2　成本费用分析

成本费用可以划分为制造成本和期间成本两大类。制造成本,是指按产品分摊的、与生产产品直接相关的费用,主要构成项目有直接材料、直接工资、其他直接支出和制造费用。期间费用,指在一定会计期间所发生的与生产经营没有直接关系或关系不大的各种费用,主要构成项目有管理费用、财务费用和销售费用。

按照成本的习性划分,可以把成本划分为变动成本和固定成本。变动成本,是指随着产量的变化而变化的成本,如产品成本中的直接材料,是随着产品产量的变化而同比例变化的。固定成本,是指不随产量的变化而变化的成本,如厂房等固定资产的投资形成的成本,数额是固定的,并不由于生产数量出现变化而发生变化。

有效的成本分析是企业在激烈的市场竞争中成功的基本要素。不完善的成本分析可导致单纯地压缩成本,从而使企业丧失活力。建立起科学合理的成本分析与控制系统,能让企业的管理者清楚地掌握公司的成本构架、盈利情况和决策的正确方向,成为企业内部决策的关键支持,从根本上改善企业成本状况。正确的成本分析对一家公司盈利起着相当重要的作用。由于成本分析不当,企业可能未能将费用合理分配到各个产品线上,进而导致定价策略出现偏差,从而陷入销量增长但利润下滑的恶性循环。

10.3.3 成本费用 SQL 代码应用与可视化分析

成本费用泛指企业在生产经营中所发生的各种资金耗费。成本费用既是衡量产品价值的基础,也是企业提高利润的重要途径,能否有效控制成本费用,直接关系着企业的生存发展。以下依托金蝶云·星空平台,运用数据可视化分析以及 SQL 语言,对案例企业成本费用进行快速整理与分析,挖掘数据价值,提升企业成本费用的管理能力。

任务十九　成本结构分析

1. 任务目的

(1) 利用案例企业的相关资料,通过 SQL 语言与可视化分析,对成本的构成情况进行系统的研究,寻找降低成本的途径;

(2) 通过 SQL 语言,对成本结构分析所需的数据源进行准备,掌握 SQL 语言在财务分析-成本费用结构分析中的应用;

(3) 通过可视化分析,掌握对成本结构图表分析的设计与解读,利用成本结构分析为企业制订成本计划、经营决策提供重要依据;

(4) 通过成本结构分析,正确认识、掌握和运用成本结构的分布,实现降低成本的目标;

(5) 进行成本控制,正确评价成本计划完成情况。

2. 任务内容

(1) 完成 SQL 代码编写,为可视化分析准备数据源;

(2) 通过数据斗方图表设计与解读,分析案例企业成本结构情况;

(3) 研究生产经营过程中的成本项目,了解成本结构的变动情况,结合各个项目成本的增减情况,进一步分析各个项目成本发生增减及成本结构发生变化的原因。

3. 任务准备

(1) 新建一个业务主题,命名为"成本费用",点击"确定",完成创建;

(2) 进入"数据建模"。

4. 任务要求

(1) 完成 SQL 代码在成本结构分析中的应用;

(2) 完成数据斗方中成本结构图表设计与解读;

(3) 将 SQL 语言、可视化分析,与成本结构分析相结合,用新技术、新方法对成本结构进行深入分析。

5. 任务操作指导

(1) 在数据建模中,选择"新建数据表",进入"新建数据表-选择数据源"界面,数据库选择"MySQL",点击"下一步";在"新建数据表-连接数据库服务器"界面左侧,输入服务器、端口、用户名和密码后,点击"连接";显示连接成功后,在"新建数据表-连接数据库服务器"界面右侧,数据库选择"business_data",类型选择"自定义 SQL",点击"下一步";在"新建数据表-自定义 SQL"界面,将名称命名为"成本结构分析",编辑以下 SQL 代码,点击"完成",保存"成本结构分析"数据表(见图 10-31~图 10-33)。

"成本结构分析"SQL 代码如下:

select a.日期,a.门店,a.变动成本,b.固定成本 from

(select date_format(日期,"%Y-12-31") as 日期,门店,sum(实际成本) as 变动成本 from 实际成本表 group by date_format(日期,"%Y-12-31"),门店)a,

(select date_format(日期,"%Y-12-31") as 日期,门店,sum(金额) as 固定成本 from 运营成本表 group by date_format(日期,"%Y-12-31"),门店)b

where a.日期=b.日期 and a.门店=b.门店

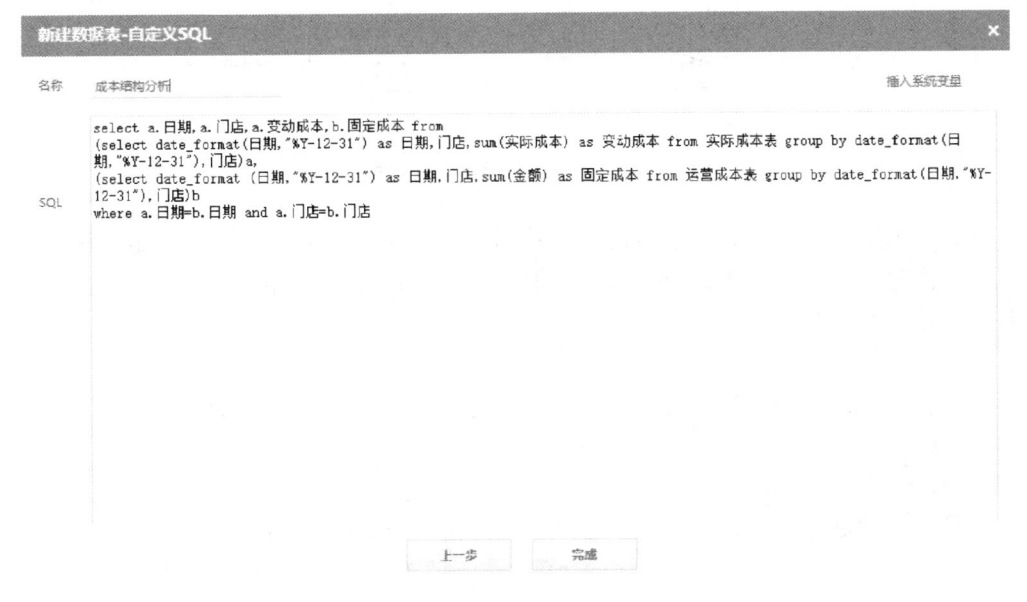

图 10-31 编辑 SQL 代码

图 10-32 成本结构分析输出值

(2) 更改"日期"字段数据类型为"日期"(见图 10-33)。

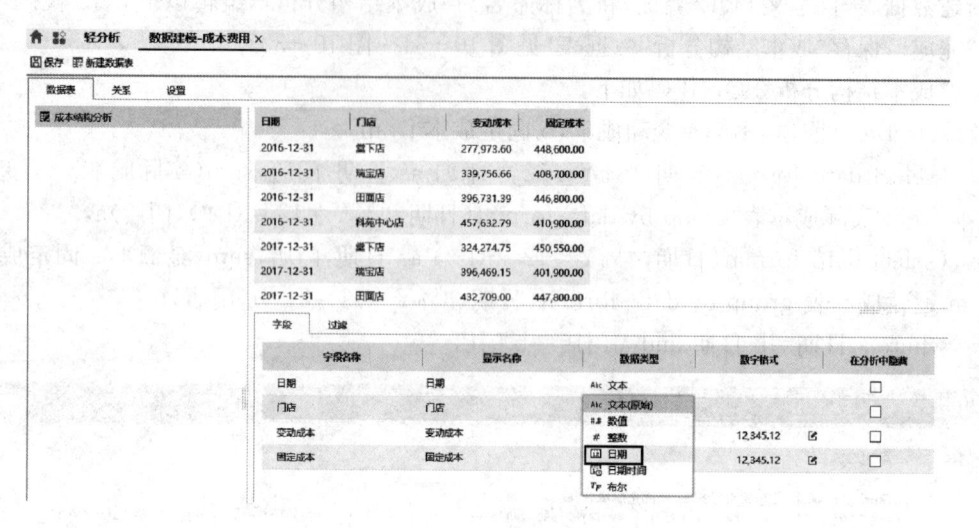

图 10-33 更改日期字段数据类型

(3) 创建计算字段。在成本结构分析数据表下新建计算字段,进入"新建计算字段"界面,名称输入:总成本,表达式输入:[变动成本]+[固定成本],输入完后点击"确定",并点击"保存"(见图 10-34～图 10-36)。

图 10-34 选择"新建计算字段"

图 10-35　输入名称和表达式

图 10-36　保存"成本结构分析"数据表

（4）进入"数据斗方"，选择"多系列柱形图"，横轴拖入"门店"；纵轴分别拖入"变动成本""固定成本""总成本"，度量均为"求和"。选择预览尺寸为"全画面"，选中"数据标签"（见图 10-37）。

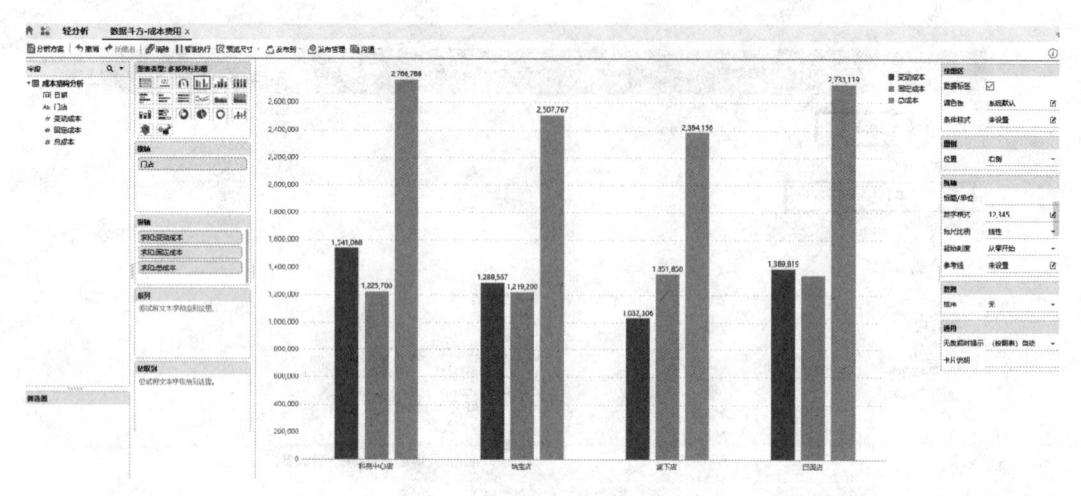

图 10-37　成本结构分析图

图表解读：图 10-37 为幸福西饼公司成本结构分析图，图表类型为多系列柱形图。图上可查看幸福西饼公司旗下四个门店的总成本、固定成本、变动成本情况。总成本方面，科苑中心店排名第一；固定成本方面，棠下店排名第一；变动成本方面，科苑中心店排名第一。

（5）点击"分析方案"，选择"另存为"，方案名称输入"成本结构分析"，点击"确定"（见图 10-38）。

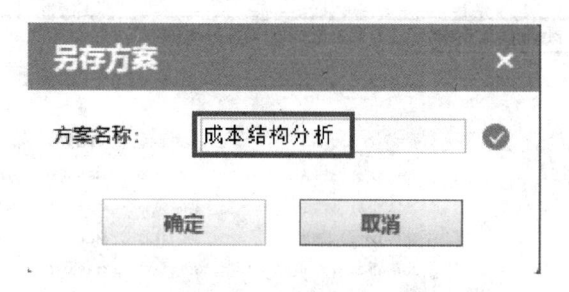

图 10-38　另存为"成本结构分析"方案

6. 任务作业

（1）自行根据数据分析需要，计算成本占营业收入比；
（2）自行根据数据分析需要，分析各门店各季度的成本变动趋势。

任务二十　生产运营成本分析

1. 任务目的

（1）利用案例企业的相关资料，通过可视化分析，对生产运营成本情况进行系统的研究，寻找降低成本的途径；
（2）通过对生产运营成本进行分析，掌握数据可视化分析-数据斗方的图表设计与分析；
（3）根据商品原料分析指标，分析每个商品的原材料，关注重要原料的变化情况，推动商品工艺的改进以及采购计划的优化。

(4) 通过对各项变动成本项目的分析,结合预算分析,对异常项目进行成本控制,对成本项目的结果进行评价,分析产生的原因,总结降低成本的经验,以利于下一期的成本控制活动的开展。

2. 任务内容

(1) 财务主管为控制企业成本,想要了解商品的原料构成,应该如何去分析?
(2) 财务主管为控制企业成本,想要了解商品的变动成本趋势,应该如何去分析?

3. 任务准备

(1) 新建一个业务主题,命名为"成本费用",点击"确定",完成创建;
(2) 进入"数据建模"。

4. 任务要求

(1) 商品原料分析;
(2) 运营成本分析;
(3) 数据斗方图表设计与分析。

5. 任务操作指导

(1) 在数据建模中,选择"新建数据表",进入"新建数据表-选择数据源"界面,数据库选择"MySQL",点击"下一步";在"新建数据表-连接数据库服务器"界面左侧,输入服务器、端口、用户名和密码后,点击"连接";显示连接成功后,在"新建数据表-连接数据库服务器"界面右侧,数据库选择"business_data",类型选择"表",点击"下一步"(见图10-39)。

(2) 进入"新建数据表-选择表"后,选择"实际成本表"和"生产加工单",点击"下一步"(见图10-40);在"新建数据表-选择字段"界面,"实际成本表"选取"日期""直接材料""直接人工""直接费用"四个字段,"生产加工单"选取"商品名称""原材料""金额"三个字段,然后点击"完成","实际成本表"和"生产加工单"的数据表建立完成(见图10-41、图10-42);同时点击左上角的"保存"按钮,实现"实际成本表"和"生产加工单"的保存(见图10-43)。

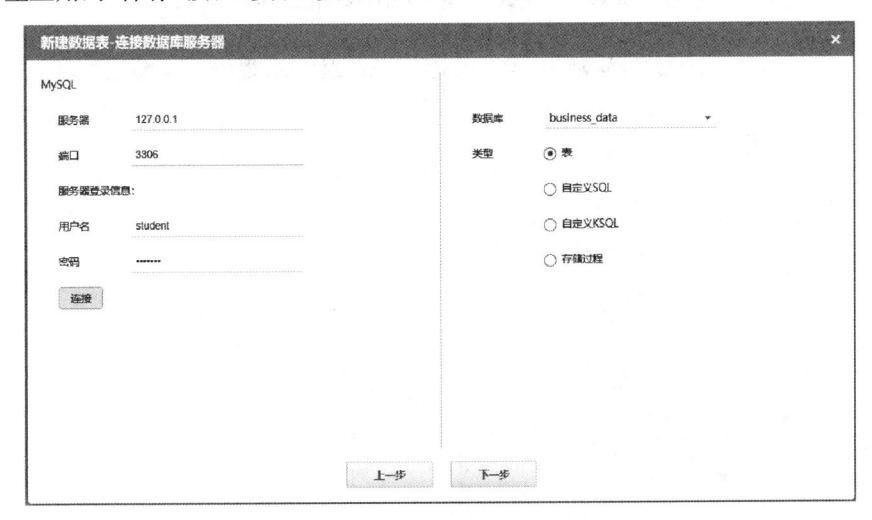

图10-39 连接数据库服务器

图 10-40 选择"实际成本表"和"生产加工单"

图 10-41 选择"实际成本表"相应字段

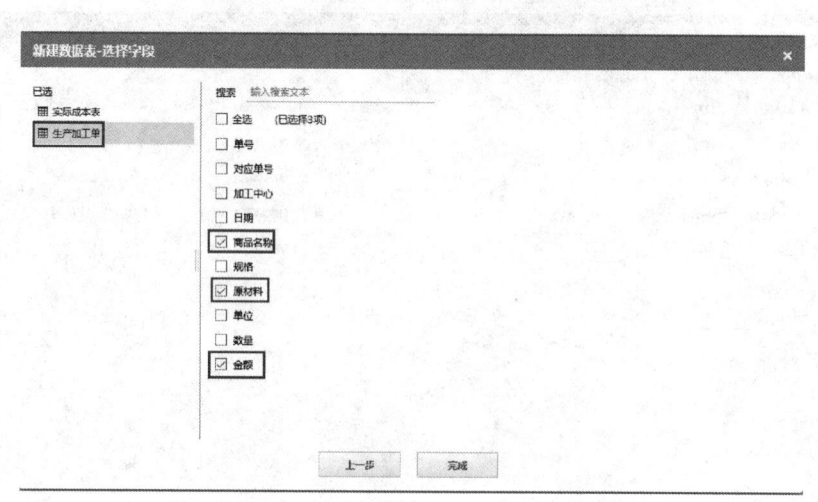

图 10-42 选择"生产加工单"相应字段

图 10-43　保存"实际成本表"和"生产加工单"数据表

(3) 进入"数据斗方",选择"百分比堆积柱形图",横轴拖入"商品名称";纵轴拖入"金额",度量为"求和";堆积拖入"原材料",数据源为生产加工单数据表。选择预览尺寸为"全画面"(见图 10-44)。

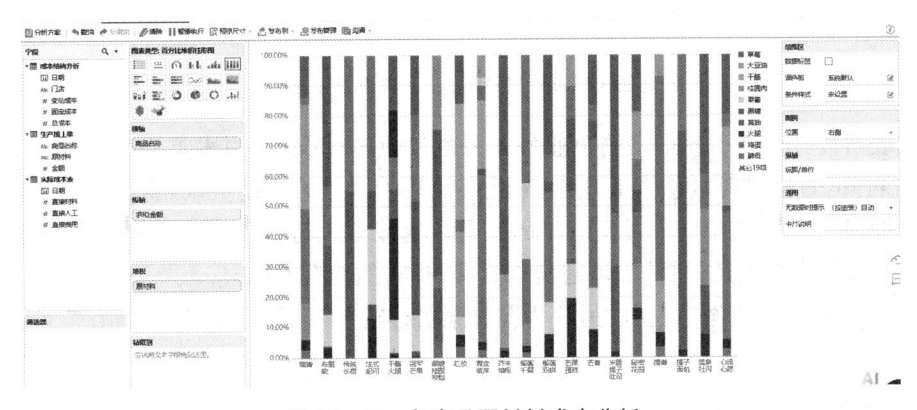

图 10-44　各商品原材料成本分析

图表解读:图 10-44 是案例企业各商品原材料成本分析,图表类型为百分比堆积柱形图,该图表类型多适用于产品成本占比分析,可以同时分析多种商品各自成本占比情况。图 10-44 中的每一个柱形条均代表一种商品,柱形条上不同颜色部分则代表该商品不同原材料成本占比情况。

(4) 点击"分析方案",选择"另存为",方案名称输入"各商品原材料成本分析",点击"确定"(见图 10-45)。

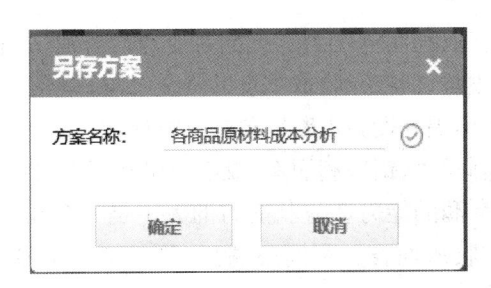

图 10-45　另存为分析方案

(5) 进入"数据斗方",选择"折线图",横轴拖入"日期",维度为"年月";纵轴分别拖入"直接材料""直接人工""直接费用",度量均为"求和"。数据源为实际成本表。选择预览尺寸为"全画面"(见图 10-46)。

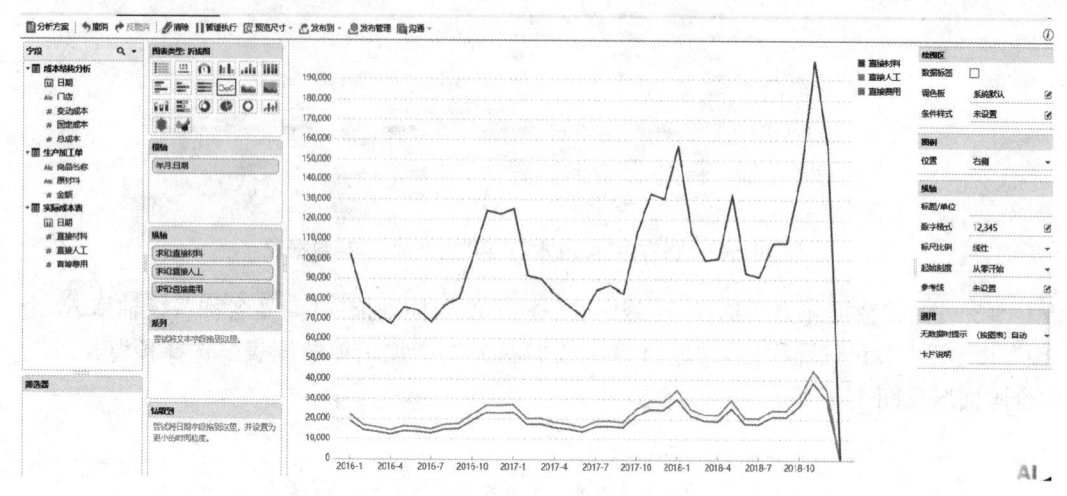

图 10-46　各年月生产成本情况图

图表解读:图 10-46 是案例企业各年月生产成本情况图,图表类型为折线图。从图 10-46 可知,直接材料呈总体上升趋势,且存在较为明显的周期波动,直接材料的耗费存在高峰期,集中于每年的 11 月至次年的 1 月。直接人工与直接费用呈缓慢上升趋势,具有不太明显的周期波动,总体波动趋势同直接材料,但没有其明显。

(6) 点击"分析方案",选择"另存为",方案名称输入"各年月生产成本情况",点击"确定"。

6. 任务作业

自行根据数据分析需要,分析各门店的实际成本。

10.4　盈利主题

10.4.1　盈利能力

盈利能力是指企业获取利润的能力。利润是企业内外有关各方都关心的中心问题,利润是投资者取得投资收益、债权人收取本息的资金来源,是经营者经营业绩和管理效能的集中表现,也是职工集体福利设施不断完善的重要保障。因此,企业盈利能力分析十分重要。主要用企业资金利润率、销售利润率、成本费用利润率去评价。盈利能力通常是指企业在一定时期内赚取利润的能力。盈利能力的大小是一个相对的概念,即利润相对于一定的资源投入、一定的收入而言。利润率越高,盈利能力越强;利润率越低,盈利能力越差。

企业经营业绩的好坏最终可通过企业的盈利能力来反映。无论是企业的经理人员、债权人,还是股东(投资人)都非常关心企业的盈利能力,并重视对利润率及其变动趋势的分析与预测。

从企业的角度来看,企业从事经营活动,其直接目的是最大限度地赚取利润并维持企业持续稳定地经营和发展。持续稳定地经营和发展是获取利润的基础,而最大限度地获取利润又是企业持续稳定发展的目标和保证。只有在不断地获取利润的基础上,企业才可能发展。同样,盈利能力较强的企业比盈利能力较弱的企业具有更大的活力和更好的发展前景。因此,盈利能力是企业经营人员最重要的业绩衡量标准和发现问题、改进企业管理的突破口。对企业经理人员来说,进行企业盈利能力分析的目的具体表现在以下两个方面:① 利用盈利能力的有关指标反映和衡量企业经营业绩。企业经理人员的根本任务,就是通过自己的努力使企业赚取更多的利润。各项收益数据反映着企业的盈利能力,也表现了经理人员工作业绩的大小。用已达到的盈利能力指标与标准、基期、同行业平均水平、其他企业相比较,则可以衡量经理人员工作业绩的优劣。② 通过盈利能力分析发现经营管理中存在的问题。盈利能力是企业各环节经营活动的具体表现,企业经营得好坏都会通过盈利能力表现出来。通过对盈利能力的深入分析,可以发现经营管理中的重大问题,进而采取措施解决问题,提高企业收益水平。

对于债权人来讲,利润是企业偿债的重要来源,特别是对长期债务而言。盈利能力的强弱直接影响企业的偿债能力。企业举债时,债权人势必审查企业的偿债能力,而偿债能力的强弱最终取决于企业的盈利能力。因此,分析企业的盈利能力对债权人来说是非常重要的。

对于股东(投资人)而言,企业盈利能力的强弱更是至关重要的。在市场经济下,股东往往会认为企业的盈利能力比财务状况、营运能力更重要。股东的直接目的就是获得更多的利润,因为对于信用相同或相近的几个企业,人们总是将资金投向盈利能力强的企业。股东们关心企业赚取利润的多少并重视对利润率的分析,是因为他们的股息与企业的盈利能力紧密相关。此外,企业盈利能力增加还会使股票价格上升,从而使股东们获得资本收益。

10.4.2 盈利能力指标分析

盈利能力指标主要包括营业利润率、销售净利率、成本费用利润率、总资产报酬率、净资产收益率、资本收益率等。实务中,上市公司经常采用每股收益、每股股利、市盈率、每股净资产等指标评价其获利能力。

(1) 营业利润率。它是企业一定时期营业利润与营业收入的比率。其计算公式为:

$$营业利润率 = 营业利润 \div 营业收入 \times 100\%$$

营业利润率越高,表明企业市场竞争力越强,发展潜力越大,盈利能力越强。

(2) 销售净利率。在实务中,也经常使用销售净利率等指标来分析企业经营业务的获利水平。其计算公式为:

$$销售净利率 = 净利润 \div 销售收入 \times 100\%$$

(3) 成本费用利润率。它是企业一定时期利润总额与成本费用总额的比率。其计算公式为：

$$成本费用利润率＝利润总额÷成本费用总额×100\%$$

成本费用利润率越高，表明企业为取得利润而付出的代价越小，成本费用控制得越好，盈利能力越强。

(4) 总资产报酬率。它是企业一定时期内获得的报酬总额与平均资产总额的比率，反映了企业资产的综合利用效果。其计算公式为：

$$总资产报酬率＝息税前利润总额÷平均资产总额×100\%$$

$$息税前利润总额＝利润总额＋利息支出$$

一般情况下，总资产报酬率越高，表明企业的资产利用效益越好，整个企业盈利能力越强。

(5) 净资产收益率。净资产收益率，是企业一定时期净利润与平均净资产的比率，反映了企业自有资金的投资收益水平。其计算公式为：

$$净资产收益率＝净利润÷平均净资产×100\%$$

$$平均净资产＝(所有者权益年初数＋所有者权益年末数)÷2$$

一般认为，净资产收益率越高，企业自有资本获取收益的能力越强，运营效益越好，对企业投资人、债权人利益的保证程度越高。

(6) 资本收益率。它是企业一定时期净利润与平均资本(即资本性投入及其资本溢价)的比率，反映企业实际获得投资额的回报水平。其计算公式如下：

$$资本收益率＝净利润÷平均资本×100\%$$

平均资本＝(实收资本年初数＋资本公积年初数＋实收资本年末数＋资本公积年末数)÷2

10.4.3 盈利能力 SQL 代码应用与可视化分析

盈利能力分析是企业财务分析的重点，其根本目的是通过分析及时发现问题，改善企业财务结构，提高企业偿债能力、经营能力，最终提高企业的盈利能力，促进企业持续稳定发展。对企业盈利能力的分析主要指对利润率的分析。

因为尽管对利润额的分析可以说明企业财务成果的增减变动状况及其原因，为改善企业经营管理指明了方向。但是，由于利润额受企业规模或投入总量的影响较大，一方面使不同规模的企业之间不便于对比；另一方面它也不能准确地反映企业的盈利能力和盈利水平。因此，仅进行利润额分析一般不能满足各方面对财务信息的要求，还必须对利润率进行分析。对企业盈利能力的分析一般从以下几个方面进行：

(1) 与投资有关的盈利能力分析。与投资有关的盈利能力分析主要对总资产报酬率、净资产收益率指标进行分析与评价。

(2) 与销售有关的盈利能力分析。商品经营盈利能力分析，即利用利润表资料进行利润率分析，包括收入利润率分析和成本利润率分析两个方面的内容。而为了做好利润率因素分析，有必要对销售利润进行因素分析。

(3) 上市公司盈利能力分析。上市公司盈利能力分析，即对每股收益指标、普通股权益报酬率指标、股利发放率指标以及价格与收益比率指标进行分析。

以下依托金蝶云·星空平台，运用数据可视化分析和 SQL 语言，选取营业利润额、营业利润率、总资产报酬率、销售净利率和净资产收益率等指标，对案例企业盈利水平进行深入分析，挖掘数据价值，提升企业的盈利能力。

任务二十一　营业利润分析

1. 任务目的

(1) 通过对利润的分析，结合实际销售情况，考查门店的经营状况以及产品的盈利状况；

(2) 对高利润、高销量或高利润、低销量的产品做针对性的营销策略，调整产品结构，以提高利润。

2. 任务内容

(1) 企业管理人员想提高企业营业利润额，想要了解近几个月各商品的营业利润趋势，以及各商品的营业利润占比情况，应该如何去完成？

(2) 企业管理人员想提高企业营业利润率，想要了解近期各商品的营业利润率发展趋势，应该如何去完成？

(3) 企业管理人员想同时提高企业营业利润额与营业利润率，想要同时了解近期各商品的营业利润额与营业利润率情况，应该如何去完成？

3. 任务准备

(1) 新建一个业务主题，命名为"盈利主题"，点击"确定"，完成创建；

(2) 进入"数据建模"。

4. 任务要求

对各商品营业利润额、营业利润率进行可视化分析，并对图表进行解读与汇报。

5. 任务操作指导

(1) 在数据建模中，选择"新建数据表"，进入"新建数据表-选择数据源"界面，数据库选择"MySQL"，点击"下一步"；在"新建数据表-连接数据库服务器"界面左侧，输入服务器、端口、用户名和密码后，点击"连接"；显示连接成功后，在"新建数据表-连接数据库服务器"界面右侧，数据库选择"business_data"，类型选择"自定义 SQL"，点击"下一步"；在"新建数据表-自定义 SQL"界面，将名称命名为"营业利润分析"，编辑以下 SQL 代码，点击"完成"，保存"营业利润分析"数据表（见图10-47～图10-49）。

"营业利润分析"SQL 代码如下：

select date_format(a.下单时间,"20%y -%m -%d ") as 日期，a.商品名称，a.门店，a.'收货地址(区级)' as 区域，a.总金额，a.费用金额，b.实际成本

　　from 销售订制单 a，实际成本表 b

　　where a.单号＝b.对应单号

图 10-47　连接数据库服务器

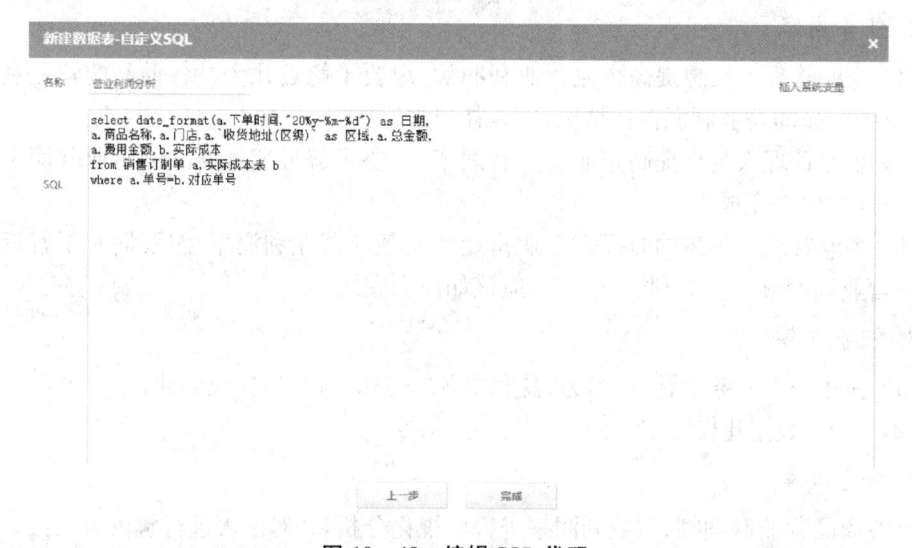

图 10-48　编辑 SQL 代码

图 10-49　营业利润分析输出值

(2) 更改"日期"字段数据类型为"日期"(见图 10-50)。

图 10-50　更改数据类型

(3) 创建计算字段。在营业利润分析表下新建计算字段,进入"新建计算字段"界面,名称输入:营业利润额,表达式输入:[总金额]-[费用金额]-[实际成本],输入完后点击"确定",并点击"保存"(见图 10-51～图 10-53)。

(4) 创建计算字段。在营业利润分析数据表下新建计算字段,进入"新建计算字段"界面,名称输入:营业利润率,表达式输入:[营业利润额]/[总金额],输入完后点击"确定",并点击"保存"(见图 10-54～图 10-56)。

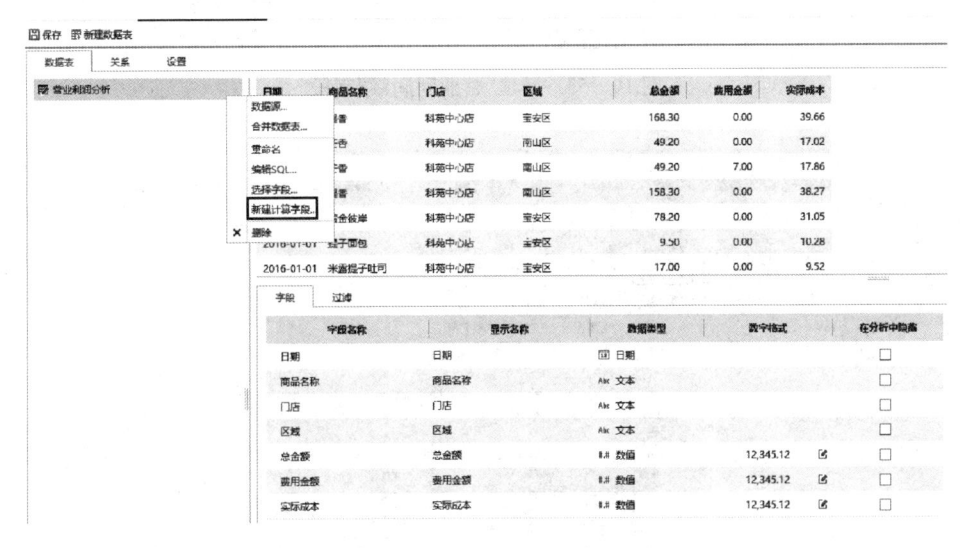

图 10-51　选择"新建计算字段"

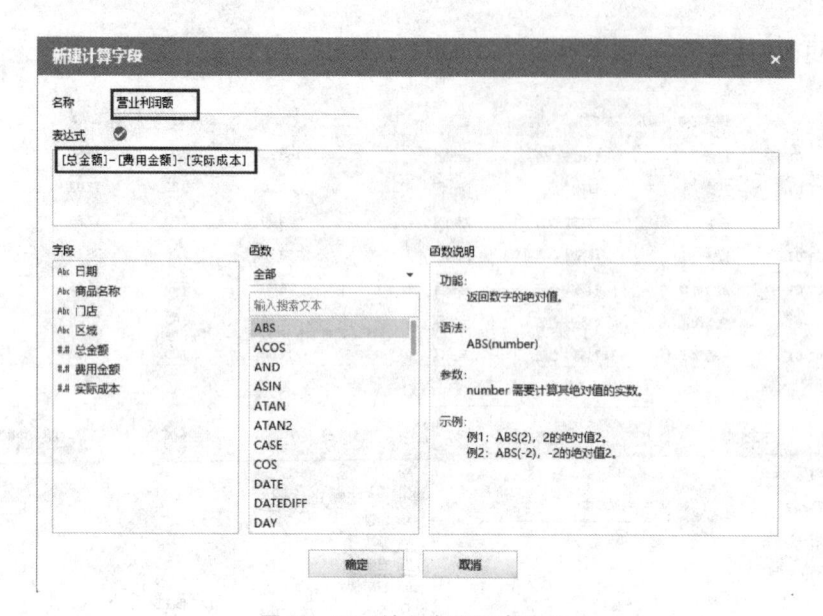

图 10-52　输入名称和表达式

图 10-53　新建"营业利润额"字段

图 10-54　选择"新建计算字段"

第 10 章 财务大数据分析综合实训——财务环节

图 10‑55 输入名称和表达式

图 10‑56 保存"营业利润分析"数据表

（5）进入"数据斗方",选择"饼图",角度拖入"营业利润额",度量为"求和";颜色拖入"商品名称"。选择预览尺寸为"全画面",选中"数据标签"(见图 10‑57)。

（6）点击"分析方案",选择"另存为",方案名称输入"营业利润额构成",点击"确定"(见图 10‑58)。

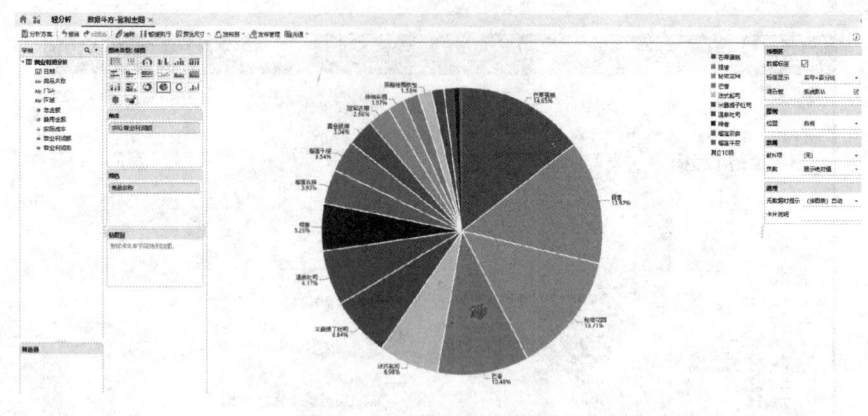

图 10-57 营业利润额构成

图表解读:图 10-57 是案例企业的营业利润额构成情况,图表类型为饼图。从图上可知,案例企业营业利润额由各商品营业利润额组成,各商品营业利润额的占比各有不同,其中,芒果蛋糕占比最大,为 14.65%,表明芒果蛋糕营业利润额最多,对企业营业利润额的贡献度最大。

图 10-58 保存分析方案

(7) 进入"数据斗方",选择"折线图",横轴拖入"日期",维度为"季度";纵轴拖入"营业利润额",度量为"求和";系列拖入"商品名称"。选择预览尺寸为"全画面"(见图 10-59)。

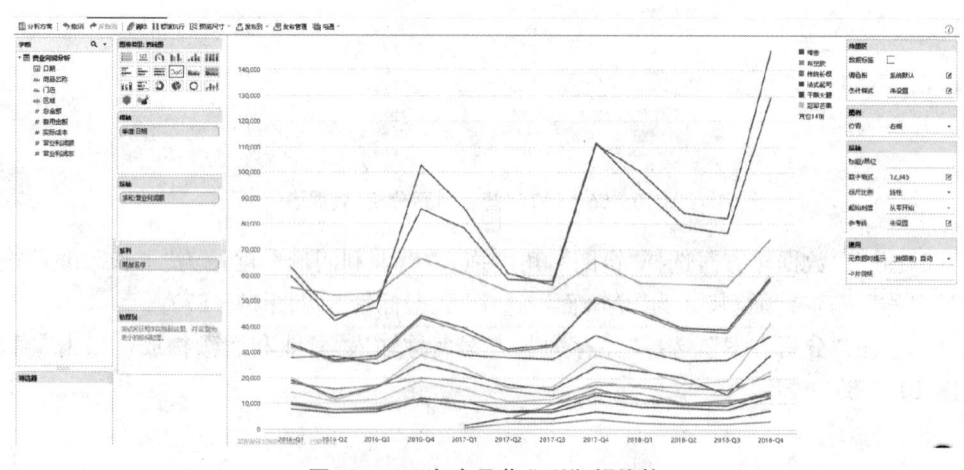

图 10-59 各商品营业利润额趋势

图表解读:图 10-59 是各商品各季度的营业利润额趋势图,图表类型为折线图。图中,不同颜色的折线代表不同商品的营业利润额。从图中可知,暗香和法式起司两个商品的营业利润额趋势波动最为明显,且具有一定的周期性。

(8)点击"分析方案",选择"另存为",方案名称输入"各商品营业利润额趋势",点击"确定"(见图10-60)。

图 10-60　保存分析方案

(9)进入"数据斗方",选择"折线图",筛选器拖入"商品名称";横轴拖入"日期",维度为"年月";纵轴拖入"营业利润率",度量为"平均";系列拖入"商品名称"。选择预览尺寸为"全画面"(见图10-61)。

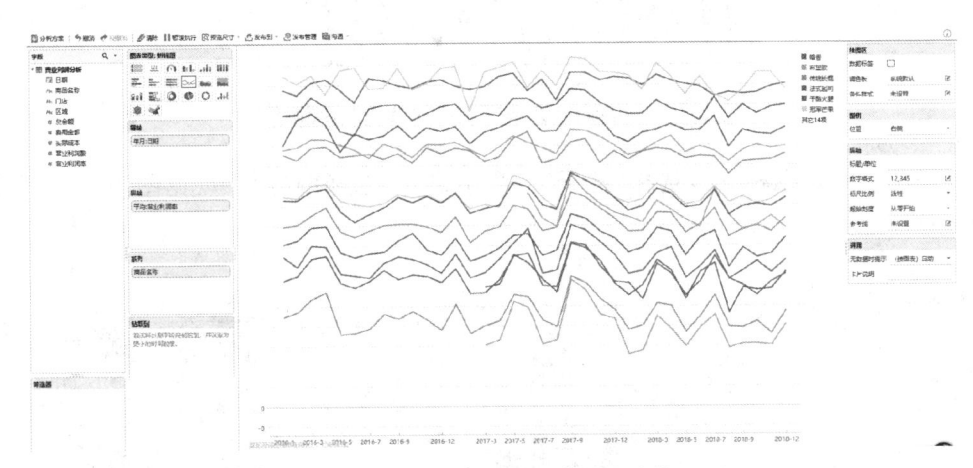

图 10-61　各商品营业利润率趋势

图表解读:图10-61是各商品各年月营业利润率趋势图,图表类型为折线图。图中不同颜色的折线代表各商品的营业利润率,商品类型越多,折线数量越多。从图中可知,尽管折线较为纷乱,但总体变化趋势较为一致,有一定程度的波动,但周期性不明显,表明各商品营业利润率总体较为平稳。

(10)点击"分析方案",选择"另存为",方案名称输入"各商品营业利润率趋势",点击"确定"(见图10-62)。

图 10-62　保存分析方案

(11) 进入"数据斗方",选择"组合图",横轴拖入"商品名称";左轴拖入"营业利润率",度量为"平均";右轴拖入"营业利润额",度量为"求和"。选择预览尺寸为"全画面"(见图 10-63)。

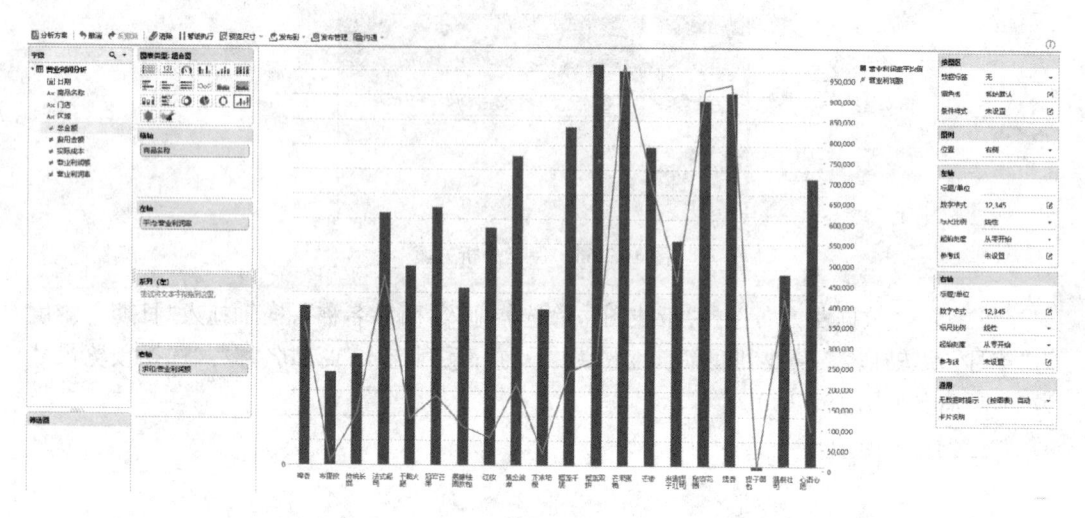

图 10-63 各商品营业利润率与营业利润额情况

(12) 勾选"数据标签",选择"柱子","数字格式"选择两位小数(见图 10-64 和图 10-65)。

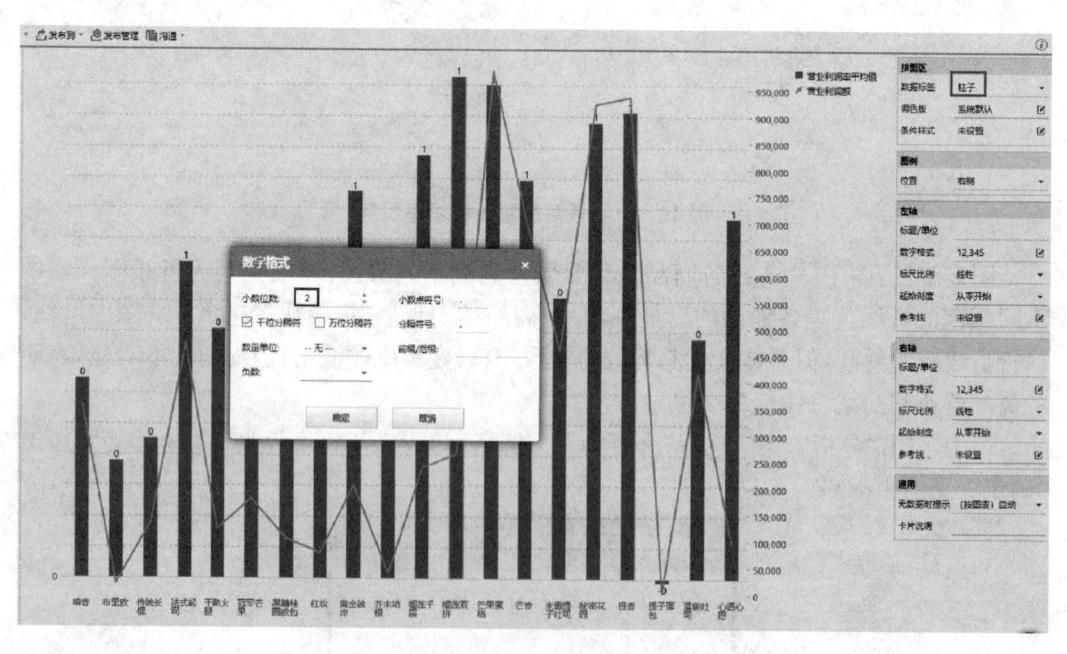

图 10-64 设置数据标签与数字格式

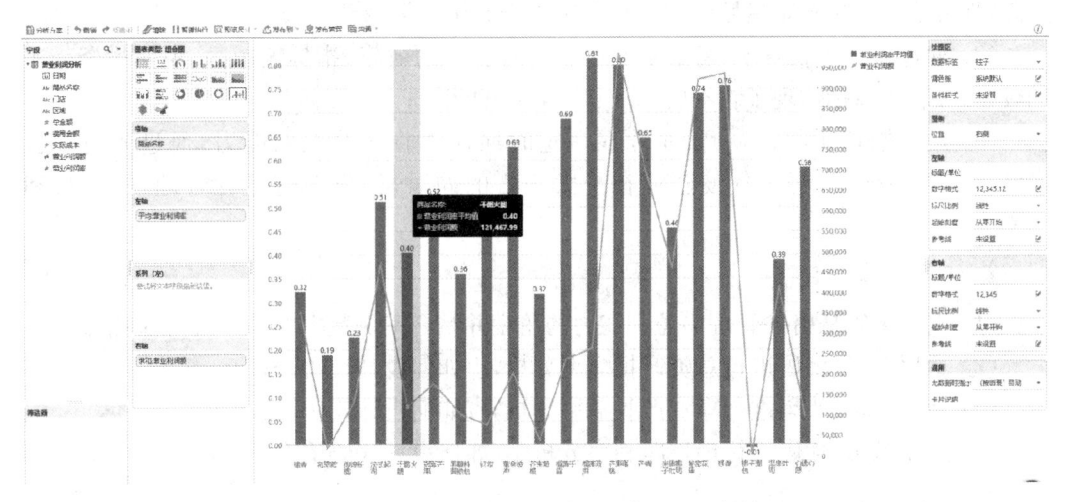

图 10-65 各商品营业利润率与营业利润额情况

图表解读:图 10-65 是各商品营业利润率与营业利润额情况图,图表类型为组合图。组合图,即柱形图与折线的组合,可针对某一对象同时分析其两个不同指标,适用性较广。图中,柱形条为各商品的营业利润率,对应左轴;折线为各商品的营业利润额,对应右轴。从图中折线与柱形条的情况可知,营业利润额与营业利润率的变化趋势存在差异,主要原因在于前者为绝对数指标,后者为相对数指标。

(13) 点击"分析方案",选择"另存为",方案名称输入"各商品营业利润率与营业利润额情况",点击"确定"(见图 10-66)。

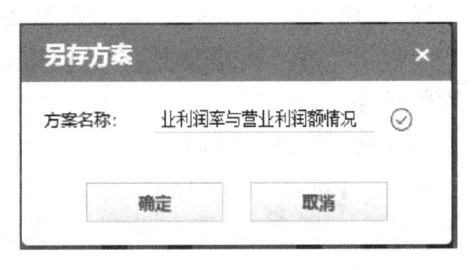

图 10-66 保存分析方案

6. 任务作业

(1) 自行根据数据分析需要,分析各门店的实际成本占比;
(2) 自行根据数据分析需要,分析各季度的营业利润额变动趋势;
(3) 自行根据数据分析需要,分析各区域的营业利润额占比;
(4) 自行根据数据分析需要,分析不同商品的营业利润额占比。

任务二十二 盈利能力分析

1. 任务目的

(1) 通过总资产报酬率,来衡量企业运用所有投资资源所获经营成效,总资产报酬率

越高,则表明企业越善于运用资产;反之,则资产利用效果越差;

(2) 通过净资产收益率,衡量企业运用自有资本的效率,指标值越高,说明投资带来的收益越高,该指标体现了自有资本获得净收益的能力;

(3) 通过销售净利率,衡量企业在一定时期销售收入获取的能力,通过分析销售净利率的升降变动,可以促使企业在扩大销售的同时,注意改进经营管理,提高盈利水平。

2. 任务内容

(1) 财务主管从财务管理中盈利能力的角度并结合案例数据,可以分析哪些指标?
(2) 运用 SQL 代码进行总资产报酬率分析,应如何设计代码语言?
(3) 运用 SQL 代码进行净资产收益率分析,应如何设计代码语言?
(4) 运用 SQL 代码进行销售净利率分析,应如何设计代码语言?

3. 任务准备

(1) 新建一个业务主题,命名为"盈利能力分析",点击"确定",完成创建;
(2) 进入"数据建模"。

4. 任务要求

(1) 运用 SQL 代码准备数据源,在数据斗方中分析总资产报酬率;
(2) 运用 SQL 代码准备数据源,在数据斗方中分析净资产收益率;
(3) 运用 SQL 代码准备数据源,在数据斗方中分析销售净利率。

5. 任务操作指导

(1) 在数据建模中,选择"新建数据表",进入"新建数据表-选择数据源"界面,数据库选择"MySQL",点击"下一步";在"新建数据表-连接数据库服务器"界面左侧,输入服务器、端口、用户名和密码后,点击"连接";显示连接成功后,在"新建数据表-连接数据库服务器"界面右侧,数据库选择"business_data",类型选择"自定义 SQL",点击"下一步";在"新建数据表-自定义 SQL"界面,将名称命名为"总资产报酬率",编辑以下 SQL 代码,点击"完成",保存"总资产报酬率"数据表(见图 10-67~图 10-69)。

"总资产报酬率"SQL 代码如下:

select a.日期,a.利润总额,a.财务费用,d.期初资产合计,b.期末资产合计 from
(select 日期,利润总额,财务费用 from 利润表)a,
(select 日期,资产合计 as 期末资产合计 from 资产负债表)b,
(select date_format((date_sub(c.日期,interval -1 quarter)),"%Y-%m ") as 日期,c.资产合计 as 期初资产合计 from (select 日期,资产合计 from 资产负债表)c)d
where a.日期=b.日期 and a.日期 like concat("%",d.日期,"%")

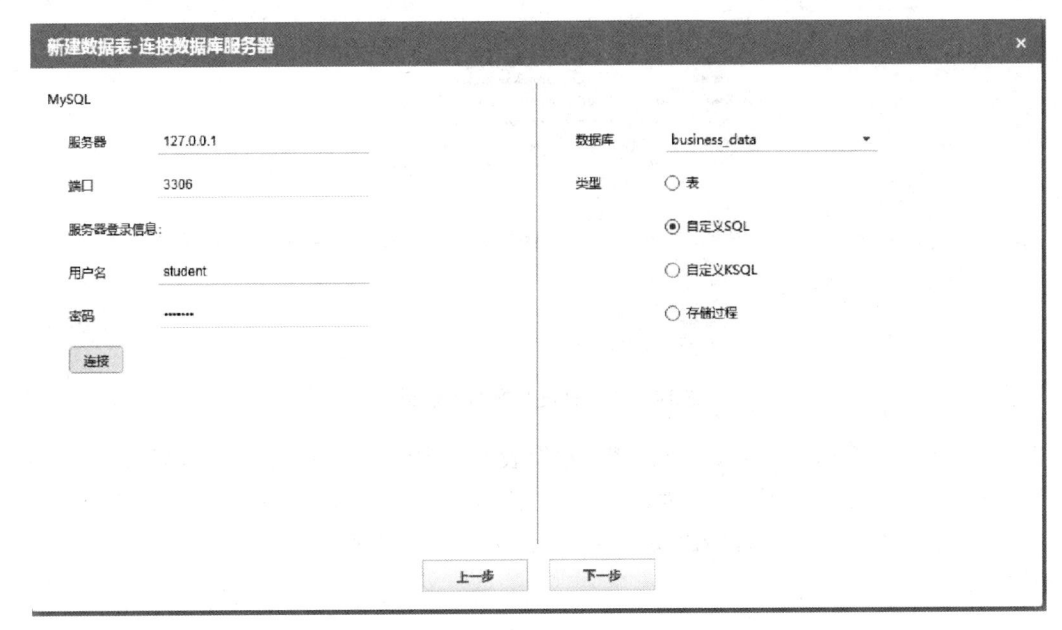

第 10 章　财务大数据分析综合实训——财务环节

图 10-67　连接数据库服务器

```
select a.日期,a.利润总额,a.财务费用,d.期初资产合计,b.期末资产合计 from
(select 日期,利润总额,财务费用 from 利润表)a,
(select 日期,资产合计 as 期末资产合计 from 资产负债表)b,
(select date_format((date_sub(c.日期,interval -1 quarter)),"%Y-%m") as 日期,c.资产合计 as 期初资产合计 from (select 日期,资产合计 from 资产负债表)c)d
where a.日期=b.日期 and a.日期 like concat("%",d.日期,"%")
```

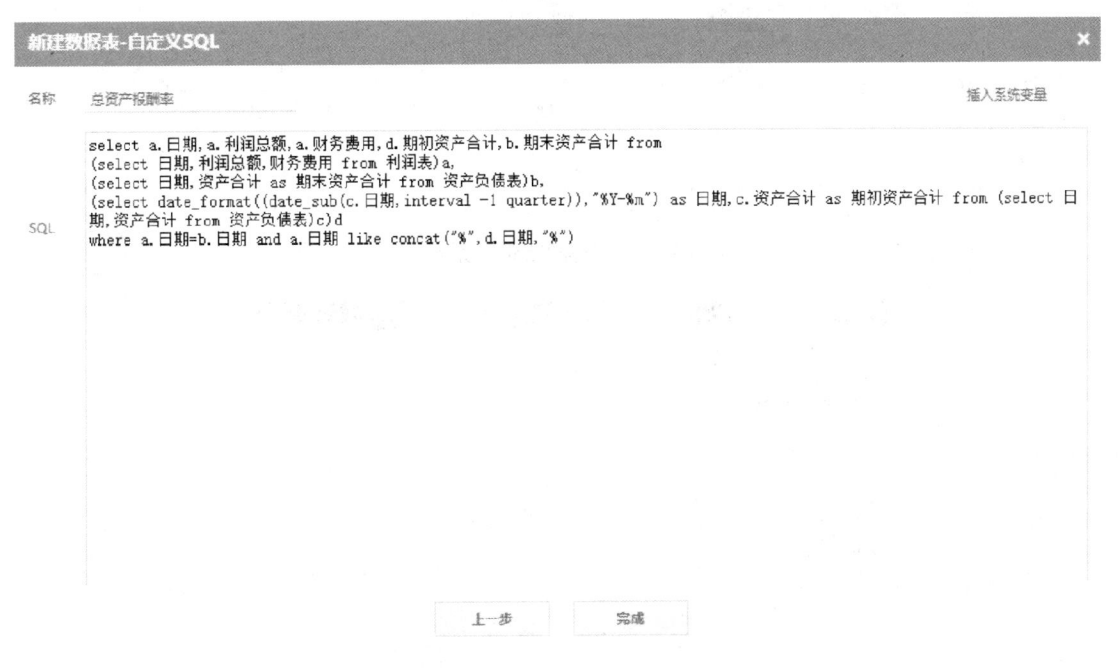

图 10-68　编辑 SQL 代码

图 10-69 总资产报酬率输出值

（2）创建计算字段。在总资产报酬率数据表下新建计算字段，进入"新建计算字段"界面，名称输入：总资产报酬率，表达式输入：（[利润总额]＋[财务费用]）/（（[期初资产合计]＋[期末资产合计]）/2），输入完后点击"确定"，并点击"保存"（见图 10-70～图 10-72）。

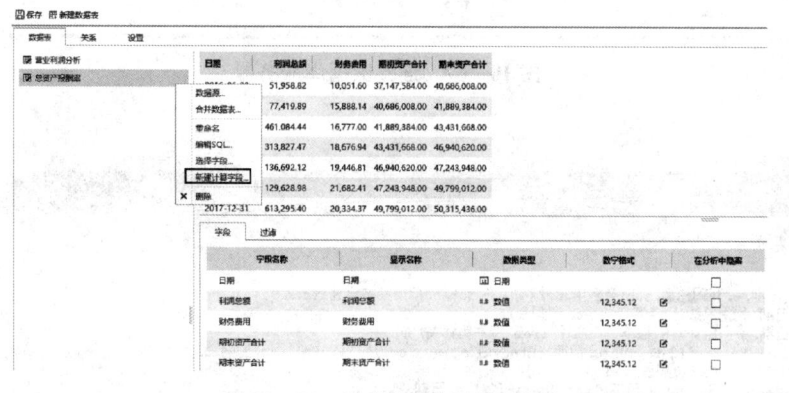

图 10-70 选择"新建计算字段"

图 10-71 输入名称和表达式

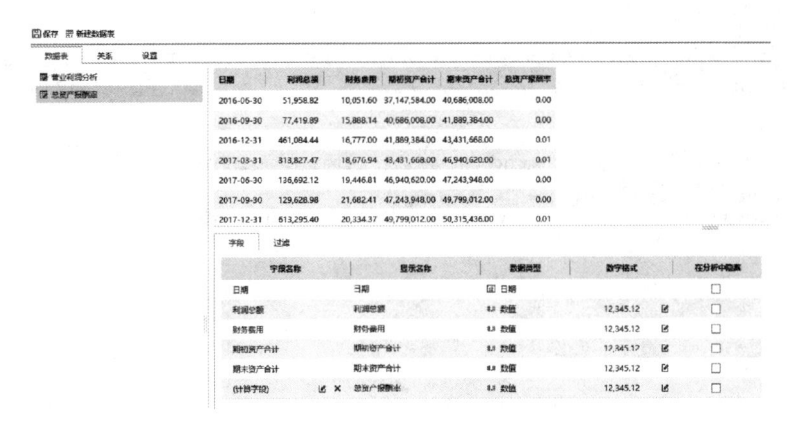

图 10-72 保存"总资产报酬率"数据表

（3）在数据建模中，选择"新建数据表"，进入"新建数据表-选择数据源"界面，数据库选择"MySQL"，点击"下一步"；在"新建数据表-连接数据库服务器"界面左侧，输入服务器、端口、用户名和密码后，点击"连接"；显示连接成功后，在"新建数据表-连接数据库服务器"界面右侧，数据库选择"business_data"，类型选择"自定义 SQL"，点击"下一步"；在"新建数据表-自定义 SQL"界面，将名称命名为"净资产收益率"，编辑以下 SQL 代码，点击"完成"，保存"净资产收益率"数据表（见图 10-73～图 10-75）。

"净资产收益率"SQL 代码如下：

select a.日期,a.净利润,d.期初净资产,b.期末净资产,(a.净利润/((d.期初净资产＋b.期末净资产)/2))as 净资产收益率 from

(select 日期,净利润 from 利润表)a,

(select 日期,所有者权益合计 as 期末净资产 from 资产负债表)b,

(select date_format((date_sub(c.日期,interval -1 quarter)),"%Y -%m ") as 日期,c.所有者权益合计 as 期初净资产 from (select 日期,所有者权益合计 from 资产负债表)c)d

where a.日期＝b.日期 and a.日期 like concat("%",d.日期,"%")

图 10-73 连接数据库服务器

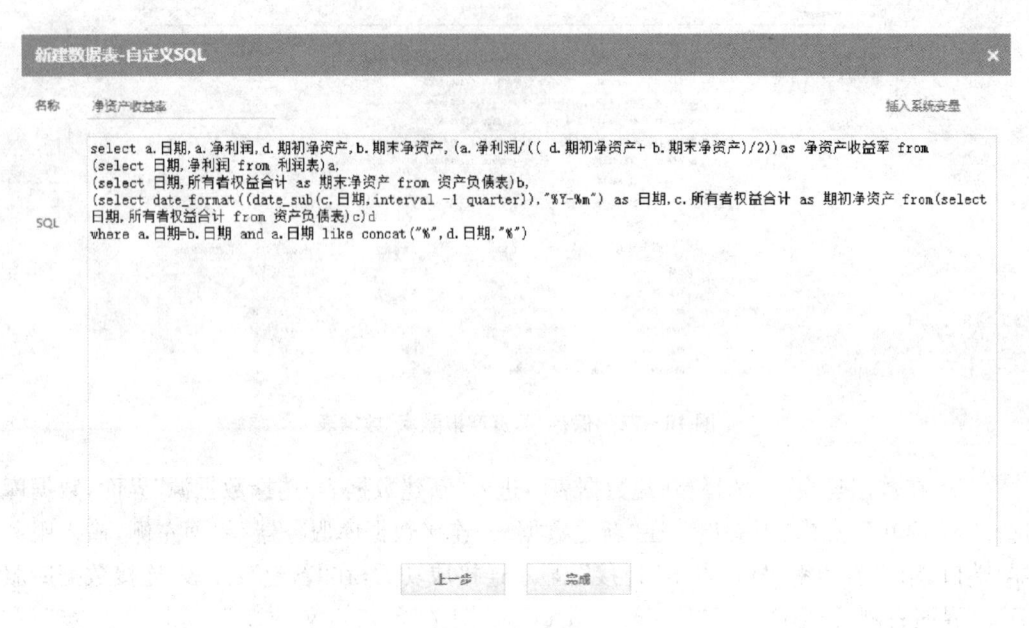

图 10-74 编辑"净资产收益率"SQL代码

图 10-75 保存"净资产收益率"数据表

（4）在数据建模中，选择"新建数据表"，进入"新建数据表-选择数据源"界面，数据库选择"MySQL"，点击"下一步"；在"新建数据表-连接数据库服务器"界面左侧，输入服务器、端口、用户名和密码后，点击"连接"；显示连接成功后，在"新建数据表-连接数据库服务器"界面右侧，数据库选择"business_data"，类型选择"自定义 SQL"，点击"下一步"；在"新建数据表-自定义 SQL"界面，将名称命名为"销售净利率"，编辑以下 SQL 代码，点击"完成"，保存"销售净利率"数据表（见图 10-76～图 10-78）。

"销售净利率"SQL 代码如下：

select a.日期,a.净利润,b.实际销售额,a.净利润/b.实际销售额 as 销售净利率 from

利润表 a,

（select concat(date_format(下单时间,"%Y "),floor((date_format(下单时间,"%m ")+2)/3)) as 日期,sum(总金额) as 实际销售额 from 销售订制单 group by concat(date_format(下单时间,"%Y "),floor((date_format(下单时间,"%m ")+2)/3)))b

where concat(date_format(a.日期,"%Y "),floor((date_format(a.日期,"%m ")+2)/3)) like b.日期

图 10-76　连接数据库服务器

图 10-77　编辑"销售净利率"SQL 代码

图 10-78　保存"销售净利率"数据表

（5）进入"数据斗方"，选择"折线图"，横轴拖入"日期"，维度为"季度"；纵轴拖入"总资产报酬率"，度量为"平均"。选择预览尺寸为"全画面"（见图 10-79）。

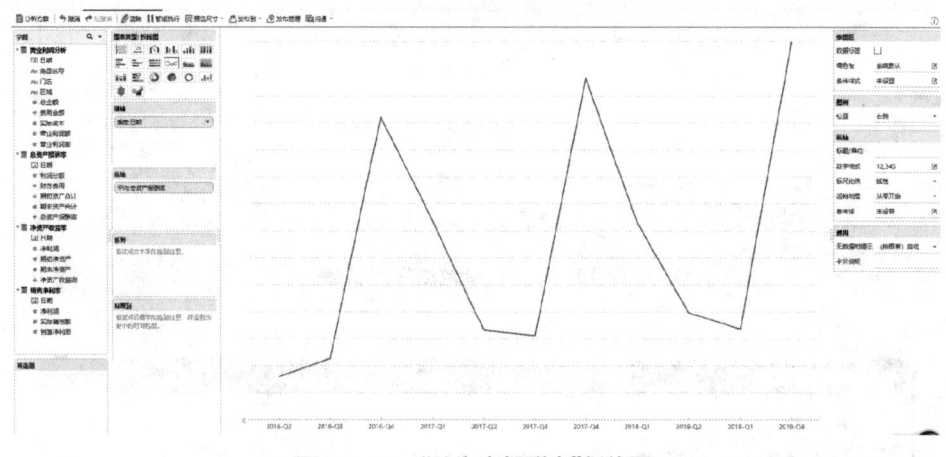

图 10-79　"总资产报酬率"折线图

图表解读：图 10-79 是案例企业各季度的平均总资产报酬率趋势图，图表类型为折线图。从图中可知，企业各季度平均总资产报酬率呈上升趋势，表明企业盈利能力在不断提升。同时，企业各季度总资产报酬率具有明显的周期性变化，第四季度总资产报酬率最高，说明企业第四季度盈利能力最强。

（6）点击"分析方案"，选择"另存为"，方案名称输入"总资产报酬率"，点击"确定"（见图 10-80）。

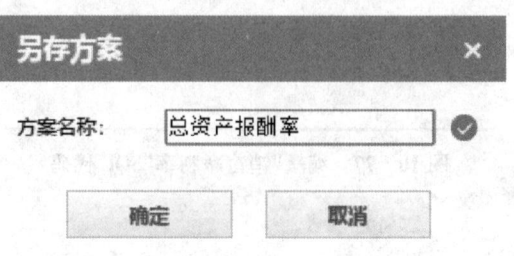

图 10-80　另存为"总资产报酬率"方案

(7)进入"数据斗方",选择"折线图",横轴拖入"日期",维度为"季度";纵轴拖入"净资产收益率",度量为"平均"。选择预览尺寸为"全画面"(见图10-81)。

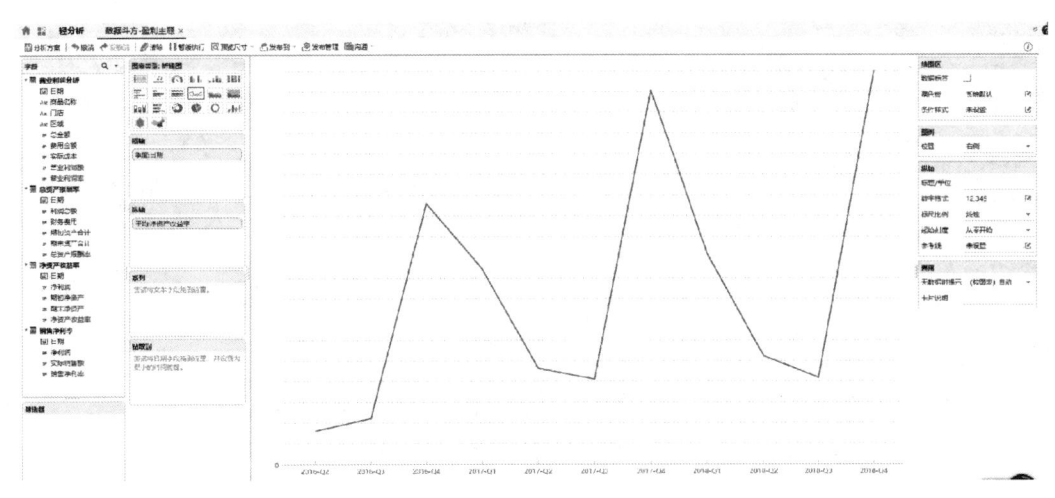

图 10-81 "净资产收益率"折线图

图表解读:图10-81是案例企业各季度平均净资产收益率趋势图,图表类型为折线图。从图中可知,企业各季度平均净资产收益率呈上升趋势,表明企业盈利能力在不断提升。同时,企业各季度平均净资产收益率具有明显的周期性变化,第四季度平均净资产收益率最高,说明企业第四季度盈利能力最强。

(8)点击"分析方案",选择"另存为",方案名称输入"净资产收益率",点击"确定"(见图10-82)。

图 10-82 另存为"净资产收益率"方案

(9)进入"数据斗方",选择"折线图",横轴拖入"日期",维度为"季度";纵轴拖入"销售净利率",度量为"平均"。选择预览尺寸为"全画面"(见图10-83)。

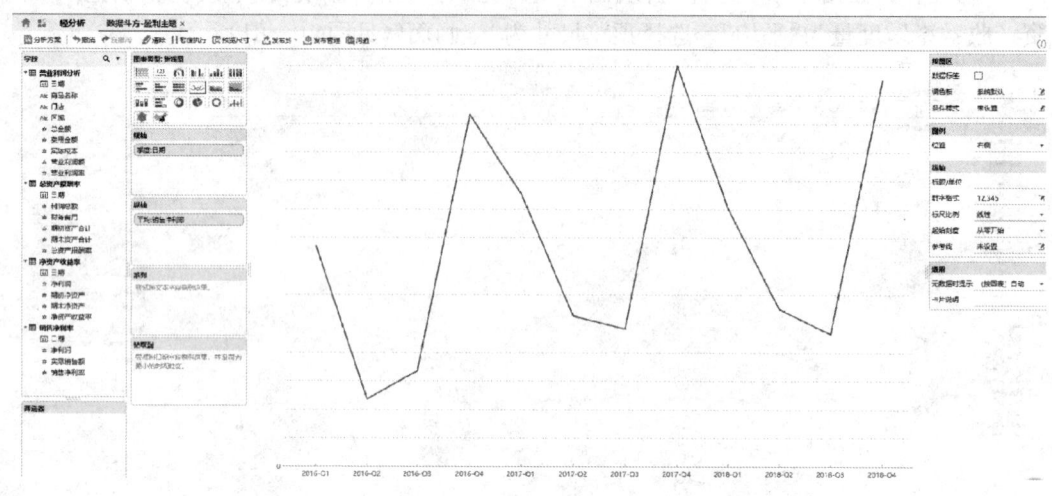

图 10-83 "销售净利率"折线图

图表解读:图 10-83 是案例企业各季度平均销售净利率趋势图,图表类型为折线图。从图中可知,企业各季度平均销售净利率呈上升趋势,表明企业盈利能力在不断提升。同时,企业各季度平均销售净利率具有明显的周期性变化,第四季度平均销售净利率最高,说明企业第四季度盈利能力最强。

(10) 点击"分析方案",选择"另存为",方案名称输入"销售净利率",点击"确定"(见图 10-84)。

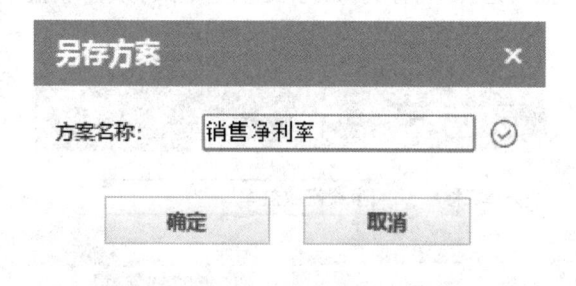

图 10-84 另存为"销售净利率"方案

6. 任务作业

(1) 自行根据数据分析需要,分析各季度利润总额的环比增长率;
(2) 自行根据数据分析需要,分析各季度销售净利率的变动趋势。

思政小课堂

总市值17亿元的塞力医疗,应收账款账款超14亿元

塞力医疗是一家专注于提供医疗服务的企业,其主要客户为公立医院。由于国家医保支付政策的影响,医院的账期较长,塞力医疗的应收账款回收速度缓慢。2023年年报显示,塞力医疗主要应收账款方有黄石市中心医院、武汉市第四医院、徐州市中心医院、连州市瑞通医学检验实验室有限公司、安康市中心医院等。其中,前五大应收账款方在2023年底的期末余额为5.77亿元,坏账准备期末余额为2988.7万元。

截至2024年第三季度,塞力医疗的总市值仅有17亿元,但应收账款超过了14亿元,这表明塞力医疗的应收账款已经接近其市场估值,显示出塞力医疗在资金管理和应收账款催收方面存在严重的问题。塞力医疗面临严重的资金压力,甚至无法按时归还用于补充流动资金的募集资金。但塞力医疗表示正在采取相关措施,通过多种途径筹集资金,包括维持并拓展业务规模、加大应收款项催收力度、探索出售所持有的股权资产等。同时,塞力医疗董事会和管理层也在积极探讨其他可行的归还方式,以尽快归还用于补充流动资金的募集资金。

塞力医疗应收账款回款不及预期的现象,突显了在医疗行业中,应收账款管理的重要性,企业应加强对客户的信用评估,合理设定账期,并建立有效的催收机制,以确保资金的及时回笼。此外,塞力医疗应当建立健全的风险管理体系,特别是在面对账期长和不确定的付款条件时,提前做好资金规划,避免因资金链断裂而影响正常运营。

练习题

一、单选题

1. 一般来说,应收账款周转率越低,表明企业(　　)。
   A. 奉行较紧的信用政策　　　　　　B. 坏账损失大
   C. 平均收账期短　　　　　　　　　D. 收账速度快

2. "interval -1 month"表示(　　)。
   A. 过去的一个季度　　　　　　　　B. 过去的一个月
   C. 未来的一个季度　　　　　　　　D. 未来的一个月

3. 以下关于应付账款的说法,错误的是(　　)。
   A. 应付账款是指企业因购买材料商品或接受劳务等而发生的债务
   B. 应付账款主要是由于买卖双方在取得物资与支付货款的时间不一致而造成的
   C. 分析应付账款可以帮助企业合理地安排欠款支付的顺序
   D. 对企业来说,应付账款越少越好

4. 以下属于变动成本的是(　　)。
   A. 厂房租金　　　　　　　　　　　　B. 直接人工
   C. 广告费　　　　　　　　　　　　　D. 新产品开发费
5. 关于盈利能力的说法,下列错误的是(　　)。
   A. 盈利能力是指企业获取利润的能力
   B. 盈利能力是指企业的资金或资本增值的能力
   C. 盈利能力通常表现为一定时期内企业收益数额的多少及水平的高低
   D. 一个企业是否盈利或利润多少,并不能直接影响到企业的生存发展

二、多选题

1. 关于应收账款的说法,正确的有(　　)。
   A. 宽松的信用政策可能会导致企业的销售收入增加
   B. 企业应收账款不是越多越好,也不是越少越好
   C. 企业应收账款越多越好
   D. 企业应收账款越少越好
2. 关于应付账款,以下说法正确的有(　　)。
   A. 应付账款是指企业因购买材料商品或接受劳务等而发生的债权
   B. 应付账款主要是由于买卖双方在取得物资与支付货款的时间不一致而造成的
   C. 分析应付账款可以帮助企业合理的安排欠款支付的顺序
   D. 分析应付账款可以分析企业的偿债能力,提高企业的资金使用效率
3. 能够判断企业的应付账款周转率是否处于合理的水平的有(　　)。
   A. 与行业平均应付账款周转率对比
   B. 与行业龙头企业的应付账款周转率对比
   C. 与企业自身的历史应付账款周转率对比
   D. 与应收账款周转率对比
4. 关于成本结构分析的说法,正确的有(　　)。
   A. 可以帮助企业寻找降低成本的途径
   B. 可以正确认识企业成本结构的分布
   C. 有助于进行成本控制
   D. 为制订成本计划和经营决策提供重要依据
5. 生产运营成本分析包括(　　)。
   A. 商品原料分析　　　　　　　　　　B. 供应商分析
   C. 运营成本分析　　　　　　　　　　D. 盈利能力分析

三、判断题

1. 应收账款是伴随着企业的销售行为而发生的一项债务。(　　)
2. 应付账款周转率越高,企业的坏账风险越低。(　　)
3. 总资产周转率也就是总资产报酬率。(　　)
4. 净资产收益率可以衡量企业运用自有资本的效率,该指标值越高,说明投资带来的收益越高,该指标体现了自有资本获得净收益的能力。(　　)

5. 数据表 a 与数据表 b 通过"日期"字段建立关系时,只有一种方式,即 a.日期＝b.日期。　　　　　　　　　　　　　　　　　　　　　　　　　　　　（　　）

四、简答题

根据图表显示,回答下列问题。

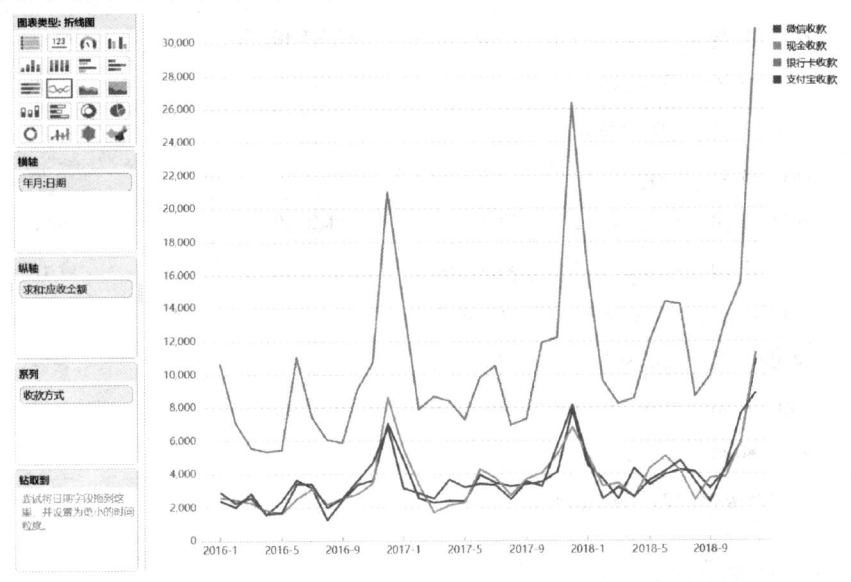

(1) 请为以上分析方案命名。
(2) 对上图进行数据分析,从中你能得出什么分析结果?
(3) 通过分析,你有何管理建议?

五、业务综合题

1. 资料情况如下:

数据表"利润表"和"应付账款月报表",部分字段名称依次如下图所示:

根据提供的资料，进行 SQL 代码的编写，计算季度应付账款周转率，输出如下图所示的结果表：

日期	营业成本	期初余额	期末余额	应付账款周转率
2016-06-30	243,074.30	19,367.00	27,991.40	10.27
2016-09-30	251,616.05	27,991.40	58,710.80	5.80
2016-12-31	371,975.12	58,710.80	83,449.20	5.23
2017-03-31	400,286.40	83,449.20	54,770.00	5.79
2017-06-30	326,719.12	54,770.00	41,810.00	6.77
2017-09-30	350,298.16	41,810.00	55,856.00	7.17
2017-12-31	469,384.80	55,856.00	74,658.60	7.19
2018-03-31	503,989.75	74,658.60	48,345.76	8.19
2018-06-30	464,290.97	48,345.76	13,735.60	14.96
2018-09-30	444,321.25	13,735.60	20,810.36	25.72

总共11行数据，仅显示前10行数据

2. 资料情况如下：

数据表"利润表"和"销售订制单"，部分字段名称依次如下图所示：

日期	营业成本
2016-03-31	273,485.94
2016-06-30	243,074.30
2016-09-30	251,616.05
2016-12-31	371,975.12
2017-03-31	400,286.40
2017-06-30	326,719.12
2017-09-30	350,298.16
2017-12-31	469,384.80
2018-03-31	503,989.75
2018-06-30	464,290.97

总共12行数据，仅显示前10行数据

总金额	下单时间
168.30	2016-01-01 07:58:31
49.20	2016-01-01 08:33:09
49.20	2016-01-01 08:20:09
158.30	2016-01-01 07:28:38
78.20	2016-01-01 07:09:13
9.50	2016-01-01 08:22:44
17.00	2016-01-01 07:39:21
9.50	2016-01-01 08:39:52
18.00	2016-01-01 07:18:25
23.60	2016-01-01 07:50:47

总共522589行数据，仅显示前10行数据

根据提供的资料,进行 SQL 代码的编写,计算季度销售毛利率,输出如下图所示的结果表:

日期	营业成本	实际销售额	销售毛利率
2016-03-31	273,485.94	1,021,540.20	0.73
2016-06-30	243,074.30	826,607.00	0.71
2016-09-30	251,616.05	868,517.00	0.71
2016-12-31	371,975.12	1,403,231.70	0.73
2017-03-31	400,286.40	1,232,961.30	0.68
2017-06-30	326,719.12	973,142.30	0.66
2017-09-30	350,298.16	1,008,484.20	0.65
2017-12-31	469,384.80	1,638,991.40	0.71
2018-03-31	503,989.75	1,472,551.30	0.66
2018-06-30	464,290.97	1,261,023.30	0.63

总共12行数据,仅显示前10行数据

第 11 章 财务大数据分析综合实训——风险预警

风险预警作为企业经营管理的重要环节,其准确性和及时性对于企业的稳健发展至关重要。在新零售模式下,企业面临海量的数据和信息,在这些海量数据中挖掘、整理和分析企业业绩、盈利、资金流量等与经营风险有关信息,帮助企业更早、更全面识别出相关风险成因,并提出针对性的防范措施成为企业经营管理的重中之重。为了有效分析这些数据并提升企业的风险预警能力,依托金蝶云·星空平台,运用 SQL 和数据可视化分析,可以实现对风险预警数据的快速整理与分析,从而挖掘数据价值,提升企业风险管理能力。

11.1 业务环节预警分析

业务环节经营预警主要涉及企业在运营过程中对关键业务环节和指标的监控,以便及时发现潜在问题并采取应对措施。以下根据企业各业务环节进行相关预警分析。

任务二十三 业务预警分析

1. 任务目的

(1) 利用案例企业业务经营的相关资料,通过可视化分析,对企业的经营风险进行探究,寻找潜在的风险和防范措施;

(2) 通过对原材料的及时交付率的分析,评估企业物料交付的准时率,分析企业各生产用的物料及时到货情况,从而考核采购业务的时效性和效率,并利用数据斗方构建仪表图,对企业物料及时交付率进行预警分析。

(3) 幸福西饼是一家主打新鲜的烘焙企业,为了保证产品品质和企业口碑,要求尽可能快速完成并及时配送。因此,为了减少订单延误的情况,幸福西饼设置了一系列的预警指标,其中一项是在下单时间超过 30 分钟时,及时给对应的门店发出预警,因此需要分析生成对应的预警时间表,以供提醒。

(4) 物料保质期到期预警是存货管理中的重要环节,目的是确保物料在保质期内得到合理使用,防止过期物料带来的浪费和质量问题。为了防止原材料和产成品过期变质的情况发生,案例公司要求仓储部门对物料的保质期进行实时监控并及时预警。

2. 任务内容

为了帮助企业经营管理者更有效地优化供应链管理,我们需要深入探讨设置预警指标的重要性,并明确如何设置这些预警指标以及如何全面完成它们的分析工作。具体任务如下：

(1) 进行物料交付及时率预警分析，分析企业物料采购的效率；

(2) 进行订单交付提醒预警，提醒门店及时处理订单，减少订单延误；

(3) 编制物料保质期到期预警表，实现物料保质期实时监控和提前预警。

3. 任务准备

(1) 新建业务主题，命名为"业务预警分析"，点击"确定"，完成创建；

(2) 进入"数据建模"。

4. 任务要求

完成物料交付及时率预警、订单交付提醒预警、物料保质期到期预警设置，并进行可视化分析，结合图表阐述该预警分析的经济含义。

5. 任务操作

(1) 物料及时交付率预警分析：需要使用的数据表为"商品订货单"，主要采用物料及时交付率进行预警设置和分析。

① 在数据建模中，选择"新建数据表"，进入"新建数据表-选择数据源"界面，数据库选择"MySQL"，点击"下一步"；在"新建数据表-连接数据库服务器"界面左侧，输入服务器、端口、用户名和密码后，点击"连接"；显示连接成功后，在"新建数据表-连接数据库服务器"界面右侧，数据库选择"business_data"，类型选择"自定义 SQL"，点击"下一步"；在"新建数据表-自定义 SQL"界面，将名称命名为"物料及时交付率"，编辑以下 SQL 代码，点击"完成"，保存"物料及时交付率"数据表（见图 11-1～图 11-3）。

"物料及时交付率"数据表 SQL 代码如下：

select 订单日期 as 日期,商品名称,sum(延迟单数) as 延迟订单数,count(单号) as 订单量 from 商品订货单 group by 商品名称,日期

图 11-1 连接数据库服务器

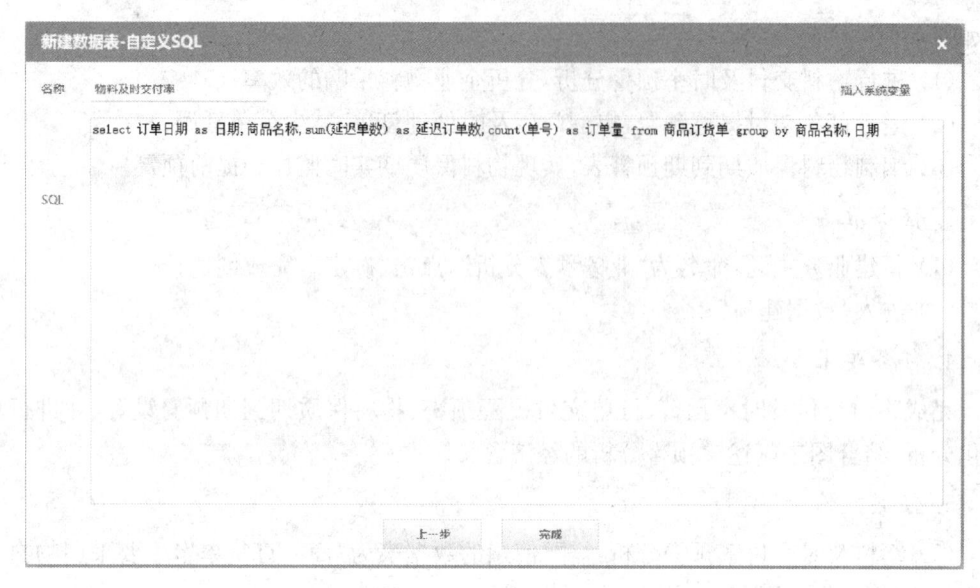

图 11-2 编辑 SQL 代码

图 11-3 SQL 查询结果输出图

② 创建计算字段。在"物料及时交付率"表下新建计算字段,进入"新建计算字段"界面,名称输入:及时交付率,表达式输入:1-([延迟订单数]/[订单量]),输入完后点击"确定",并点击"保存"(见图 11-4～图 11-6)。

③ 进入"数据斗方",选择"仪表图",指针值拖入"及时交付率",度量为"平均";右侧表盘刻度值格式和指针的数值格式均设为:小数位数 2、数量单位百分之一(%)(见图 11-7)。

右侧表盘分段设置为 3 段,起始刻度值为 0、结尾刻度值为 1,范围分别为:1～0.8,颜色红色,标签警戒;0.8～0.9,颜色黄色,标签关注;0.9～1,颜色绿色,标签正常(见图 11-8)。

选择预览尺寸为"全画面"(见图 11-9)。

第 11 章 财务大数据分析综合实训——风险预警

图 11-4 选择"新建计算字段"

图 11-5 输入字段名称和表达式

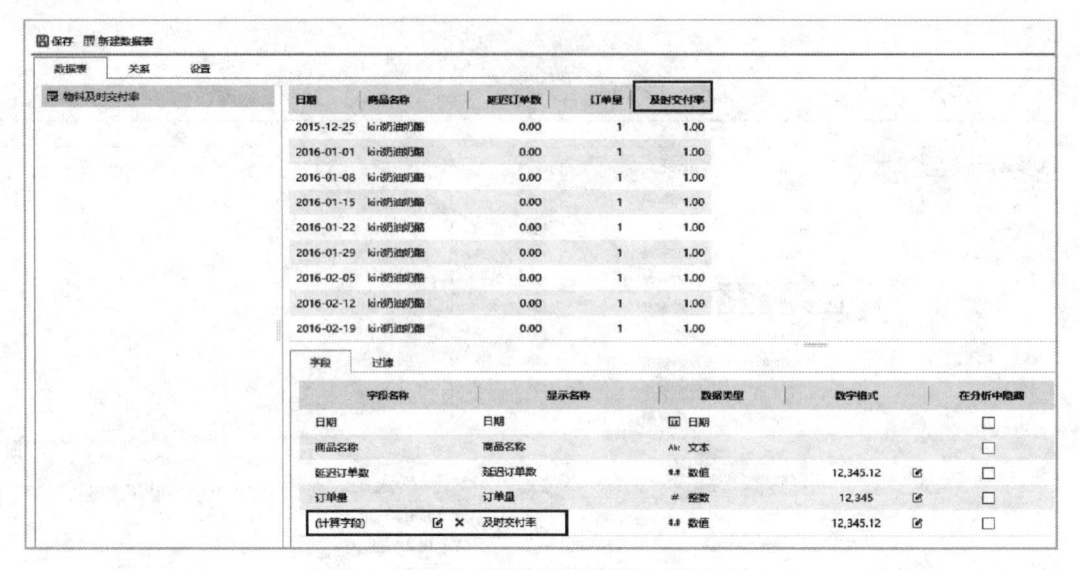

图 11-6　保存"物料及时交付率"数据表

图 11-7　数字格式设置图

图 11-8　表盘分段设置

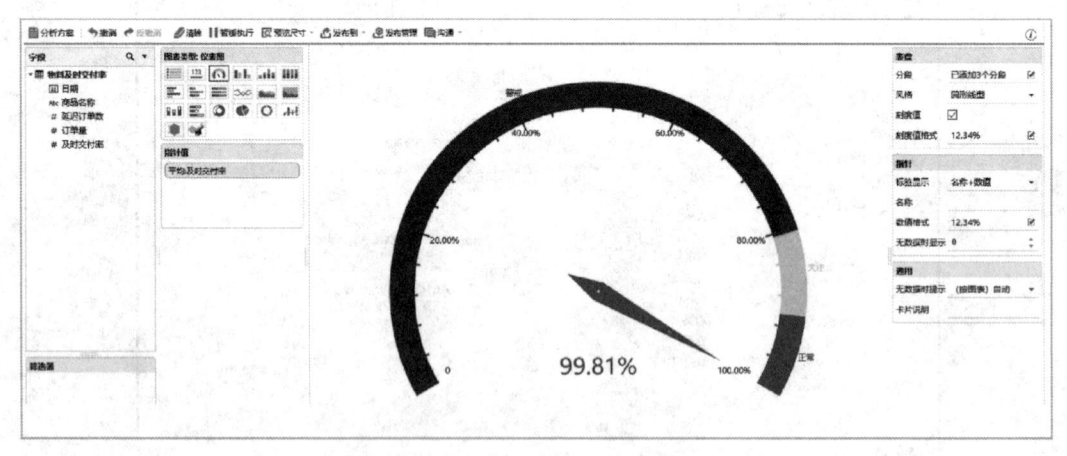

图 11-9　物料及时交付率预警分析

图表解读：图 11-9 是企业原材料及时交付率预警分析，根据图表可以看出该公司在综合考虑多重因素后将原材料物料交付及时率预警线设置及相关分析如下：当原材料物料交付及时率高于 90% 时，表明交付率居于正常水平，无须过多关注；当原材料物料交付及时率下降至 90% 以下时，应触发黄色预警。这一预警线表明交付率已经开始出现波动，需要关注并采取一定的措施(如加强与供应商的沟通、优化库存、提高订单处理效率等)来防止交付率进一步下滑;当原材料物料交付及时率下降至80%以下时,应触发红色预警。这一预警线表明交付率已经出现了较为明显的下滑,需要识别原因,采取更为紧急的措施(如增加备用供应商、改进运输和物流等)来解决问题,以确保供应链的稳定性。通过对公司的物料及时交付率的仪表图分析可以看出,过去一段时间内原材料物料交付及时率为99.81%,居于正常水平,表明公司的物料及时率良好,后期需要继续保持,以保证采购的整体效率。

④ 点击"分析方案",选择"另存为",方案名称输入"物料及时交付率预警分析",点击"确定"(见图11-10)。

图11-10 保存分析方案

(2) 订单交付提醒预警设置:需要使用的数据表为"销售订制单",采用预警列表形成展示。

① 在"业务预警分析"业务主题的数据建模中,选择"新建数据表",进入"新建数据表-选择数据源"界面,数据库选择"MySQL",点击"下一步";在"新建数据表-连接数据库服务器"界面左侧,输入服务器、端口、用户名和密码后,点击"连接";显示连接成功后,在"新建数据表-连接数据库服务器"界面右侧,数据库选择"business_data",类型选择"自定义 SQL",点击"下一步";在"新建数据表-自定义 SQL"界面,将名称命名为"订单交付提醒预警",编辑以下 SQL 代码,点击"完成",保存数据表(见图11-11~图11-13)。

图11-11 连接数据库服务器

"订单交付提醒预警"数据表 SQL 代码如下：

select 单号,门店,商品名称,数量,下单时间,date_sub(下单时间, interval -30 minute) as 预警时间 from 销售订制单

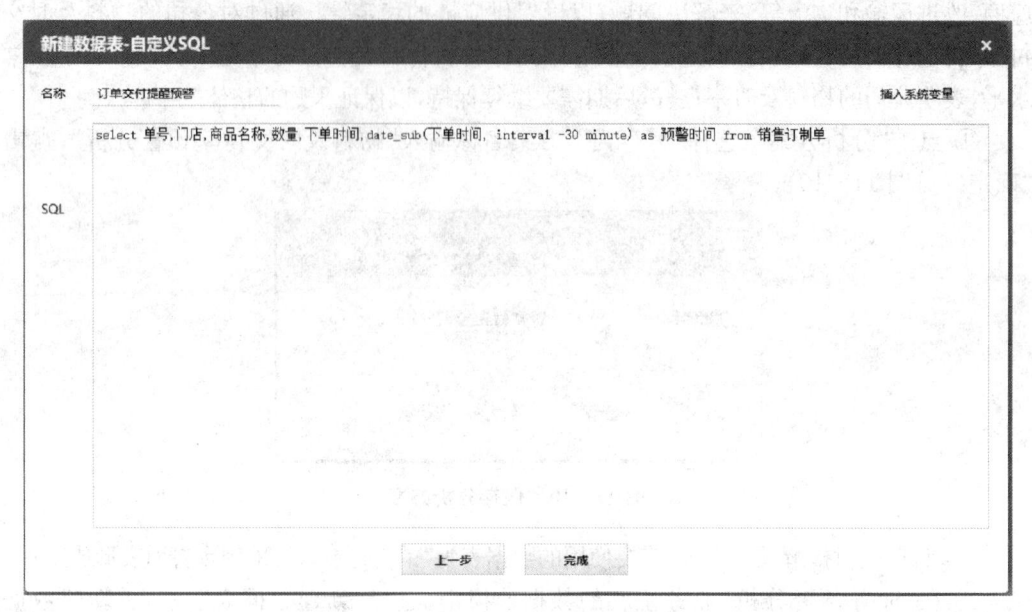

图 11-12　编辑 SQL 代码

图 11-13　SQL 执行结果图

② 进入"数据斗方"，选择"列表"，列依次拖入"订单交付提醒预警"表中的"门店"、"预警时间"（维度为年月日）、"数量"（度量求和）字段，选择预览尺寸为"全画面"（见图 11-14）。

图 11-14　订单交付提醒预警列表

图表解读：滚动列表能够实时更新订单交付的状态，包括门店、预警时间、数量等关键信息。依据订单交付提醒预警可以看到不同时间段不同商品订单的预警派送情形，这使得管理人员能够随时了解订单的最新动态，及时发现问题并做出调整。

③ 点击"分析方案"，选择"另存为"，方案名称输入"订单交付提醒预警列表"，点击"确定"（见图 11-15）。

图 11-15　保存分析方案

（3）物料保质期到期预警设置：需要使用的数据表为"原材料入库表"，为了简化分析，本例中假设所有原材料的入库时间即为生产时间，所有原材料保质期统一为 2 天。

① 在"业务预警分析"业务主题的数据建模中，选择"新建数据表"，进入"新建数据表-选择数据源"界面，数据库选择"MySQL"，点击"下一步"；在"新建数据表-连接数据库服务器"界面左侧，输入服务器、端口、用户名和密码后，点击"连接"；显示连接成功后，在"新建数据表-连接数据库服务器"界面右侧，数据库选择"business_data"，类型选择"自定义 SQL"，点击"下一步"；在"新建数据表-自定义 SQL"界面，将名称命名为"物料到期预警"，编辑以下 SQL 代码，点击"完成"，保存数据表（见图 11-16～图 11-18）。

"物料到期预警"数据表 SQL 代码如下：
select 单号，日期 as 生产日期，原材料名称，供应商 from 原材料入库单

图 11-16　连接数据库服务器

图 11-17　编辑 SQL 代码

图 11-18　SQL 执行结果图

② 创建计算字段。在"物料到期日"表下新建计算字段，进入"新建计算字段"界面，名称输入：到期日，表达式输入：NEXTDAY([生产日期],2)。输入完后点击"确定"，并点击"保存"(见图 11-19～图 11-21)。

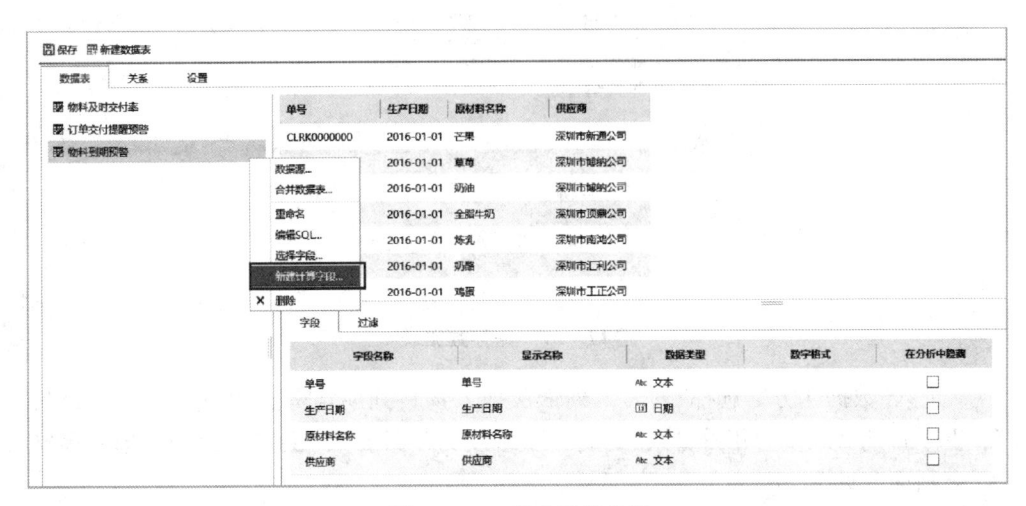

图 11-19 新建计算字段

图 11-20 新建计算字段的表达式

【注意】NEXTDAY( )函数的功能是获取指定偏移条件的日期,其基本用法式为 NEXTDAY(date,偏离天数)。其中,date 为指定的日期,偏离天数为数值型数据,代表往未来偏移。

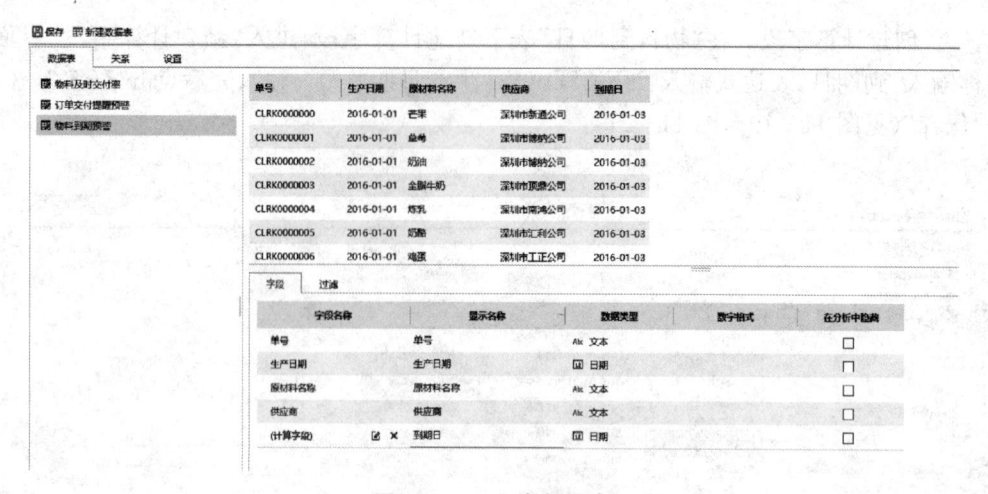

图 11-21 保存数据表

③ 进入"数据斗方",选择"列表",列依次拖入物料到期预警表的"单号"、"原材料名称"、"生产日期"(维度为年月日)、"到期日"(维度为年月日)、"供应商"字段,选择预览尺寸为"全画面"(见图 11-22)。

图 11-22 物料到期预警表列表

图表解读:通过上述分析和展示可以看出不同原材料的保质期到期日,通过连接仓储管理系统可以实时监控物料的库存状态和保质期信息,当物料的保质期接近预警期时,系统自动触发提醒,实现保质期到期的预警提示。

④ 点击"分析方案",选择"另存为",方案名称输入"物料保质期到期预警列表",点击"确定"(见图 11-23)。

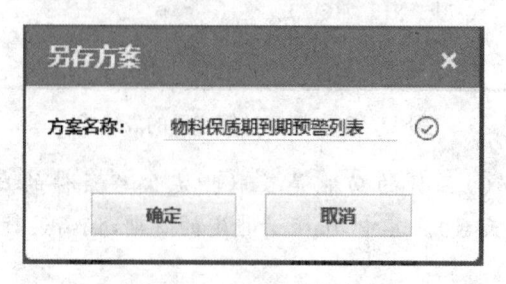

图 11-23 保存分析方案

11.2 财务环节预警分析

财务环节预警分析的主要目的是通过对企业财务报表及相关经营资料的分析,利用数据化管理方式和财务数据,将企业已面临的危险情况预先告知企业经营者和其他利益相关者。以下分别通过经营现金流量净额、资产负债率、销售现金比率和盈余现金保障倍数等分析来实现企业有关经营、偿债、盈利等各财务环节的风险预警分析。

任务二十四 现金流量分析

1. 任务目的

现金流量净额是企业在一定会计期间,通过一系列经济活动(包括经营活动、投资活动、筹资活动和非经常性项目等)而产生的现金流入、现金流出及其总额之间的差额。现金流量净额的大小和变化,直接反映了企业现金的流动状况,进而一定程度上反映企业的财务风险状况。因此,本次任务主要分析企业一定时期内经营活动现金流量,反映企业的财务状况以及真实的经营成果,对异常情况进一步分析其产生的原因,并做好下一期的经营计划。

2. 任务内容

良性的资金流动有助于企业正常经营。财务主管如何通过经营活动现金流量来监控资金流量?

3. 任务准备

(1) 新建业务主题,命名为"现金流量分析",单击"确定",完成创建;
(2) 进入"数据建模"。

4. 任务要求

分析总体经营活动现金净流量。

5. 任务操作指导

(1) 在数据建模中,选择"新建数据表",进入"新建数据表-选择数据源"界面,数据库选择"MySQL",点击"下一步";在"新建数据表-连接数据库服务器"界面左侧,输入服务器、端口、用户名和密码后,点击"连接";显示连接成功后,在"新建数据表-连接数据库服务器"界面右侧,数据库选择"bussiness_data",类型选择"表",点击"下一步"(见图11-24)。

(2) 在"新建数据表-选择表"界面,选择"现金流量表",点击"下一步";在"新建数据表-选择字段"界面,选择现金流量表中的"经营活动产生的现金流量净额"字段,点击"完成"。生成数据后,注意保存数据表(见图11-25~图11-27)。

(3) 进入"数据斗方",图标类型选择"仪表图",指针值选择"现金流量表"下的"经营活动产生的现金流量净额"字段(度量求和)(见图11-28)。

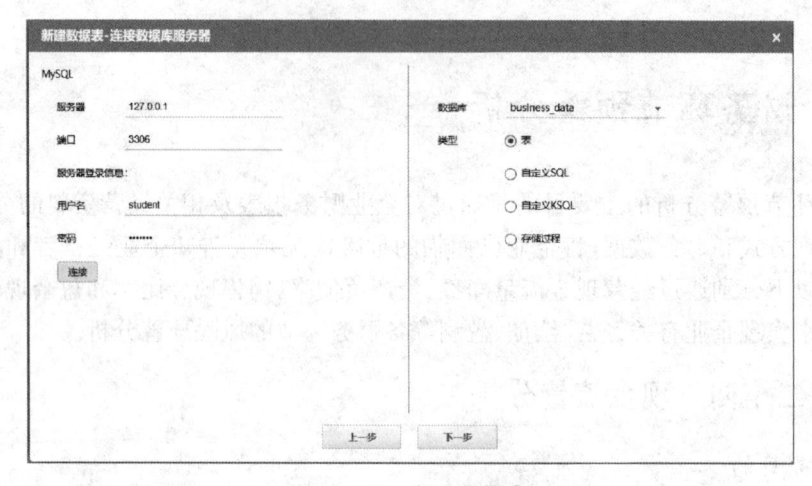

图 11-24 新建数据表

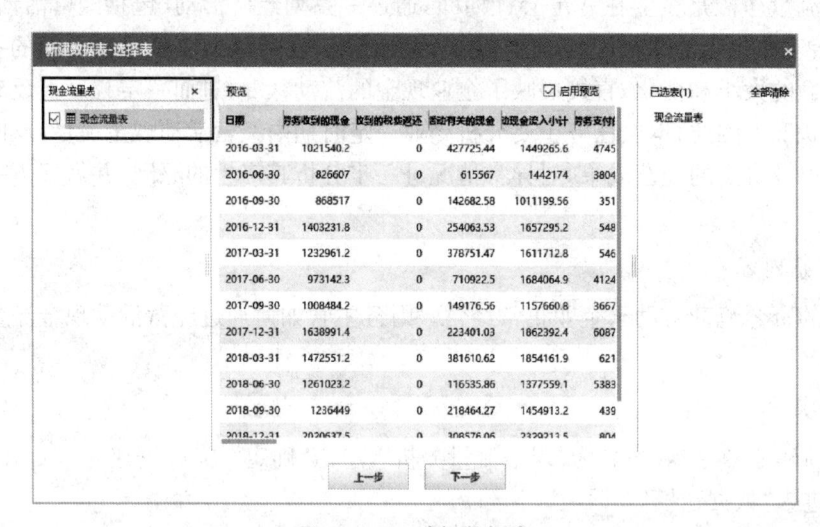

图 11-25 选择数据表

图 11-26 选择字段

第 11 章　财务大数据分析综合实训——风险预警

图 11-27　保存现金流量表

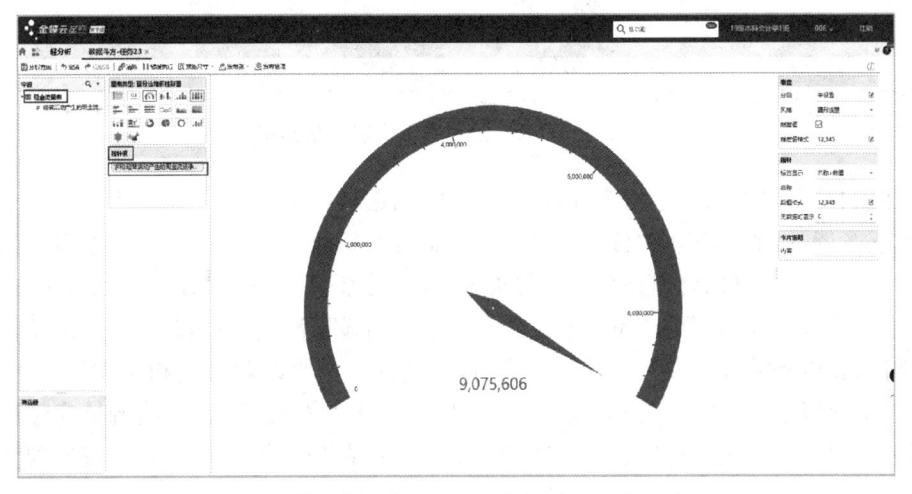

图 11-28　仪表图指标筛选

【注意】可根据个人观感需要进行预览尺寸、调色板等设置。

(4) 点击右侧表盘的分段设置，填写起始刻度值和结尾刻度值，设置完毕后点击"确定"(见图 11-29)。图 11-30 为现金流量净额预警分析结果。

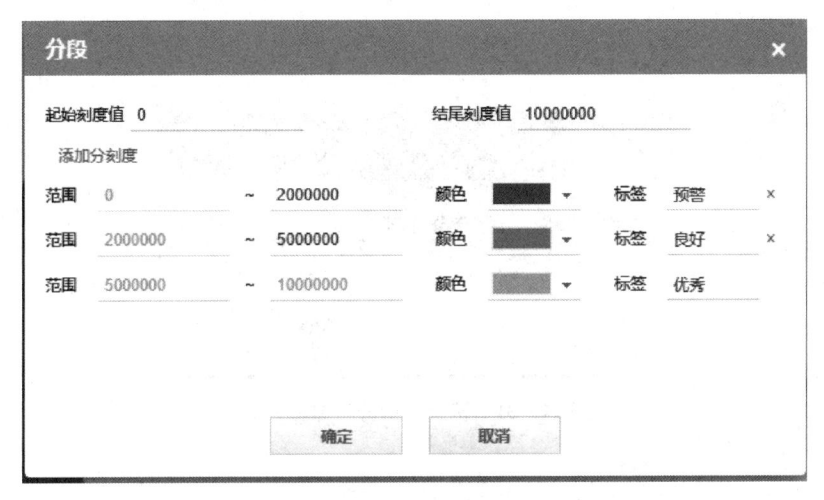

图 11-29　分段设置

【注意】 颜色可根据实际需要自由选择。

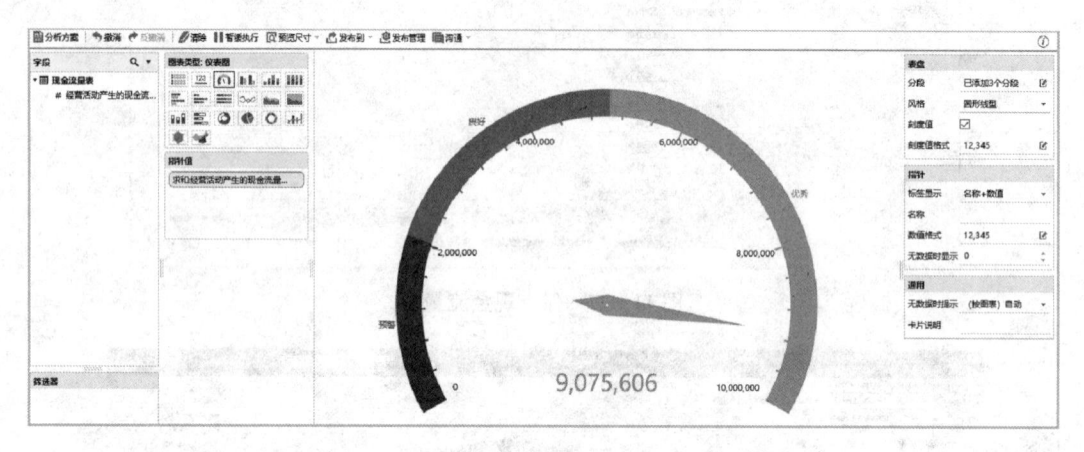

图 11-30 现金流量净额预警分析结果

【注意】 可根据个人观感需要进行预览尺寸、调色板等设置。

图表解读：一般而言，在合理的范围内，现金流量净额的数值越大，表示企业的财务状况越好。根据图表可以看出该公司有关现金流量金额设置了3个区间：0～2 000 000 为预警区，这一预警线表明现金流量净额已经开始出现明显下滑，有可能影响企业的偿债能力和日常运营，因此需要采取紧急措施来应对，包括优化应收账款管理和付款制度，降低费用开支，优化资本结构等。0～5 000 000 为良好区，表明在此区间，现金流量净额比较合理，需要通过一些措施保持或进一步优化该态势，如提高运营效率、做好投资即现金流预算等。0～10 000 000 为优秀区，代表该指标值比较理想，可以继续保持。

通过仪表图的指针展示结果可以发现该公司过去一段时间的经营现金流量净额为9 075 606，居于该预警体系的优秀区间，代表该公司有关现金流量管理的各方面比较理想，未来需要持续关注并继续保持有关投资、经营的各项活动。

（5）进入"数据斗方"，点击"分析方案"，选择"另存为"，方案命名为"现金流量分析"，点击"确定"（见图 11-31）。

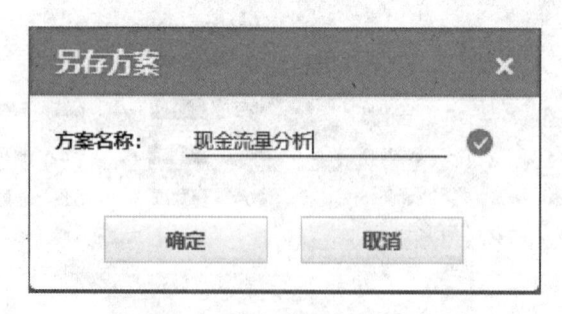

图 11-31 资金流量分析方案命名

6. 任务作业

利用"MySQL"数据库"business_data"的"资金分析表",自行根据数据分析需要,完成账面余额预警分析。

任务二十五　资产负债率分析

1. 任务目的

资产负债率是指企业负债总额与资产总额之比,计算公式为:

$$资产负债率 = 负债总额 \div 资产总额 \times 100\%$$

该指标用以衡量企业利用债权人提供的资金进行经营活动的能力,以及反映企业偿债能力的大小。过高的资产负债率可能表明企业存在较大的财务风险,因为企业需要承担更多的利息支出和本金偿还压力。如果企业经营出现问题,可能难以按时偿还债务,导致资金链断裂、破产等风险。资产负债率过低通常意味着企业的资产相较于负债而言过多,可能表明企业未充分利用财务杠杆,资金筹集策略过于保守。

本次任务在获取财务报表的基础上,通过财务大数据分析平台对企业的资产负债率进行计算,并利设置预警仪表图,对企业整体偿债能力进行预警分析。

2. 任务内容

通过报表能够反映本期经营状况,企业管理者如何通过资产负债率来评价财务风险?如何设置阈值比较合理?

3. 任务准备

(1) 新建业务主题,命名为"资产负债率",单击"确定",完成创建;

(2) 进入"数据建模"。

4. 任务要求

(1) 通过数据建模实现资产负债率指标计算和展示;

(2) 设置资产负债率预警指标(资产负债率>60%),并实现可视化展示。

5. 任务操作指导

(1) 在数据建模中,选择"新建数据表",在"新建数据表-选择数据源"界面,数据库选择"MySQL",点击"下一步";在"新建数据表-连接数据库服务器"界面左侧,输入服务器、端口、用户名和密码后,点击"连接";显示连接成功后,在"新建数据表-连接数据库服务器"界面右侧,数据库选择"bussiness_data",类型选择"表",点击"下一步"(见图11-32);在"新建数据表-选择表"界面,选择"资产负债表",点击"下一步"(见图11-33);在"新建数据表-选择字段"界面,依次选择资产负债表中的"日期""负债合计""资产合计",点击"完成",数据生成,随后点击"保存"(见图11-34)。

(2) 新建计算字段。点击资产负债表右侧的下拉按钮选择"新建计算字段"。页面打开后,名称输入:"资产负债率",表达式输入:[负债合计]/[资产合计],点击"确定",点击"保存"(见图11-35~图11-37)。

图 11-32 连接服务器

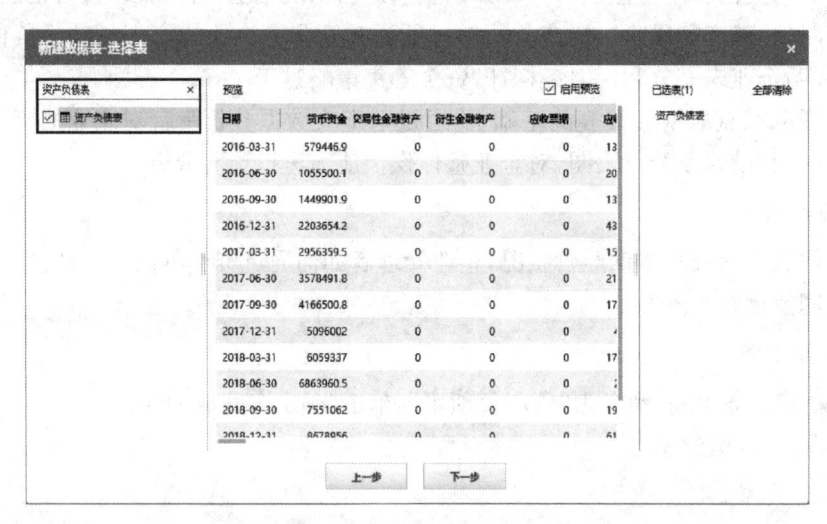

图 11-33 选择数据表

图 11-34 选择字段

第11章 财务大数据分析综合实训——风险预警

图11-35 新建计算字段

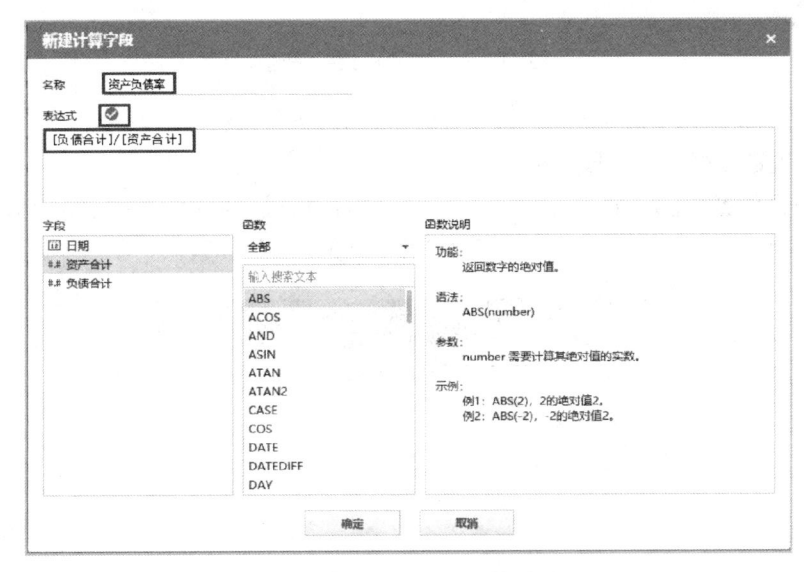

图11-36 资产负债率表达式

图11-37 保存资产负债表

(3) 进入"数据斗方",图标类型选择"仪表图",右侧表盘风格选择"圆形刻度型"。指针值选择"资产负债率",度量改为"平均"(见图 11-38)。

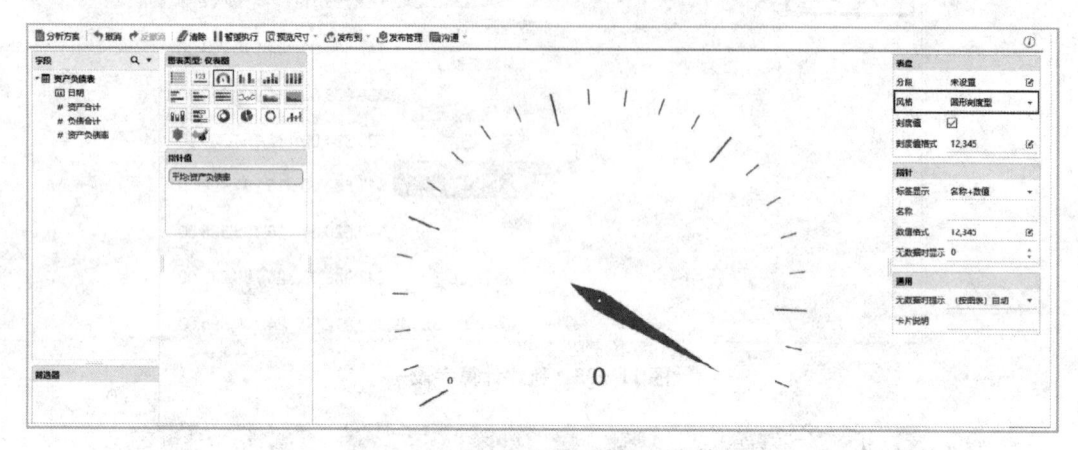

图 11-38 仪表图指标筛选

【注意】可根据个人观感需要进行预览尺寸、调色板等设置。

(4) 设置数字格式和分段。

右侧图例设置功能区域中打开"指针"下的"数值格式",设置数字格式,保留 2 位小数位数,数量单位选择"百分之一(%)",点击"确定"(见图 11-39)。

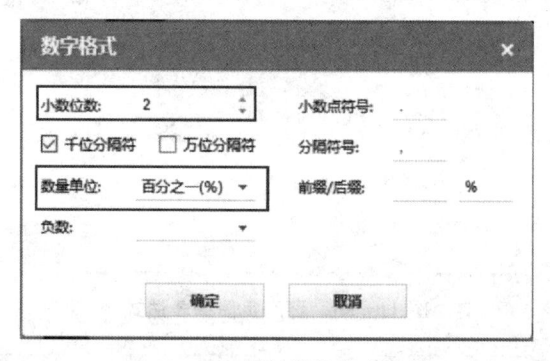

图 11-39 指针数字格式设置

同时进行表盘分段设置。界面右侧表盘,点击"分段",依次设置起始刻度值、结尾刻度值、范围、颜色、标签。起始刻度值 0,结束刻度值 1,增加分刻度进行分段。范围:0~0.5,颜色:绿色,标签:良好;范围:0.5~0.6,颜色:黄色,标签:谨慎;范围:0.6~1,颜色:红色,标签:预警(见图 11-40)。图 11-41 为资产负债率分析结果。

图表解读:该图表显示企业的资产负债率低于 50% 以下,代表偿债能力良好。该指标值位于 50%~60%,代表资产负债率属于谨慎区间,即资产负债率欠佳,需要关注偿债风险。指标值大于 60%,达到预警区间,即资产负债情况不容乐观,需要及时采取相关措施避免偿债风险。案例分析结果显示,该公司过去一段时间的平均资产负债率处于良好等级,指标值为 45.17%,这表明该公司在过去的一段时间内偿债能力较好,暂未出现明显的偿债风险,无须过度关注。由于该指标值逼近 50% 的谨慎线,因此公司需要持续关注

第 11 章　财务大数据分析综合实训——风险预警

该指标。

（5）点击"分析方案"，选择"另存为"，方案命名为"资产负债率分析"，点击"确定"（见图 11-42）。

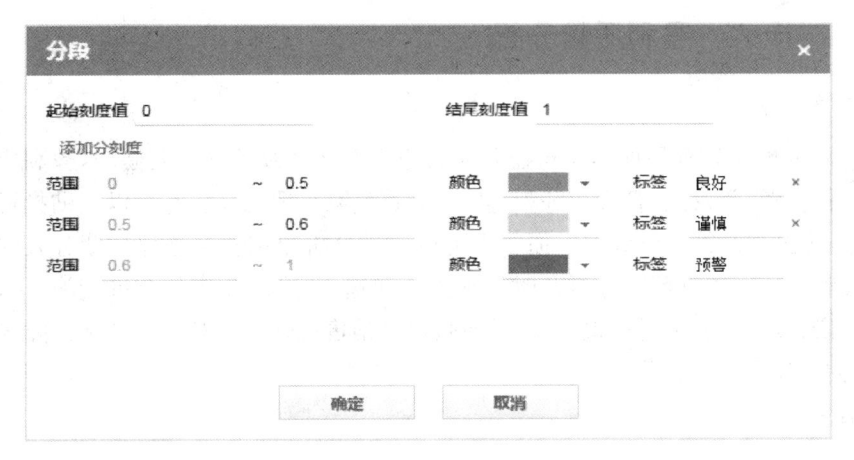

图 11-40　分段设置

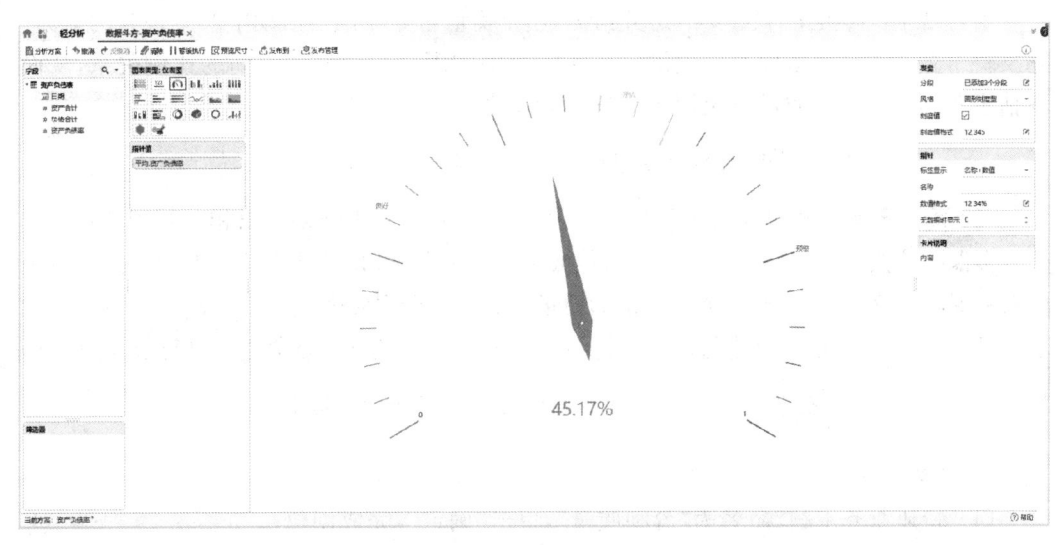

图 11-41　资产负债率分析结果

图 11-42　分析方案命名

| 263

6. 任务作业

利用"MySQL"数据库"business_data"的"利润表",自行根据数据分析需要,设计有关净利润的风险预警分析方案。

任务二十六　盈利质量分析

1. 任务目的

盈利质量预警分析是评估公司盈利能力稳定性和持续性的重要手段,盈利质量预警分析对于投资者、债权人、管理者等利益相关者都具有重要意义。它可以帮助投资者识别投资风险,为投资决策提供依据。债权人可以通过分析盈利质量来评估债务人的偿债能力。管理者则可以通过预警分析及时发现经营问题,并采取相应的改进措施。以下以案例公司为研究对象,利用财务报表相关资料,对其销售现金比率和盈余现金保障倍数进行分析,评估该公司的整体盈利质量。

2. 任务内容

(1) 完成案例公司销售现金比率分析,并针对分析结果提出相关管理建议;

销售现金比率是一个重要的财务指标,用于衡量企业在销售活动中产生现金的能力。它反映了企业通过销售商品或提供服务实际收到的现金与销售额之间的比例关系,从而评估企业的现金收入质量以及销售政策的有效性。计算公式为:

$$销售现金比率＝经营现金流量净额÷营业收入×100\%$$

(2) 完成案例公司的盈余现金保障倍数分析,并针对分析结果提出相关管理建议。盈余现金保障倍数也称为利润现金保障倍数或现金获利指数,是反映企业当期净利润中现金收益的保障程度,真实反映了企业盈余的质量。盈余现金保障倍数从现金流入和流出的动态角度,对企业收益的质量进行评价,对企业的实际收益能力再一次修正。计算公式为:

$$盈余现金保障倍数＝经营现金流量净额÷净利润$$

3. 任务准备

(1) 新建业务主题,命名为"盈利质量",单击"确定",完成创建;

(2) 进入"数据建模"。

4. 任务要求

(1) 通过数据建模的 SQL 实现销售现金比率和盈余现金保障倍数指标的计算、展示;

(2) 设置盈利质量预警指标:销售现金比率(销售现金比率＞50%;1＜盈余现金保障倍数＜2),并实现可视化展示。

5. 任务操作指导

(1) 在数据建模中,选择"新建数据表",在"新建数据表-选择数据源"界面,数据库选择"MySQL",点击"下一步";在"新建数据表-连接数据库服务器"界面左侧,输入服务器、端口、用户名和密码后,点击"连接";显示连接成功后,在"新建数据表-连接数据库服务器"界面右侧,数据库选择"business_data",类型选择"自定义 SQL",点击"下一步";在"新建数据表-自定义 SQL"界面,将名称命名为"销售现金比率",编辑以下 SQL 代码,点击"完成",保存"销售现金比率"数据表(见图 11-43～图 11-45)。

"销售现金比率"数据表 SQL 代码如下:

select a.日期,a.经营活动产生的现金流量净额,b.营业收入,a.经营活动产生的现金流量净额/b.营业收入 as 销售现金比率

from 现金流量表 a,利润表 b

where a.日期=b.日期

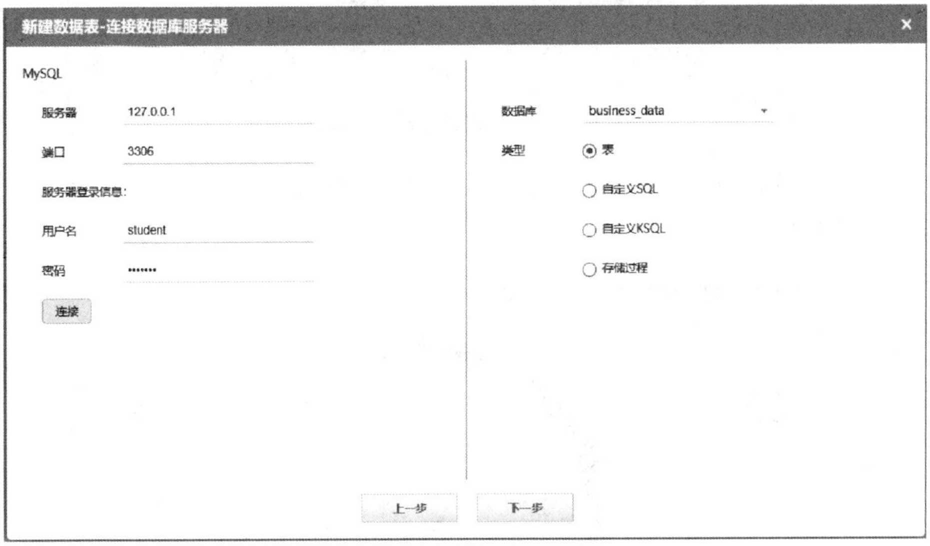

图 11-43 新建数据表

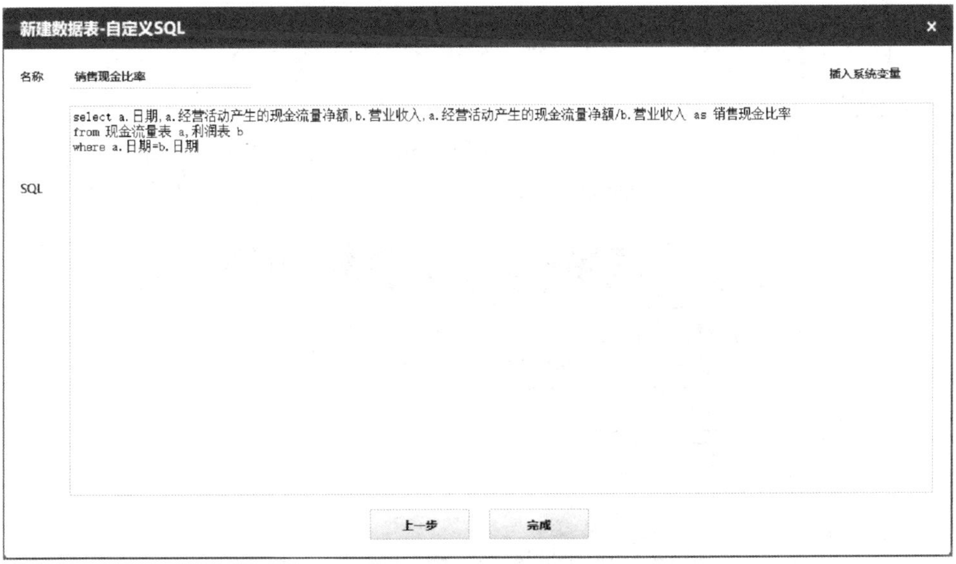

图 11-44 编辑 SQL 代码

图 11-45 销售现金比率数据表

（2）进入"数据斗方"，图标类型选择"仪表图"。指针值选择"销售现金比率"，度量改为"平均"（见图 11-46）。

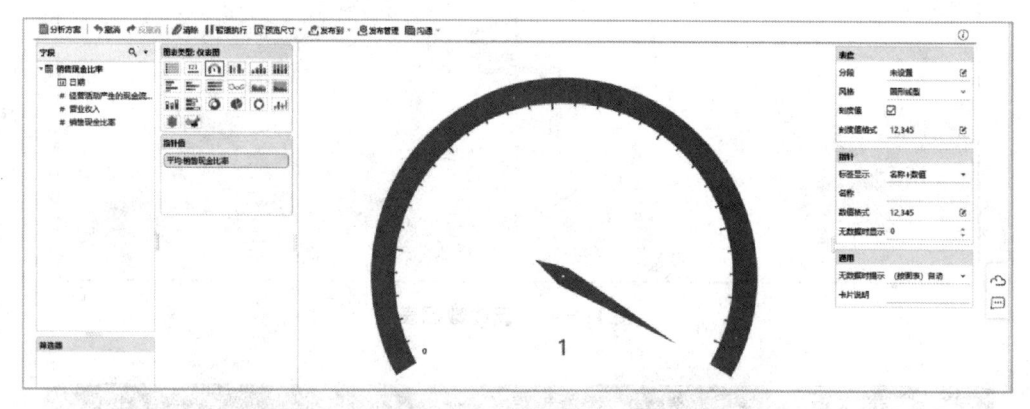

图 11-46 仪表图指标筛选

（3）设置数字格式和分段。

右侧图例设置功能区域中打开"指针"下的"数值格式"，设置数字格式，保留 2 位小数位数，数量单位选择"百分之一（％）"，同时刻度值格式设置为 1 位小数。点击"确定"（见图 11-47）。

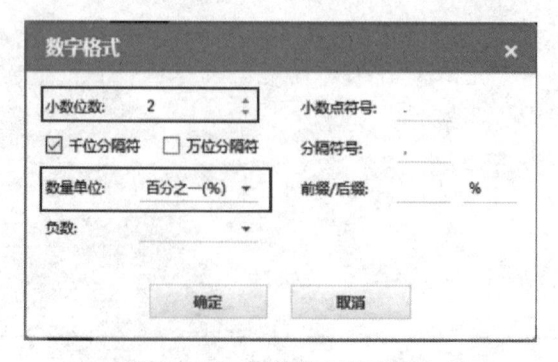

图 11-47 指针数字格式设置

其后,进行表盘分段设置。界面右侧表盘,点击"分段",依次设置起始刻度值、结尾刻度值、范围、颜色、标签。起始刻度值 0,结束刻度值 1,增加分刻度进行分段。范围:0～0.2、颜色:红色、标签:预警;范围:0.2～0.5、颜色:黄色、标签:一般;范围:0.5～1、颜色:绿色、标签:良好(见图 11-48)。最后,得到分析结果图(见图 11-49)。

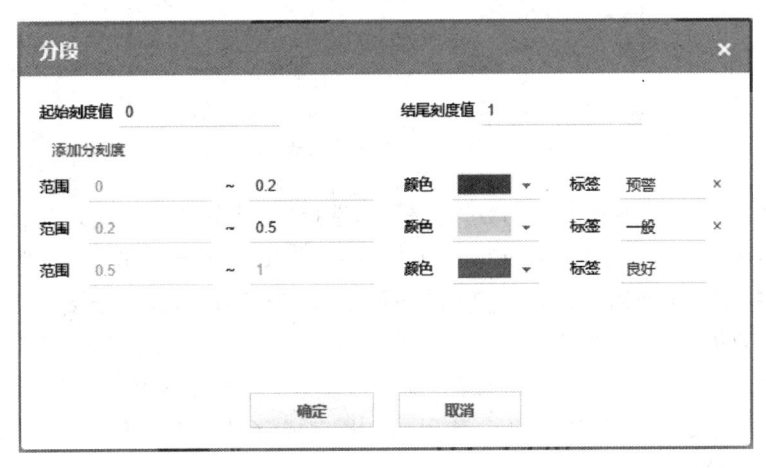

图 11-48 分段设置

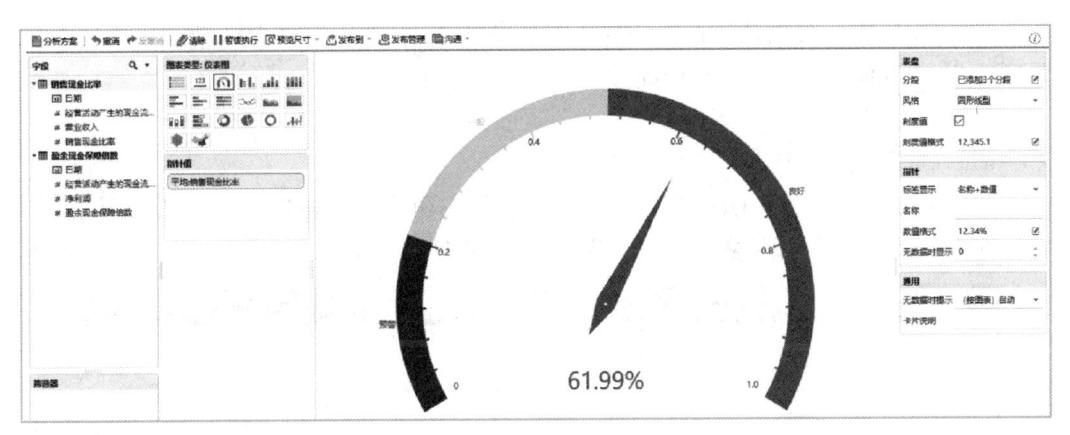

图 11-49 销售现金比率分析结果

图表解读:销售现金比率的值并没有一个固定的"正常"区间,因为它会受到多种因素的影响,包括企业的行业特性、经营策略、市场环境等。在一定范围内,其数值越高越好。一般情况下,认为该值要大于 20%。通过分析可以看到案例公司的过去几年该指标值平均为 61.99%,居于良好水平,证明该企业从销售活动中实际收到的现金较多,这反映了企业销售收入的现金实现程度较高,现金收入质量较好,在实际经营中,可以继续保持现有销售策略。

(4) 点击"分析方案",选择"另存为",方案命名为"销售现金比率预警分析",点击"确定"(见图 11-50)。

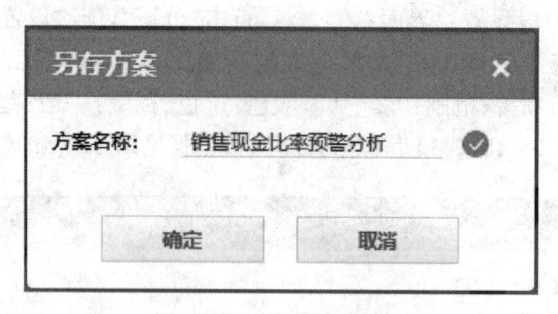

图 11-50 分析方案命名

（5）在"盈利质量"业务主题的数据建模中，选择"新建数据表"，进入"新建数据表-选择数据源"界面，数据库选择"MySQL"，点击"下一步"；在"新建数据表-连接数据库服务器"界面左侧，输入服务器、端口、用户名和密码后，点击"连接"；显示连接成功后，在"新建数据表-连接数据库服务器"界面右侧，数据库选择"business_data"，类型选择"自定义SQL"，点击"下一步"（见图11-51）；在"新建数据表-自定义 SQL"界面，将名称命名为"盈余现金保障倍数"，编辑以下 SQL 代码，点击"完成"（见图11-52），保存"盈余现金保障倍数"数据表（见图11-53）。

"盈余现金保障倍数"数据表 SQL 代码如下：

select a.日期,a.经营活动产生的现金流量净额,b.净利润,a.经营活动产生的现金流量净额/b.净利润 as 盈余现金保障倍数

from 现金流量表 a,利润表 b

where a.日期＝b.日期

（6）进入"数据斗方"，图标类型选择"仪表图"，右侧表盘风格选择"半圆形线型"。指针值选择"盈余现金保障倍数"，度量改为"平均"（见图11-54）。

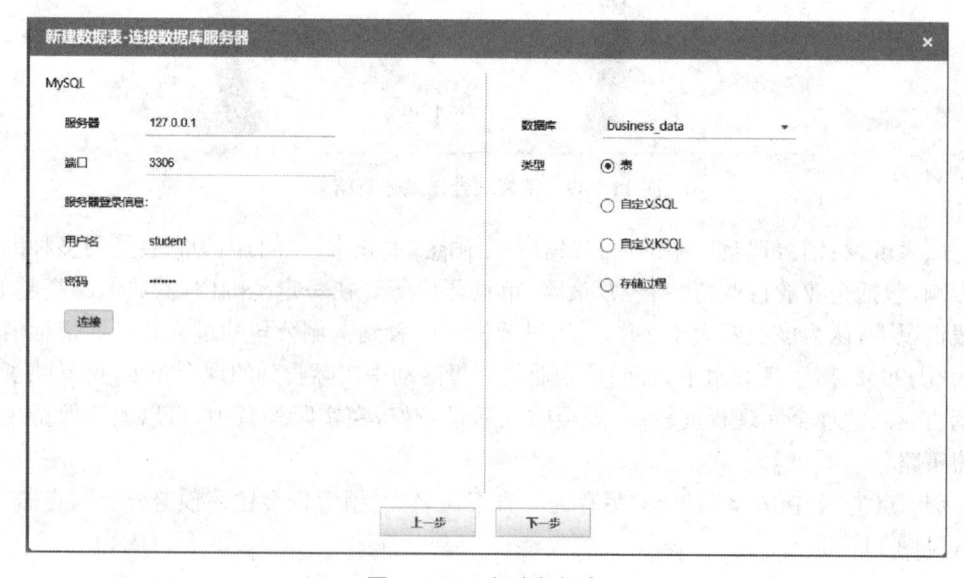

图 11-51 新建数据表

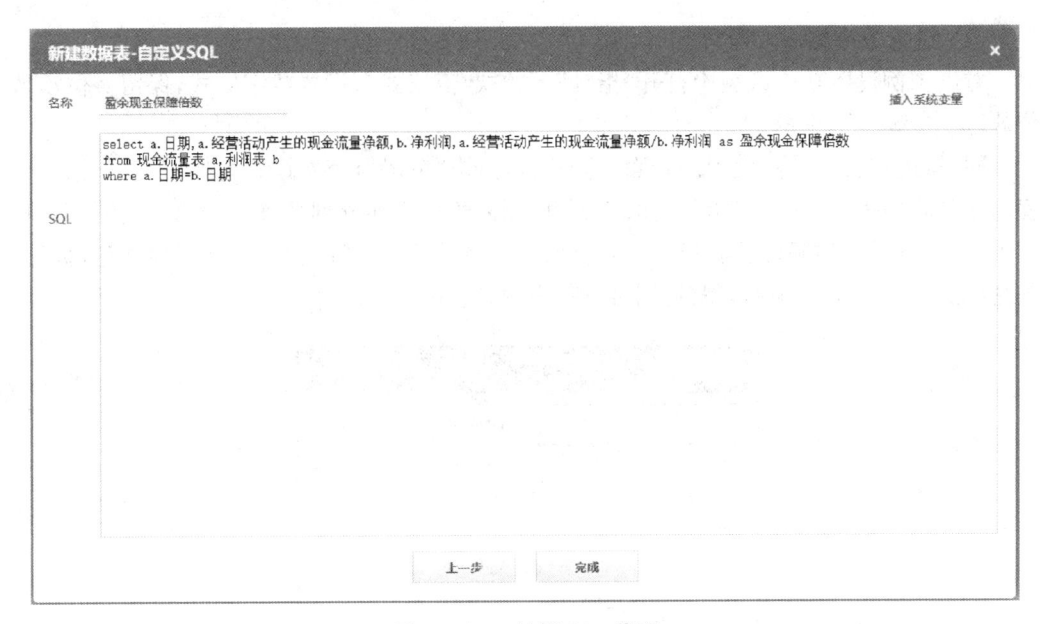

图 11-52 编辑 SQL 代码

图 11-53 盈余现金保障倍数数据表

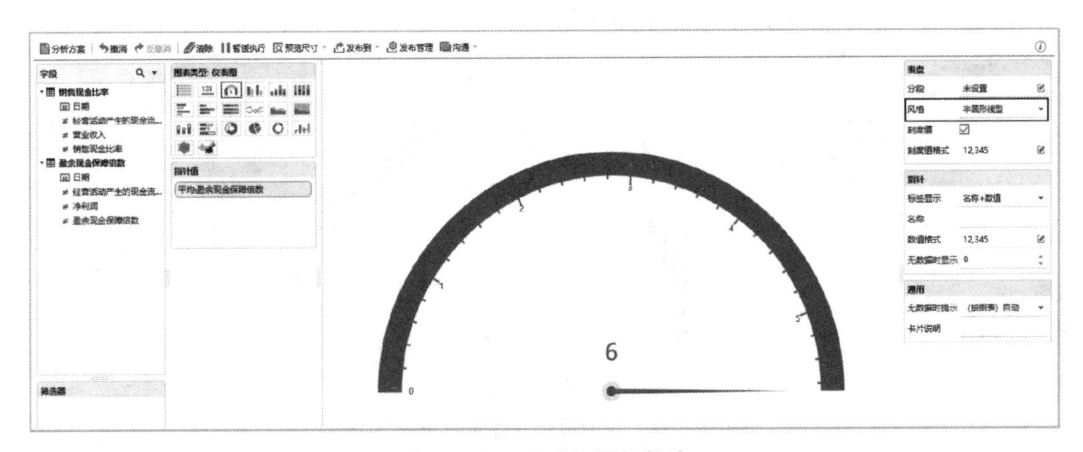

图 11-54 仪表图指标筛选

(7) 设置数字格式和分段。

右侧图例设置功能区域中打开"指针"下的"数值格式",设置数字格式,保留2位小数位数,点击"确定"(见图11-55)。

同时,进行表盘分段设置。界面右侧表盘,点击"分段",依次设置起始刻度值、结尾刻度值、范围、颜色、标签。起始刻度值0,结束刻度值1,增加分刻度进行分段。范围:0~1,颜色:红色,标签:预警;范围:1~2,颜色:绿色,标签:正常;范围:2~10,颜色:黄色,标签:关注(见图11-56)。最后,得到分析结果图(见图11-57)。

图11-55 指针数字格式设置

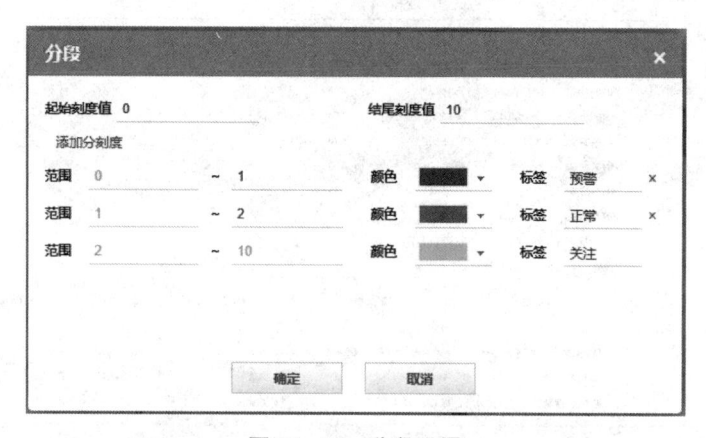

图11-56 分段设置

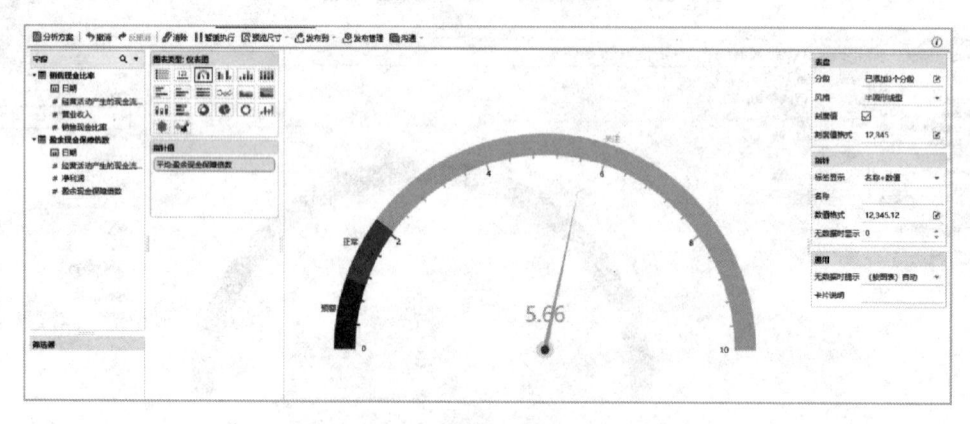

图11-57 盈余现金保障倍数分析结果

图表解读：当企业处于盈利状态时，盈余现金保障倍数至少应该大于1。因此，当盈余现金保障倍数大于1时，说明企业的现金流入能够充分覆盖净利润，利润的可靠性较高。如果盈余现金保障倍数过高（如远大于2），可能存在净利润被低估或经营现金流被高估的情况；如果盈余现金保障倍数过低（如小于1），可能表明企业存在大量应收账款或利润被操控等问题。盈余现金保障倍数过高或过低，都不利于企业的长期稳定发展。因此，通过案例企业分析可以看出，该公司过去几年的平均盈余现金保障倍数为5.66，结果远大于2，因此需要对此进行关注。推测该公司可能存在净利润被低估或经营现金流被高估的情况，意味着企业的利润有问题或投资收益、利息费用和资产变动对盈余现金保障倍数产生了较大影响。当然，盈余现金保障倍数并不是唯一的评估指标，还需要结合其他财务指标和经营状况进行全面分析。

（8）点击"分析方案"，选择"另存为"，方案命名为"盈余现金保障倍数预警分析"，点击"确定"（见图11-58）。

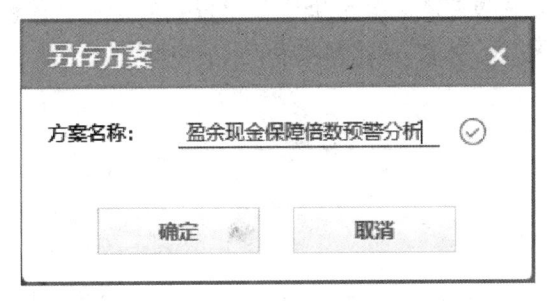

图11-58　分析方案命名

思政小课堂

安井食品：新消费浪潮中的变与不变

安井食品公司是安井食业集团的代表性企业，深耕食品行业多年，已成为我国速冻食品行业的龙头企业。公司秉承"实干创造未来"的经营理念，始终坚持生产高品质产品，并基于市场需求进行不断创新，使公司始终处于行业前沿。

在快速变化的新消费时代，安井食品以其稳健的经营策略和灵活的应变能力，成功应对了各种挑战，实现了持续稳健的发展。在这背后，严格的财务风险控制成了其成功的重要保障之一。面对新消费潮流的涌动，安井食品首先展现了其"变"的一面。公司紧跟市场需求，不断创新产品和服务，以满足消费者日益多样化和个性化的需求。然而，在追求创新和变革的同时，安井食品始终坚守着其"不变"的底线——严格的财务风险控制。

在财务风险控制方面，安井食品建立了完善的体系，从风险识别、评估到控制和监控，每一个环节都做到了精细化、专业化。公司定期对财务风险进行识别和分析，通过财务报表、市场数据等信息，敏锐地捕捉到潜在的风险点，并及时制定应对措施。这种前瞻性的风险管理策略，使安井食品能够在激烈的市场竞争中保持稳健的财务状况，为公司的持续发展和创新提供了坚实的基础。

在优化财务结构方面，安井食品也展现了其"变"与"不变"的智慧。公司一方面注重保持适度的负债水平，通过合理的资产配置和债务管理降低财务风险；另一方面，公司积极寻求新的增长点，通过发行股票、债券等方式筹集资金，用于扩大生产规模和研发新产品。这种既稳健又积极的财务策略，使安井食品在保持财务安全的同时，不断推动业务的增长和创新。

此外，安井食品在成本控制方面也做到了"变"与"不变"的平衡。公司一方面采用先进的生产技术和设备，提高生产效率，降低生产成本；另一方面，加强与供应商的合作，确保原材料的质量和价格稳定。这种成本控制策略不仅使安井食品在市场竞争中保持了价格优势，还提高了公司的盈利能力。

总之，在新消费潮流的推动下，安井食品不仅实现了产品和服务的创新，还在财务风险控制方面展现了其独特的智慧。公司坚守着严格的财务风险控制底线，同时积极寻求变革和创新，实现了"变"与"不变"的有效结合。

练习题

一、单选题

1. 下列关于仪表图的说法，正确的有（　　）。
   A. 仪表图在数据斗方和数据分析里都可以制作出来
   B. 仪表图不可以根据需求进行分段设置
   C. 仪表图无法修改颜色
   D. 盈余现金保障倍数预警分析的图表类型可以选择仪表图

2. 经营活动的现金流量分析可以帮助企业（　　）。
   A. 分析一定时期内的经营活动现金流量
   B. 分析一定时期内的投资活动现金流量
   C. 分析一定时期内的筹资活动现金流量
   D. 分析一定时期内的应收应付现金流量

3. 经营活动产生的现金流量净额等于（　　）。
   A. 经营活动现金流入－投资活动现金流出
   B. 经营活动现金流入－经营活动现金流出
   C. 经营活动现金流入－筹资活动现金流出
   D. 投资活动现金流入－经营活动现金流出

4. 可通过（　　）评估企业的经营风险。
   A. 净利率　　　　　　　　　　　　B. 毛利率
   C. 资产负债率　　　　　　　　　　D. 存货周转率

5. 资产负债率表达式正确的是（　　）。

A. 资产负债率＝总资产÷总负债

B. 资产负债率＝总负债÷总资产

C. 资产负债率＝流动资产÷流动负债

D. 资产负债率＝流动负债÷流动资产

二、多选题

1. 企业的现金流量包括（　　）。

A. 生产经营活动产生的现金流量

B. 投资活动产生的现金流量

C. 筹资活动产生的现金流量

D. 应收账款

2. 资产负债率偏高,可能的原因是（　　）。

A. 市场经济环境不佳

B. 盲目扩张或过度投资

C. 经营管理能力不足

D. 缺乏科学的负债管控机制

3. 导致经营活动产生的现金流量净额为负数的原因可能是（　　）。

A. 产品或劳务的市场竞争力不足

B. 原料采购的资金压力

C. 其他经营性现金支出增加

D. 其他经营性现金支出减少

4. 资产负债率过高会引发（　　）。

A. 增加企业的财务成本,并且一旦资金链断裂,企业无法按时偿还债务,还将面临破产的风险

B. 企业在金融机构的担保能力下降,申请贷款或融资也会更加困难

C. 使企业的股权价值上升,增加投资者的信心,让股东承担更低的风险

D. 企业的信用评级下降,影响供应商、客户以及合作伙伴对企业的评估,从而对企业的营运产生影响,进一步加剧风险

5. 关于资产负债率的说法正确的是（　　）。

A. 资产负债率越高越好

B. 资产负债率越低越好

C. 一般情况下,一般企业适宜的资产负债率为 40%～60%

D. 资产负债率一般是小于等于1

三、判断题

1. 盈利能力强的企业不需要进行风险预警分析。　　　　　　　　　　　（　　）

2. 良性的资金流动有助于企业正常经营,所以企业进行资金流量分析很有必要。
　　　　　　　　　　　　　　　　　　　　　　　　　　　　　　　（　　）

3. 所有企业的盈余现金保障倍数的值一定是大于1。　　　　　　　　　　（　　）

4. 仪表图的分段设置最多只能分成3段。　　　　　　　　　　　　　　　（　　）

5. 资产负债率小，企业的经营风险一定小。   （   ）

四、简答题

资料情况如下：

现有数据表"利润表"和"门店利润计划"，部分字段名称依次如下图所示。

日期	营业利润
2016-03-31	210,004.31
2016-06-30	48,582.67
2016-09-30	73,690.61
2016-12-31	454,733.12
2017-03-31	305,339.88
2017-06-30	131,292.84
2017-09-30	128,368.48
2017-12-31	611,770.00
2018-03-31	352,007.75
2018-06-30	180,913.47

总共12行数据，仅显示前10行数据

日期	门店	计划年利润
2016-12-31	科苑中心店	420,000.00
2016-12-31	田面店	360,000.00
2016-12-31	瑞宝店	400,000.00
2016-12-31	棠下店	340,000.00
2017-12-31	科苑中心店	460,000.00
2017-12-31	田面店	365,000.00
2017-12-31	瑞宝店	440,000.00
2017-12-31	棠下店	363,000.00
2018-12-31	科苑中心店	520,000.00
2018-12-31	田面店	400,000.00

总共12行数据，仅显示前10行数据

根据提供的资料，进行 SQL 代码的编写，计算总体年利润计划完成率，输出如下图所示的结果表：

日期	实际年利润	计划年利润	利润计划完成率
2016-12-31	787,010.72	1,520,000.00	0.52
2017-12-31	1,176,771.20	1,628,000.00	0.72
2018-12-31	1,411,275.48	1,760,000.00	0.80

总共3行数据